IRVIN YALOM - GINNY ELKIN

HER GÜN BİRAZ DAHA YAKIN

KABALCI YAYINEVİ: 126
İnceleme Dizisi : 24

Irvin D. Yalom - Ginny Elkin
HER GÜN BİRAZ DAHA YAKIN

Every Day Gets A Little Closer: A Twice-Told Therapy

Perseus Books, Inc.'e bağlı Basic Books ile
yapılan anlaşmaya dayanılarak yayımlanmıştır.

(Published by arrangement with Basic Books,
a division of Perseus Books, LLC.)

Birinci Basım: Mart 1999
İkinci Basım: Mart 1999

Yayıma Hazırlayan: Mustafa Küpüşoğlu

Kapak Düzeni: Serdar Bal

Baskı: Yaylacık Matbaası

KABALCI YAYINEVİ
Himaye-i Etfal Sok. 8-B
Cağaloğlu 34410 İSTANBUL
Tel: (0212) 526 85 86 Faks: (0212) 513 63 05

KÜTÜPHANE BİLGİ KARTI
Cataloging-in-Publication Data (CIP)

Yalom, Irvin D.

Her Gün Biraz Daha Yakın

1. İnceleme. 2. Psikoloji

İstanbul: Kabalcı Yayınevi, 1999

ISBN 975-7942-81-2

IRVIN YALOM
GINNY ELKIN

HER GÜN BİRAZ DAHA YAKIN

İki Kere Anlatılan Herkesin Bildiği Bir Terapi

Çeviren: Zeliha İyidoğan Babayiğit

KABALCI YAYINEVİ

İÇİNDEKİLER

Editörün Önsözü

Psikoterapi edebiyatının, iyileşme destanını anlatan birçok çalışmayı kapsadığı doğrudur. Psikiyatristler, yüzyılın başından beri ender rastlanan ve öğretici değeri olan vakaları yayımlamak amacıyla seçmekte ve hastalar da altta kalmamak için kendilerinin geçmişe dönük anlatımlarını sunmaktadırlar. Bu kitap, hasta ve doktorun her ikisi için de özel bir anlam taşıyan hassas ve zor bir ilişki gelişmeye başlarken, tedavinin gidişini, aynı anda, hem hasta hem de doktorun bakış açısından anlatması yönüyle eşsizdir.

Bu kitap, Stanford Üniversitesi'nde görevli olan eşim Dr. Irvin Yalom ve bundan sonra adı Ginny olarak geçecek olan hastalarından biri tarafından yürütülen bir çalışmanın ürünüdür. 1970 yılının sonbaharında eşim, yardımcı terapistiyle birlikte yürüttükleri grup terapisine Ginny'nin devam etmesinin artık mantıklı olmadığına karar verdi, çünkü bir buçuk yıldır bu şekilde hiçbir ilerleme kaydetmemişti Ginny. Bu yüzden, bundan sonra bireysel terapide görüşmelerini önerdi. Ginny'nin problemi "yazar kilitlenmesini" de (yüksek amaçları olan bir yazar için çok ciddi bir şikayettir) kapsadığı için Dr. Yalom, Ginny'nin tedavi ücretini seans sonrası raporlar yazarak ödemesini şart koştu, bu da Ginny'nin yazı yazması için açık bir zorunluluk olacaktı. Aynı zamanda Dr. Yalom da haftalık görüşmelerinin ayrı bir raporunu hazırlamaya karar verdi. Böylece o ve Ginny bu raporları, terapötik fayda ümidiyle, altı ayda bir birbirlerine vereceklerdi. Bundan sonraki iki yıl boyunca doktor ve hastası, birlikte paylaştıkları saatleri kendi görüş açılarına göre kaydettiler, terapi sırasında konuşulmayan, sonradan akla gelen fikirleri, yorumları, duyguları ve çağrışımları da sık sık yazılarına eklediler.

Eşim hastalarını benimle hemen hemen hiç konuşmamasına rağmen, Ginny'yi bu şekilde yazmaya teşvik etmeyi düşünürken Ginny hakkındaki bazı görüşlerinden haberdardım. Edebiyat profesörü olduğum için bu projenin beni çok ilgilendireceğini biliyordu. Her iki raporu da terapinin sonuna dek dikkatle saklamasını önerdim. Daha sonra daha geniş bir izleyici kitlesine sunmaya değip değmeyeceğine karar verebilirdik. Kendi kendime, iki farklı karakter ve iki ayırt edilebilir edebiyat tarzıyla, karşılıklı mektuplardan oluşan bir romana hiç benzemeyen bu seans sonrası raporların yayımlanabilir bir edebiyat eseri olup olmayacağını düşünüyordum.

Böylece, müsveddeleri iki yıl sonra ilk kez özel bir ilgiyle okudum. Benim coşkulu değerlendirmelerim ve en az önyargılı hükümlerim yazarları bu kitabı basmaya iknâ etmemde işe yaradı. Hastanın kimliğini gizlemek ve doktorun kayıtlarını herkesin okuyabileceği şekle getirmek amacıyla gerekli bazı değişiklikler yapılsa da kitap özde orjinal metnin aynısıdır. Psikoterapinin ortakyaşam dramasına, destekleyici düşünceler ya da kurgusal olaylar eklenmemiştir. Doktorun anlatımı söz konusu olduğunda –ne yazık ki yanlış bir yere konan ya da sonsuza dek kaybedilen birkaç bant kaydı dışında– tek bir önemli düşünce eklenmiş ya da çıkarılmış değildir. Üsluba ait çok küçük düzeltmeler dışında Ginny'nin raporları hemen hemen hiç değiştirilmemiştir.

Müsveddenin bazı açıklayıcı materyal olmaksızın anlaşılmasının zor olduğunu belirten birkaç okuyucunun ve terapiden sonra Ginny'ye ne olduğunu bilmek isteyen başka okuyucuların önerisiyle Dr. Yalom ve Ginny birer Önsöz ve son terapötik görüşmelerinden bir buçuk yıl sonra da birer Sonsöz yazdılar. Bu önsöz ve sonsözler kişisel ve teorik anlamda önemli bir bilgi ve açıklık kazandırmıştır.

Yine de benim inancıma göre, asıl bölüm, psikiyatrik görüşmenin mahremiyetinde tanışan iki insanın hikâyesini anlatan ve şimdi de sizin onları onların birbirlerini tanıdığı gibi tanımanıza izin veren bir roman gibi okunabilir.

Marilyn Yalom
20 Şubat 1974

Doktor Yalom'un Önsözü

Birlikte en hassas deneyimleri yaşadığım hastalarımın unutulmaya yüz tutmuş isimleriyle dolu eski randevu defterlerini bulmak hep içimi burkmuştur. Birçok insan, birçok güzel an. Onlara neler oldu? Birkaç katlı dosya dolaplarım, yığınlarca bant kayıtlarım bana büyük bir mezarlığı anımsatır: klinik dosyalara sıkıştırılan hayatlar, elektromanyetik bantlara hapsedilen sesler sessizce ve sonsuza dek dramlarını oynamaya devam ederler. Bu anıtlarla yaşamak bana keskin bir geçicilik hissi verir. Kendimi şu ana dalmış olarak bulsam da, çürüme hayaletinin seyredip beklediğini hissederim – eninde sonunda yaşanan deneyimi alt edecek olan, fakat amansızlığıyla ıstırap ve güzellik bağışlayan bir çürüme. Ginny'yle olan deneyimimi anlatma arzusu çok zorlayıcı bir arzu; çürümeyi safdışı etme ve birlikte geçirdiğimiz kısa hayatımızın genişliğini uzatma fırsatı çok ilgimi çekiyor. Bu hayatın okunmamış klinik notlar ve dinlenmeyen elektromanyetik bantların bulunduğu terk edilmiş bir depo yerine bir okuyucunun zihninde varolacağını bilmek ne kadar güzel.

Hikâye bir telefon görüşmesiyle başlıyor. İnce bir ses adının Ginny olduğunu söyledi bana. California'dan yeni gelmişti ve onu bana gönderen Doğu Kıyısı'ndaki bir meslektaşımla birkaç aydır terapi görmekteydi. Londra'da geçirdiğim bir izin yılından yeni dönmüş olduğum için boş zamanım hâlâ boldu ve iki gün sonrasi için Ginny'ye randevu verdim.

Onu bekleme salonunda karşıladıktan sonra koridoru geçip ofisime götürdüm. Yeterince yavaş yürüyemiyordum; Doğulu bir eş gibi geriden sessiz adımlarla beni takip ediyordu. Kendine ait değildi, hiçbir şeyi birbirine uymuyordu – saçları, gülmesi, sesi, yürüyüşü, kazağı, ayakkabıları, her şey tesadüfen bir araya gelmişti ve hepsinin – saçların, yürüyüşün, eklemlerin, eskimiş kot pantolonun, askeri çorapların, her şeyin– aniden birbirinden ayrılması olasılığı vardı. Geriye ne kalacağını merak ettim. Belki sadece sırıtışı. Parçaları nasıl bir araya getirirseniz getirin pek hoş değildi. Ama garip bir şekilde çekiciydi. Bir şekilde, sadece birkaç dakika içinde, elimden gelen her şeyi yapacağımı ve kendini tamamen benim ellerime teslim ettiğini bilmemi sağlamayı başardı. Bence bir sakıncası yoktu. O sırada çok fazla bir yük gibi gelmedi.

Konuşuyordu. Yirmiüç yaşında olduğunu, eski bir opera şarkıcısının ve Philadelphia'lı bir işadamının kızı olduğunu öğrendim. Dört yaş küçük bir kız kardeşi ve yaratıcı bir yazma yeteneği vardı. Bazı kısa hikâyelerinden dolayı yakındaki bir kolejin bir yıllık yaratıcı yazma programına kabul edildiği için California'ya gelmişti.

Neden şimdi yardım arıyordu? Geçen yıl başladığı terapiye devam etmek zorunda olduğunu söyledi ve hayattaki zorluklarını şaşırtıcı ve sistematik olmayan bir tarzda anlattı. Açık şikayetlerine ek olarak görüşme sırasında başka birkaç önemli problem alanlarını da fark ettim

Birincisi, çabucak ve soluksuz bir şekilde, ara sıra kendinden-nefret nakaratını vurgulayan metaforları kullanarak çizdiği kendi portresiydi. Her konuda mazoşist olan birisi. Bütün hayatı boyunca kendi ihtiyaç ve zevklerini ihmal etmiş. Kendine hiç saygısı yok. O ve arkadaşları caddede yürürken bedeninden kurtulmuş bir ruh olduğunu düşünüyor – omuzdan omuza konan cıvıl cıvıl bir kanarya. Sadece çok narinken diğerlerinin ilgisini çektiğini düşünüyor.

Kendilik duygusu hiç yok. Diyor ki, "İnsanlarla olmak için kendimi hazırlamam gerekiyor. Ne söyleyeceğimi planlıyorum. Kendiliğinden oluşan duygularım yok. Ne zaman dışarı çıksam korku hissediyorum ve kendimi hazırlamam gerekiyor." Kendi öfkesini tanımıyor ve ifade etmiyor. "İnsanlara karşı büyük bir acıma hissim var. Yürüyen bir klişeyim: 'Eğer insanlara söyleyecek iyi bir şeyin yoksa, hiçbir şey söyleme.'" Yetişkin hayatında sadece bir kere öfkelendiğini hatırlıyor: yıllar önce kendisine küstah bir şekilde emirler veren bir iş arkadaşına bağırmış. Bundan sonra saatlerce titremiş. Hiçbir hakkı yok. Öfkelenmek aklına gelmiyor. Kendisini başkalarına sevdirmekle o kadar meşgul ki kendine başkalarını sevip sevmediğini sormayı hiç düşünmemiş.

Kendini küçümseyerek tüketmiş. İçindeki küçük ses onunla sürekli alay ediyor. Kendini bir an için unutup içinden geldiği gibi yaşasa, içindeki zevkten hoşlanmayan ses onu sert bir şekilde utangaçlık kutusuna geri gönderiyor. Görüşmede kendi kendine gurur dolu tek bir hisse bile sahip olma izni veremedi. Yaratıcı yazma programından söz eder etmez aceleyle bu programa tembellikle girdiğini hatırlattı bana; bu program hakkında dedikodu yoluyla bilgi almış, iki yıl önce yazdığı bazı hikâyeleri göndermek dışında resmi bir müracaat gerekmediği için başvurmuştu. Hikâyelerinin yüksek niteliği hakkında bir yorumda bulunmadı elbette. Edebi verimi yavaş yavaş zayıflamıştı ve şimdi ciddi bir yazar tutulmasının tam ortasındaydı.

Yaşamla ilgili bütün problemleri erkeklerle ilişkilerine yansıyordu. Bir erkekle uzun süreli bir ilişki içinde olmayı çok istemesine rağmen bir ilişkiyi sürdürmeyi başaramıyordu. Yirmibir yaşında, cinsel masumiyetten birkaç erkekle birden cinsel ilişkiye doğru bir geçiş yapmıştı ("hayır!" deme hakkı yoktu). Ergenlik dönemine ait, erkeklerle çıkma ve okşama aşamasına bile girmeden kendini yatak odasının penceresinden içeri attığı için sızlanıyordu. Bir erkeğe fiziksel olarak yakın olmaktan hoşlanıyordu, fakat cinsel olarak kendini serbest bırakamıyordu. Mastürbasyon yoluyla orgazm oluyordu, fakat içindeki alaycı ses cinsel birleşme sırasında orgazma çok nadir yaklaşmasına neden oluyordu.

Ginny babasından çok az söz ediyordu, ama annesi büyük ölçüde ortadaydı. "Ben annemin soluk bir kopyasıyım," diyordu. Hep olağandışı bir şekilde yakın olmuşlar. Annesine her şeyi anlattığını söylüyor. İkisinin birlikte Ginny'nin aşk mektuplarını okuyup nasıl gülüştüklerini hatırlıyor. Ginny her zaman zayıf olmuştu ve birçok yiyecekten tiksiniyordu. Ergenliğin ilk dönemlerinde bir yıla yakın bir süre her sabah kahvaltıdan önce mutlaka kusarmış, öyle ki ailesi artık bunun sıradan sabah tuvaletinin bir parçası olduğunu düşünmeye başlamış. Her zaman çok fazla yermiş, fakat çok küçükken çok büyük zorlukla yutabilirmiş. "Bütün yemeği yerdim ve yemeğin sonunda hepsi hâlâ ağzımda olurdu. O zaman hepsini bir kerede yutmaya çalışırdım."

Cinsel şiddet dolu korkunç kabusları var, genellikle bir kadın, bazen de bir erkek tarafından uygulanıyor bu şiddet. Kendisinin büyük bir meme olduğu ve bir grup insanın kendisine tutunduğu ya da kendisinin dev gibi bir memeye tutunduğu şeklinde tekrarlayan rüyaları da var. Yaklaşık üç yıl önce uykuda mı yoksa uyuyor mu olduğunu anlamasının zor olduğu korkunç rüyalar görmeye başlamış. İnsanların pencereden kendisine baktığını ve ona dokunduklarını hissediyor; dokunmadan dolayı zevk duymaya başlar başlamaz göğüsleri şiddetle çekiştiriliyormuş gibi acı duyuyor. Bütün bu rüyalar boyunca uzaklardan bir ses kendisine bunların gerçek olmadığını söylüyor.

Bir saatin sonunda Ginny hakkında önemli oranda panik duygusu hissettim. Birçok sağlam noktaya rağmen –yumuşak bir cazibe, derin hassasiyet, zekâ, oldukça gelişmiş mizah duygusu, sözel tasvirler için olağanüstü bir yetenek– nereye dönersem bir patoloji buluyordum: çok fazla işlenmemiş malzeme, gerçek-fantazi sınırını örten rüyalar, fakat hepsinden öte garip bir dağınıklık, "ego sınırlarının" bulanıklaşması. Annesinden eksik olarak farklılaşmış gibi görünüyor ve beslenme problemleri özgürleşmeye yönelik zayıf ve acıklı bir girişimi akla getiriyor. Kişiliğin terk edilmesini gerektiren çocuksu bir bağımlılığın korkusuyla –kalıcı bir durgunluk– derin bir kendilik hissi olmadığında zor ve dayanılmaz derecede yalnız görünen otonomi edinme arasında sıkışıp kalmış olarak gördüm onu.

Genellikle teşhis koymaya pek kalkışmam. Fakat, belirsiz ego sınırları, otizmi, rüya yaşamı, duygu yoksunluğu nedeniyle birçok klinisyenin ona "şizoid" ya da "sınır kişilik" etiketini yapıştıracağını biliyorum. Ciddi şekilde rahatsız olduğunu ve terapinin uzun ve riskli olacağını biliyordum. Bilinçaltıyla zaten çok fazla yüz yüze geldiğini ve benim onu suyun daha fazla derinliklerine çekmek yerine gerçeğe doğru yönlendirmem gerektiğini düşündüm. O sıralarda, öğrencilerimin eğitimlerinin bir parçası olarak izleyecekleri bir terapi grubu oluşturma telaşı içindeydim ve Ginny'nin problemlerine benzer problemlere sahip hastalarda grup terapisi deneyimlerim iyi olduğu için ona gruba katılmasını teklif etmeye karar verdim. Bu öneriyi biraz isteksizce kabul etti; başkalarıyla birlikte olma fikrinden hoşlanmıştı, ama grupta bir çocuk haline gelmekten ve mahrem düşüncelerini hiçbir zaman ifade edememekten korkuyordu. Bunlar grup terapisine katılacak yeni bir hastanın tipik beklentileriydi, gruptaki güven geliştikçe duygularını diğerleriyle paylaşabileceği konusunda ona güvence verdim. Ne yazık ki, göreceğimiz gibi, onun tahminleri çok yerindeydi.

Bir grup oluşturduğum ve grup için hasta aradığım gerçeğinden ayrı olarak Ginny'yi bireysel olarak terapiye alma konusunda bazı tereddütlerim vardı. Özellikle, odama girer girmez hazır bir gömlek gibi üzerime geçirdiği bana karşı hayranlığından endişe duyuyordum. İlk görüşmemizden önceki gece gördüğü rüyayı bir düşünün. "Ciddi bir şekilde ishaldim ve bir erkek bana üzerinde Rx yazılı bir ilaç alacaktı. Ben daha ucuz olduğu için Kaopectate almam gerektiğini düşünüp duruyordum. Ama o bana mümkün olan en pahalı ilacı almayı istiyordu." Bana karşı olan olumlu duygularının bir kısmı önceki terapistinin beni övmesinden, bir kısmı profesörlük ünvanımdan kaynaklanıyordu, geri kalanın kaynağı ise bilinmiyordu. Ancak aşırı takdir o kadar fazlaydı ki, bireysel terapide bir engel oluşturacağından şüpheleniyordum. Grup terapisine katılmanın Ginny'ye beni gruptaki birçok kişinin gözüyle görme fırsatını vereceğini düşünüyordum. Hatta, grupta bir yardımcı terapistin varlığı benim hakkımda daha dengeli bir görüş sahibi olmasını sağlayacaktı.

Grubun ilk ayında Ginny çok başarısızdı. Korkunç kabuslar gece uykusunu bölüyordu. Örneğin, dişlerinin cam olduğunu ve ağzının kanadığını görüyordu. Bir diğer rüya beni grupla paylaşması ile ilgili duygularını yansıtıyordu. "Sahilde yüzükoyun uzanıyordum. Kucaklanıp beynimde bir ameliyat gerçekleştirecek olan bir doktora götürüldüm. Doktorun elleri iki grup üyesi tarafından tutuluyor ve yönetiliyordu, bu yüzden istemeden beynin bir parçasını kesti." Bir başka rüyası benimle bir partiye gidişini ve cinsel oyun dahilinde çimenlerin üzerinde yuvarlanmamızı içeriyordu.

Birinci aydan sonra yardımcı terapistim ve ben, haftada bir kez toplanan grubun Ginny için yeterli olmadığını ve onun biraz daha kötüleşmesine engel olmak ve grubun zor olan ilk devresini atlatmasına yardımcı olmak amacıyla destekleyici bireysel terapinin de gerekli olduğunu hissettik. Beni bireysel olarak görme arzusunu ifade ediyordu. Ama ben onu hem grup içinde hem de bireysel olarak görmenin ona yardımcı olmaktan çok durumu daha da karmaşıklaştıracağını hissediyordum ve bu yüzden onu kliniğimizdeki başka bir psikiyatriste gönderdim. Ginny onunla yaklaşık dokuz ay boyunca haftada iki kez görüştü ve yaklaşık onsekiz ay boyunca grup terapisine katılmaya devam etti. Bireysel terapisti Ginny'nin, "korkunç mazoşist cinsel fantazilerle ve açık bir şekilde borderline şizofrenik düşünme süreçleriyle kuşatılmış olduğunu" belirtiyordu. Terapisinde "ego destekleyici olmaya, gerçeklik testine ve Ginny'nin kişilerarası ilişkilerindeki çarpıtmalarına odaklanmaya" çabalamıştı.

Ginny gruba dini bir görevmiş gibi katılıyor, bir yıl sonra San Francisco'ya taşındıktan sonra bile çok nadir seans kaçırıyordu, oysa buraya gelebilmek için toplu taşıma araçlarıyla uzun ve rahatsız edici bir yolculuk yapması gerekiyordu. Ginny kendisini toparlamak için gruptan da yeterince destek gördüğü halde gerçek bir ilerleme kaydetmemişti. Aslında, çok az hasta bu kadar az ilerlemeyle grupta kalmaya devam etme konusunda ısrar gösterirdi. Ginny'nin benimle bağlantısını sürdürmek için gruba devam ettiğine inanmak için nedenler vardı. Onun kanaatine göre ben, yalnızca ben, ona yardım edecek güce sahiptim. Terapistler ve grup üyeleri tekrar tekrar bu gözlemde bulunuyorlardı; Ginny'nin iyileşmekten korktuğunu, çünkü bunun beni kaybetmek anlamına geleceğini ifade ediyorlardı. Sadece çaresiz pozisyonu içinde kalarak benim varlığımı güvence altına alabilirdi. Fakat hiçbir hareket yoktu. Grup içinde gergin, içine kapanık ve sessizdi. Diğer grup üyeleri ondan etkileniyordu; konuştuğu zaman diğerlerine karşı anlayışlı ve yardımcıydı. Gruptaki bir adam ona aşık olmuştu ve diğerleri de onun dikkatini çekmek için yarışıyordu. Fakat düzelme hiç gerçekleşmedi, Ginny korkudan donmuş bir şekilde kalmaya devam etti. Ne duygularını serbestçe ifade edebildi, ne de diğerleriyle etkileşimde bulunabildi.

Ginny'nin grupta bulunduğu onsekiz ay boyunca iki yardımcı terapistim oldu. İkisi de erkekti ve her biri grupta yaklaşık dokuz ay boyunca kaldı. Onların Ginny hakkındaki gözlemleri benimkine paraleldi: "ruh gibi ... dalgın ... bütün süreçten kibirli fakat utangaç bir şekilde eğleniyor ... gerçeklik hiçbir zaman enerjisini tam olarak etkisi altına almıyor ... grup içinde bir 'varlık' ... Dr. Yalom'a karşı bütün yorumlayıcı çabalara direnen, eziyet veren bir aktarım ... grupta yaptığı her şeyi onun onaylaması ya da onaylamamasına göre değerlendiriyor ... diğerlerine karşı tepkisel ve olağanüstü hassas biri olmak ile orada hiç bulunmayan biri olmak arasında gidip geliyor ... gruptaki bir esrar ... borderline şizofren, ama henüz psikoz sınırına yaklaşmamış ... şizoid ... birincil sürecin çok fazla farkında ..."

Grup terapisi sırasında Ginny kendisi için inşa ettiği utangaçlık zindanından kaçmak için diğer yöntemleri de denedi. Sık sık Esalen ve diğer yerel gelişim merkezlerine katıldı. Bu programların liderleri Ginny'yi bir anda değiştirmek için çok sayıda yüzleştirme tekniği hazırladılar: çekingenliği ve utangaçlığını yenmesi için çıplak maratonlar, uysallığı ve güvensizliğini değiştirmek için psikodrama teknikleri ve psikolojik karate, uyuşuk orgazmını harekete geçirmek için elektrikli vibratörle vajinal uyarım. Hepsi boşa gitti! Mükemmel bir sanatçıydı ve sahnede hemen başka bir role bürünebiliyordu. Ne yazık ki gösteri sona erer ermez yeni rolden hemen sıyrılıyor ve tiyatro giysisini giydiği gibi çıkarıyordu.

Ginny'nin kolejdeki bursu bitmiş ve birikimleri azalmıştı, iş bulması gerekiyordu. Bulduğu yarım günlük iş telafi edilemez bir program çakışması yaratmıştı. Ginny acı dolu karar haftasının ardından grubu bırakmak zorunda kalacağını fark etmişti. Bu karar, yardımcı terapistimle birlikte Ginny'nin gruptan faydalanma olasılığının çok az olduğuna karar vermemizle hemen hemen aynı zamana denk gelmişti.

Geleceğe ilişkin planlarını tartışmak için onunla buluştum. Sürekli terapi istediği çok açıktı; ama artık gerçeği daha iyi kavrıyordu, korkunç kabusları azalmıştı, adı Karl olan genç bir erkekle birlikte yaşıyordu (daha sonra onun hakkında çok şey duyacağız), küçük bir arkadaş grubu oluşturmuştu ve hâlâ enerjisinin küçük bir parçasıyla hayatın tadını çıkarıyordu. İçindeki şeytan, zevki uzaklaştıran küçük ses ona acımasızca işkence ediyor, hayatını korku ve utangaçlık ufkuna karşı yaşamaya devam ediyordu. Şimdiye kadar yaşadığı en yakın ilişki olan Karl'la ilişkisi özel bir acı kaynağıydı onun için. Ondan çok hoşlanmasına rağmen Karl'ın kendisine karşı olan duygularının şarta bağlı olduğuna, herhangi bir aptalca söz ya da hatanın bu dengeyi bozacağına inanıyordu. Sonuç olarak, Karl'la paylaştığı insani rahatlıktan çok az zevk alabiliyordu.

Ginny'yi San Francisco'daki bir halk kliniğine göndermeyi düşündüm (özel bir terapiste parası yetmezdi), ama beni rahatsız eden birçok düşünce vardı. Orada bekleme listeleri çok uzundu, terapistler bazen deneyimsiz olabiliyordu. Fakat Ginny'nin bana olan büyük inancı, benim kurtarıcı fantazimle birleşerek ona sadece benim yardım edebileğim şeklindeki zorlayıcı faktörü ortaya çıkarıyordu. Üstelik tüm bunların yanı sıra çok inatçı bir damarım da vardı; vazgeçmekten ve bir hastaya yardımcı olamadığımı söylemekten nefret ediyordum.

Böylece Ginny'ye onu tedaviye devam etmeyi teklif etmeme hiç şaşırmadım. Ama seti almak istiyordum. Birçok terapist ona yardım etmeyi başaramamıştı. Diğerlerinin hatalarını tekrar etmeyecek ve aynı zamanda terapötik fayda elde etmek amacıyla Ginny'nin bana olan güçlü olumlu akarımından yararlanmama yardımcı olacak bir yaklaşım aramaya başladım. Terapötik planımı ve bu yaklaşımın altında yatan teorik mantığı Sonsöz'de ayrıntılarıyla açıkladım. Şimdilik, sadece yaklaşımın bir yönü üzerinde yorum yapmam gerekiyor, ki ilerideki sayfalarda sonuçları görünen cesur bir manevraydı bu. Ginny'ye ödemesinin karşılığı olarak her bir seansın dürüst bir özetini yazmasını istedim. Sadece olanlara karşı tepkilerini değil, bir saat içinde yaşanan gizli hayatın bir tanımını, yeraltından gelen bir not gibi – sözel konuşmanın gün ışığına hiç çıkmayan bütün düşünce ve fantazileri de yazmasını istedim. Benim bildiğim kadarıyla psikoterapötik uygulamada oldukça yenilikçi olan bu fikir mutluluk verici bir öneriydi; Ginny o zamanlar o kadar hareketsizdi ki çaba ve hareket gerektiren her türlü teknik denemeye değer görünüyordu. Ginny'yi kendine saygısı için gerekli olan önemli bir kaynaktan alıkoyan yazma kilitlenmesi, zorunlu olarak yazı yazmasını gerektiren yöntemi daha cazip hale getiriyordu. (Bu plan kişisel anlamda mali fedakârlık gerektirmiyordu, çünkü Stanford Üniversitesi'nden tam gün maaş almaktaydım ve klinik çalışmalarımdan kazandığım bütün para Üniversite'ye gidiyordu.)

Eşimin edebiyata olan ilgisi yüzünden bu plandan ona da söz ettim ve o benim de her seansın ardından klinik olmayan ve izlenimlere dayanan notlar almamı önerdi. Eşiminkinden tamamen farklı bir nedenle bu fikrin ilham verici olduğunu düşündüm: o bu işin edebi yönünü düşünüyordu; beni ise kendini açmayla ilgili çalışma ilgilendiriyordu. Ginny yüz yüze karşılaşmada kendini ne bana ne de bir başkasına açamazdı. O beni hatasız, her şeyi bilen, problemsiz, mükemmel bir bütünlük içinde olan birisi olarak görüyordu. Bana karşı olan ve dile getiremediği isteklerini ve duygularını bir mektupla bana gönderdiğini hayal ettim. Benim kendi şahsi ve hatalı olabilecek mesajlarımı onun okuduğunu düşündüm. Bu çalışmanın kesin etkilerini bilemezdim, ama planın güçlü bir şeyler ortaya çıkaracağına emindim.

Eğer diğerinin yazdıklarımızı hemen okuyacağının bilincinde olursak yazdıklarımızın ketleneceğini biliyordum; bu yüzden diğerinin yazdıklarını birkaç ay okumamaya ve sekreterimin onları bizim için saklamasına karar verdik. Yapay mı? Uydurma mı? Görecektik. Terapi ve değişim arenasının ikimizin arasındaki ilişki olduğunu biliyordum. Eğer bir gün, bu mektupların yerini birbirimize hemen söylenen sözler alırsa ve dürüst ve insani tarzda ilişki kurmayı başarırsak, diğer arzu edilen bütün değişikliklerin bunların ardından geleceğine inanıyordum.

Ginny'nin Önsözü

New York'ta çok başarılı bir lise öğrencisiydim. Yaratıcıydım, ama yaratıcılığım, sanki doğaüstü bir utangaçlıkla başıma vurulmuş gibi sersem bir şekilde dolaşmamın ardından geliyordu. Ergenliğimi kapalı gözler ve migrenle geçirdim. Üniversite hayatımın hemen başında kendimi akademik açıdan emekliye ayırdım. Ara sıra "harika" işler çıkarsam da canlı bir güneş saati olmaktan, kıvrılıp uyumaktan başka hiçbir şeyden hoşlanmıyordum. Oğlanlardan korkuyordum ve hiç erkek arkadaş edinmedim. Daha sonraki çok az sayıdaki ilişkilerim hep sürprizlerle doluydu. Üniversite eğitimimin bir parçası olarak Avrupa'da, çalışarak, inceleyerek ve gerçekte sadece anekdotlar ve arkadaşlardan oluşan dramatik bir cv elde ederek, ama hiç gelişme kaydetmeyerek, biraz zaman geçirdim. Cesaret olarak görülen şey aslında çekingen bir enerji ve ataletti. Eve dönmeye korkuyordum.

Kolejden mezun olduktan sonra New York'a döndüm. İş bulamıyordum, aslında gittiğim herhangi bir yön yoktu. Her şeye ve hiçbir şeye karşı kışkırtılırken vasıflarım Dali'nin saati gibi eksiliyordu. Şans eseri küçük çocuklara öğretmenlik yapma fırsatı buldum. Aslında çocukların hiçbiri (ve sadece sekiz taneydiler) öğrenci değildi; ortak yönleri vardı ve bütün yaptığımız bir sene boyunca oyun oynamaktı.

New York'tayken gerçek kan akışının bir parçasıymış gibi çıkması için inleme, nefes alma ve konuşma üzerine oyunculuk dersleri aldım. Ama sınıftan sınıfa ve arkadaştan arkadaşa ne kadar koşarsam koşayım hayatımda yine de bir durgunluk vardı.

Ne yaptığımı bilmediğim zamanlarda bile çok gülerdim. Pollyanna tarafından sıkıştırıldığını hisseden bir arkadaşım, "Bu kadar mutlu olacak ne var?" diye sormuştu. Aslında az sayıdaki harika arkadaşımla (ki her zaman böyle arkadaşlarım vardı) mutlu olabilirdim; aslında hatalarım, hayatın ne kadar doğal ve kolay olduğuyla karşılaştırılınca yalnızca küçük şaşkınlıklar olarak görünüyordu. Ancak sırıtışım boğucuydu. Zihnim sürekli olarak ruh durumu ve belli anlara ilişkin duygular arasında dönüp duran sözcük atlıkarıncasıyla doluydu, bu sözcükler çok nadir olarak benim sesime ya da kâğıt üzerine dökülüyordu. İş gerçeklere dayanınca çok iyi değildim.

New York'ta yalnız yaşıyordum. Dersler ve mektuplar dışında dış dünyayla olan bağlantım çok sınırlıydı. İlk kez olarak mastürbasyon yapmaya başlamış ve sırf hayatımda gerçekleşen özel bir şey olduğu için çok korkunç olduğunu düşünmüştüm. Korkularımın ve mutluluğumun şeffaflık özelliği kendimi hep hafif ve aptal hissetmeme neden olmuştur. Bir arkadaşım, "Seni bir kitap gibi okuyabilirim" demişti. Hiç sorumluluğa ihtiyacı olmayan, kusmaktan daha ciddi hiçbir şey yapmayan Puck gibi birisiydim. Ve birdenbire farklı davranmaya başladım. Hemen terapiye girmeye başladım.

Terapist bir kadındı ve beş ay boyunca haftada iki kez ona gittim. Sırıtışımı yok etmeye çalışıyordu. Terapideki bütün amacımın onun benden hoşlanmasını sağlamak olduğuna ikna olmuştu. Seanslarda annem ve babamla olan ilişkimi havanda dövüp duruyordu. Bu ilişkim gülünç derecede sevgi dolu, açık ve ironikti.

Terapide korkuyordum, çünkü zihnimin benden sakladığı korkunç bir sırrım olduğundan emindim. Hayatımın neden çocukların çizim tahtaları gibi olduğunun bir açıklaması: kağıdı kaldırdığınızda basit, komik suratlar, eğri büğrü çizgiler yok olur, geride hiç iz kalmaz. O sırada, ne kadar şey başarmış olursam olayım, sevdiğim kaç tane en iyi arkadaşım olursa olsun, bana bir ayar noktası sağlayacak ve nabız atışımı mümkün kılacak başkalarına bağımlıydım. Hem canlı, hem ölüydüm. Onların itişine ihtiyacım vardı; kendi kendime bir şeye başlayamıyordum hiç. Ve belleğim çoğunlukla acımasız ve küçük düşürücüydü.

Terapide duygularım ve benim aynı deri koltukta oturuyor olduğumuz noktasına kadar ilerleme kaydetmiştim. Derken sıradışı bir olay hayatımı değiştirdi, en azından yerimi değiştirdi. Saçma bir arzunun etkisiyle California'daki bir yazarlık programına başvurmuş ve kabul edilmiştim. New York'taki terapistim bu habere pek memnun olmadı; aslında gidişime tamamen karşıydı. Sıkışıp kaldığımı, hayatım için hiç sorumluluk almadığımı ve hiçbir bursun beni dışarı çıkaramayacağını söylüyordu. Ama ben bu konuda bir yetişkin gibi davranıp bursu verenlere, "Lütfen ben duygularımı bulmaya, kendime olan güvenimi kazanmaya ve insan olmaya çalışırken mucizevi bursumu erteleyin," şeklinde bir mektup yazamazdım. Hayır, terapistimin söylediklerinin doğru olmasından, işi başında bırakıp hayatımı bir yıllık güneş için riske atıyor olmaktan korkmama rağmen herkes gibi, ben de yeni çevreye balıklama daldım. Fakat deneyime hayır diyemezdim, çünkü bu benim mazeretim, duygularımın arka perdesi, düşünme ve hareket etme tarzımdı. Ciddi, düşünceli bir rota yerine her zaman için bir manzara resmiydi bu.

Terapistim sonunda California'da tanıdığı bir psikiyatristten mükemmel yardım alacağıma ikna olarak bana izin verdi. New York'tan ayrıldım ve her zamanki gibi ayrılmanın verdiği heyecan vardı. Arkada ne kadar değerli şey bırakırsanız bırakın enerjiniz ve gözleriniz hep sizinle birliktedir. Ayrılmadan hemen önce ayrılmanın verdiği rahatlamayla sırıtışım, sanki kalıcı bir logo gibi, geri geldi. Psikolojik olarak kazandıklarımın California'ya vardığımda beni bekliyor olacağını ve böylece her şeye bir çocuk yıldız gibi yeniden başlamak zorunda kalmayacağımı düşünüyordum.

New York'ta oyunculuk, terapi ve yalnızlıkla ilgili olarak yaptığım yoğun ve cesur çalışmalar yüzünden, sınırlı ve desteklenmiş duygularım hâlâ bütünlüğünü korurken vardım California'ya. Hayatımdaki çok güzel bir zamandı, çünkü geleceğim garantiydi, üstelik onlar için kendimi denemem ve değiştirmem gereken ve beni yargılayacak erkekler yoktu. Kolejden beri hiç erkek arkadaşım olmamıştı. Önünde bir portakal ağacı olan bir kulübe bulduk; bir arkadaşım söyleyene dek ağaçtan portakal toplamayı hiç düşünmemiştim. Oyunculuğun yerini tenis aldı. Ve kontenjanımı tek bir harika kız arkadaşla doldurdum. Kolejde iyiydim, fakat saf bir kız gibi davranıyordum.

New York'tan Mountain View'e gelerek bir terapistten diğerine gittim. Kararsız bir zihin yapısı içinde önce Dr. Yalom'a gittim. Kaderimin önemli bir parçası olan beklentilerim büyüktü, çünkü Yalom'u New York'taki terapistim tavsiye etmişti. Çaresiz ve heyecanlı bir şekilde odasına girdiğimde belki Bela Lugosi bile bu sihri yapabilirdi, ama sanmıyorum. Dr. Yalom özel birisiydi.

Onunla yaptığımız ilk görüşmede ruhum deli divane olmuştu. Düzgün konuşabiliyor; ağlıyor, yardım isteyip bundan utanmıyordum. Bana eve kadar eşlik edecek şikayetlerim yoktu. Bütün soruları doğrudan beynime işlemiş gibiydi. Odasına gelerek kendim olma ruhsatına sahip olmuş gibiydim. Dr. Yalom'a güveniyordum. O bir Yahudiydi – ve o gün, ben de öyleydim. Noel Baba tipi psikiyatrist olmaksızın tanıdık ve doğaldı.

Dr. Yalom başka bir terapistle düzenlediği bir grup terapisine katılmamı önerdi. Yanlış bir kursa kayıt olmak gibi bir şeydi bu – teke tek görüşmeyle yürütülen Şiir ve Din kursunu isterken briçe başlamış (ya da kötü bir çikolata yemiş) gibiydim. Beni grubun ikinci liderine gönderdi. Diğer doktorla yaptığım ilk görüşmede gözyaşı yoktu, güven yoktu, sadece kişisel olmayan teybin soluk alıp vermeleri vardı.

Grup terapi gerçekten çok zor. Özellikle masanın üzeri bizimkinde olduğu gibi ataletle doluysa. Yedi hasta ve iki doktordan oluşan grup bir masanın ve tavandan sarkan bir mikrofonun etrafında toplanıyor; bir tarafta camdan bir örümcek ağını andıran ve sık sık kendime bakarken yakalanan yüzümü gördüğüm aynalardan oluşan bir duvar vardı. Bir grup doktor diğer tarafta oturmuş bir tarafı ayna olan camdan bizi izliyorlardı. Bu beni rahatsız etmiyordu. Utangaç olmama rağmen biraz da teşhirciliğim vardır. Kendimi ortadan kaldırıp içi doldurulmuş Ophelia gibi "oynamaya" başladım. Masa ve sandalye insanı devam etmeyi zorlaştıracak bir pozisyona sokuyor.

Çoğumuzun problemi aynıydı – hissetme yetersizliği, katılaşmamış öfke, aşk problemleri. İçimizden birinin heyecanlandığı ve bazı şeylerin meydana geldiği birkaç mucizevi gün olmuştu. Fakat bir buçuk saatin iki tarafındaki zaman sınırları genellikle büyük keşifleri engelliyordu. Ve ertesi haftaya kadar her zamanki psikolojik ölüm katılığına geri dönüyorduk. (Kendim adına konuşmalıyım. Diğerleri çok yardım aldılar.) Grupta problemleri paylaşmak güzeldi, fakat çok nadiren çözüm paylaşıyorduk. Arkadaş olduk; birbirimize hiç dokunmadık (bu California için belirgin bir özellikti). Sona yaklaşırken üzerinde her şey olan pizzalardan yemeye gittik. Daha mesafeli ve bir tarafa eğimli hale gelsem ve görsel etkileşim dışında onunla hiç etkileşimde bulunmasam da grup lideri olarak Dr. Yalom'dan hoşlanıyordum. Problemimin bir kısmı her zamanki gibi kişisel hayatım için kararlar verememek, hayaller ve arkadaşlarımın etkisiyle sürüklenmekti. Başımı dik tutamıyordum. (Grup terapiyle aynı zamanda bireysel terapiye de devam ediyordum. Genç bir doktordu terapistim. Korkunç rüyalar görüyordum ve Dr. Yalom onu önermişti.)

Kendimi yeniden cansız ve gösterişçi hissetmeye başlıyordum, bu yüzden duygu-tanışım gruplarında ortamda doğal olarak bulunan yapay teneffüsü aradım. İnsanların cafcaflı orman evlerinde vardı bu – kilimlerinde, hasır paspaslarında, Japon banyolarında, geceyarısında. İçerikten çok ortamdan hoşlanıyordum. Fizikçiler, dansçılar, orta yaşlı insanlar, boksörler becerileri ve problemleriyle ortaya çıkıyorlar. Sahne ışıkları ve müzik setinin bulunduğu köşede Bob Dylan var, bir şeyler olduğunu *biliyorsunuz*, ama bunun ne olduğunu bilmiyorsunuz.

Ruhunuzun izlediği bu tür tiyatro şekli beni çok çekiyordu. Gözyaşları, çığlıklar, kahkahalar ve sessizlik vardı – ve hepsi enerji vericiydi. Korku insanı sırtından vuruyor, arkadaşlık geceyarısı yapışkanlığından sıyrılıp çıkıyor. Evlilikler gözlerimizin önünde çözülüyor; memurlara ait işler iyice azalıyor. Bu hüküm ve kıyamet günlerine memnuniyetle kaydoldum, çünkü hayatımda böyle bir şey yapmamıştım.

Gerçi bazen yukarı doğru sürüklenme ya da kurtarılma olmaksızın sadece aşağı doğru çekiliyorsunuz. Korku ve panikten, içgörü, itiraf ve onay çığlıklarına uzanan belirli bir ritüel ritmini ve temposunu takip edebilmelisiniz. Ve eğer bu başarısız olursa, "Pekâlâ, ben bir aptalım, ümitsizim, ne olmuş? Böylece devam edeceğim," diyebilmelisiniz.

Ama sonunda iki ayrı kurtuluş arasında kaldığımı fark ettim – tıpkı benim hayatıma benzeyen sıkışmış, katı, yavaş, sürekli hasta grup terapisi; ve psikodramadaki zihin ve kalbin ortaçağ karnavalları. Dr. Yalom'un duygu-tanışma gruplarımı, özellikle zeki ve esinlenmiş olan, fakat sihirden başka bir güvencesi olmayan bir grup liderini onaylamadığını biliyordum. Kendi tarafımı gerçekten seçmedim, fakat her iki terapi türüne ve yok olmaya devam ettim. Sonunda, grup terapiye kozamı da götürdüğümü, her hafta bir buçuk saat boyunca sandalyeme bağladığımı ve sonra geri götürdüğümü fark ettim. Doğmayı reddediyordum.

Aylarca grup terapiden geçmiştim, ama içinde bulunduğum durumdan kurtulmak için hiç hareket etmiyordum. Mutlu bir hayatım vardı, fakat her zamanki gibi kendimi suyun altında ve sislerin içindeymişim gibi hissediyordum. Arkadaşlarım sayesinde Karl adında zeki ve dinamik bir erkek arkadaşım oldu. Ona yardımcı olduğum kendisine ait bir kitapçılık işi vardı. Ben hiçbir beceri öğrenmeden onu espri yağmuruna tutmayı başarıyor ve tahrik oluyordum. Fakat başlangıçta onu çekici bulmamıştım, bu da beni endişelendiriyordu. Gözlerinde biraz hiddetli ve yabancı görünen bir şey vardı. Ama bazı şüphelerim olsa bile onunla olmaktan hoşlanıyordum, çünkü diğer az sayıdaki sevgililerimin tersine Karl aniden vurulduğum, ya da uzaktan seçtiğim birisi değildi.

Birkaç harika balayı haftasından sonra yaşanabilir bir kayıtsızlığa girdik. Bir gün, neredeyse kendi kendine konuşur gibi, birlikte taşınabileceğimiz bir apartman dairesi bildiğini söyledi. Böylece Mountain View'den şehre taşındım. Karl bir keresinde bana sarılarak onun hayatına şefkat getirdiğimi söyledi, fakat çok fazla aşk sözcüğü kullanmıyordu.

Hemen birlikte yaşamaya ve birbirimizin tadını çıkarmaya başladık. Birlikteki hayatımızın başlangıcıydı bu ve yaşanacak yeni birçok şey vardı – kitaplar, filmler, yürüyüşler, konuşmalar, kucaklaşmalar, yemekler, ortak arkadaşlar edinip bazılarını bırakmak. O zamanlar bir klinikte ücretsiz bir muayeneden geçtiğimi ve "Yirmibeş yaşında, mükemmel sağlığa sahip beyaz kadın," yazdıklarını hatırlıyorum.

O zamana dek psikodramayı bırakmıştım ve grup terapi bırakmaya cesaret edemediğim bir alışkanlık halini almıştı. Kendi kaderimi kendim seçmek yerine her zamanki gibi olacakları görmek için bekliyordum. Bir gün Dr. Yalom arayıp her ikimizin de terapinin ardından rapor yazmamız kaydıyla ücretsiz özel bir terapiye girmek isteyip istemediğimi sordu. Bu birdenbire gelen harika telefonlardan biriydi. Evet, dedim aşırı bir sevinçle.

Dr. Yalom'la özel hastası olarak terapiye başladığımda onunla ilk karşılaşmamdan bu yana iki yıl geçmişti. Oyunculuğun yerini tenis almıştı, birisiyle olmak için birini arıyordum, hatırlamaya çalışmak için yalnızlığı deniyordum. İçimin derinliklerinde problemlerimin üzerinden atlayıp geçtiğimi, hepsinin tuzak kurmuş beni beklediğini hissediyordum. New York'taki terapistim gibi eleştirmenler ve yanımda taşıdığım sevgililerim yapılacak işin çok zor olduğunu söylerlerdi. Hak etmeden çok kolay bir şekilde başardığımı ve beni "bebeğim" diye çağırmaya başlayan Karl'ın gerçek adımı bilmediğini söylerlerdi. Onun beni adımla –Ginny– çağırmasını sağlamaya çalıştım ve bunu ne zaman yaptıysa hayatım yatağından taştı. Ama bazen sarı saçlarıma ve cesaretimden dolayı bana Golden Worrier [Altın Savaşçı, – ç.n.] derdi.

Grup terapisiyle geçen onsekiz aylık kış uykusu beni sersemletmişti. Özel terapiye yalnızca belli belirsiz kaygılarla başladım.

I

Birinci Sonbahar

(9 Ekim-9 Aralık)

9 Ekim

DR. YALOM

GINNY bugün ona göre oldukça iyi bir durumda geldi. Elbiselerinde hiç yama yoktu, saçları büyük olasılıkla fırçalanmıştı, yüzü daha az sivilceli ve daha dikkatliydi. Biraz beceriksiz bir tavırla seansların ücretini para yerine yazarak ödemesini teklif etmemin yeniden hayata dönüşü için bir neden oluşturduğunu söyledi. Başlangıçta mutlu görünüyordu, ama sonra diğer insanlara kendisi hakkında iğneleyici şakalar yaparak iyimserliğini baltalamayı başardı. Bunların ne tür iğneleyici şakalar olduğunu sorduğumda yazdıklarımızı büyük bir olasılıkla "yürüyen katatonik hastayla görüşmeler" adı altında yayımlayacağımı söyledi. Anlaşmamızı netleştirmek isteyerek, yazdığı her şeyin ortak mülkiyetimiz altında olduğunu ve eğer bir şey yayımlayacak olursam bunu beraber yapacağımızı açıkladım. Ona bunun için henüz çok erken olduğunu ve bu konuda pek düşünmediğimi de ifade ettim (yalan, çünkü bu malzemeyi bir gün yayımlamak konusunda çırpınıp duran fantazilerim vardı).

Sonra Ginny'yle geçirilen zamanın özelliği olarak, boş yere belirsizlik içinde dolaşıp durmamak için bazı şeylere odaklanmaya çalıştım. Terapide benimle hangi konuda çalışmak istiyordu? Nereye "gitmeyi" ümit ediyordu? Şu anda hayatının anlamsız ve boş olduğunu söyleyerek cevap verdi; en acil problemi sekste zorlanmasıydı. Daha açık olmasını istedim ve orgazm noktasında olduğunu hissettiği sırada kendisine nasıl izin veremediğini anlattı. Konuştukça Viktor Frank'la (önde gelen bir varoluşçu analist) yaptığım bir sohbete ait duyguları uyandırmaya başladığını hissediyordum. Seks sırasında seksi çok fazla düşünüyor, kendini rahatlatmak için ne yapabileceğini kendi kendine soruyordu ve sonuç olarak da kendiliğinden olacak bir şeyi engelliyordu. Onun kendisini düşünmesine yardımcı olabileceğim yollar bulmaya çalıştım ve sonunda oldukça saf bir şekilde, "keşke kendini düşünmeyeceğin bir yol olsa," dedim. Çocuk kitaplarındaki kırkayağı hatırlatmıştı bana. Yürüyüşünü seyretmesi istendiğinde yüz çift bacağını idare edemez olmuştu bu kırkayak.

Bana bir gününün nasıl geçtiğini anlatmasını istediğimde Ginny zamanın onun için ne kadar boş olduğunu anlattı. Bu durum sabahları yazma boşluğuyla başlıyor ve günün geri kalanındaki boşluğa neden oluyordu. Onunla birlikte yazmanın neden bu kadar boş olduğunu ve ona hayatın anlamını verecek ne olduğunu merak ettim. Yine Viktor Frankl! Artık yakın zamanlarda okuduklarım veya terapistlerle yaptığım sohbetler terapime karışıyor, kendimi kendine ait rengi olmayan bir bukalemun gibi hissetmeme neden oluyor.

Daha sonra tekrar oldu. Ona, bütün hayatını yumuşak bir kendini inkâr fon müziğine karşı oynadığı yorumunda bulundum. Yıllar önce analizine girmeyi düşündüğüm bir Kleinian* analistin bana söylediği şeyin yankıları kulağımdaydı: analiz, onun teorik pozisyonuna karşı olan şüpheciliğimin fon müziği ile yürütülecekti.

Ginny titrek sesiyle kendisini itici kuvveti ve gideceği bir yönü olmayan bir kişi olarak sunmaya devam ediyordu. Bir mıknatıs gibi boşluğa çekiliyor, boşluğu emiyor ve benim önümde tükürüyordu. Hayatında boşluktan başka hiçbir şeyin bulunmadığını düşünebilirdi insan. Örneğin, bazı hikâyelerini *Mademoiselle*'e gönderdiğini ve editörden cesaret verici bir mektup aldığını anlatmıştı. Mektubu ne zaman aldığını sorduğumda sadece birkaç gün önce aldığını söyledi; sesindeki duygusuz tona bakarak yıllar önce almış olabileceğini düşündüğümü belirttim. Yakın arkadaşı Eve'den ya da birlikte yaşadığı er-

---

* Melaine Klein'ın öğretilerine dayanarak kurulan Londra-temelli analitik ekol. –ç.n.

kek arkadaşı Karl'dan söz ederken de aynıydı bu durum. Ginny'nin içinde, yaptığı her şeyin anlamını ve zevkini çalan küçük bir şeytan var. Aynı zamanda kendisini gözleyip kötü durumunu trajik bir şekilde romantikleştirme eğilimi de var. Sanırım bir gün kendisini ceplerini taşlarla doldurup okyanusa yürüyen Virginia Woolf olarak görme hayaliyle flört ediyor.

Benden beklentileri gerçekdışı, beni o kadar idealleştiriyor ki cesaretim kırılıyor, bazen kendimi ümitsiz hissediyorum. Bu raporları yazmasını isterken onu sömürüp sömürmediğimi merak ediyorum. Belki de sömürüyorum. En azından onu yazmaya zorladığını söyleyerek mantıklı hale getiriyorum bu isteğimi, ve altı ay sonra bu notları değiş tokuş ettiğimizde iyi bir şeylerin ortaya çıkacağını hissediyorum. Hiçbir şey olmasa bile Ginny beni farklı bir şekilde görmeye başlayacak.

~

9 Ekim

GINNY

Seansı anlatmanın, olanları aynen tekrarlamak ve hem sizi ve hem de kendimi hipnotize etmek dışında bir yolu olmalı. Beklentilerimi arttırmıştım, ama çoğunlukla programdaki değişiklik üzerinde yoğunlaştım. Seansa bu yoğun düşünceyle başlayıp bitirdim. Telaşlanarak ve hiçbir şey hissetmeyerek.

Başlangıçta ofisinizdeki bir meraklı gibi hissettim kendimi. Bana gündemde ne olduğunu, ne olmasını istediğimi soruyordunuz. Uzun süredir cevap vermemek ya da soruları ciddiye almamak gibi bir adetim var. Zihnimi hayal kurmak için kullandığım zamanlar dışında hiç kullanmıyorum. Değişmesine ya da gerçeği şekillendirmesine izin vermiyor, sadece geçişi üzerinde yorumda bulunuyorum. "Pekâlâ, yazdıklarının bir yere varmaması ne demek?" sorusunu tekrarlayıp durduğunuz zamanki ısrarınız, sonunda beni kızdırdı. Sanki bir kavgadaki geriye sayımdı bu. O anda kalkıp bir şeyler söylemem gerektiğini, yoksa her şeyin biteceğini biliyordum. Sorunun üç ya da dört kez tekrarından sonra, "Sanırım bir yere varmayan şey yazdıklarım değil, içimdeki yargılayıcı şey, hep sıfırı gösteriyor, alkış ya da eleştiri olduğunda hafifçe iki yöne hareket ediyor," dedim. Karl ve kendimden iç karartıcı bir ses tonuyla söz ederken pazar ve pazartesi sabahlarının çok hoş olduğu, şefkat ve neşeyle dolu geçtiğine dair hiçbir şey söylemedim. Neden kendimi yanlış sundum? (Babamın en sevdiği eleştiri: "Bütün hayatın boyunca kendini aşağıladın Ginny.") Ama neden buraya gelip size iyi şeyler söyleyemiyorum, özellikle de bunları duymayı istediğinizi bildiğim halde?

Sizinle konuşurken size daha önce ne anlattığımı hatırlamaya çalıştığımın bilincindeydim. Bu seansta kendimi tekrarlamayacağımdan emin olmak istiyordum. Ama sonunda tekrarladığımı düşündüm.

Gelip seks hakkında konuşmak istemiyordum, çünkü bu konu kulağa hep olgun ve şahsiyetsiz geliyor. Ve üstelik seksin benim için önemi bazen iyi, bazen kötü bir hareket olması değil, sonradan gelen misillemeye dayanıyor. Yani kendimden nefret etme, ceza korkusu, bir başkası tarafından tanınmak ve boydan boya karanlık ve vicdanla başetmeye çalışma fırsatı.

"Kendini düşünmemek" sözcüğünü o kadar sakin kullanmanız çok hoşuma gitti. (O gün bu sözcüğü üç espride kullandım.) Bunu ciddi olarak düşündüm ve benden sadece tanım ve görünüş istemediğinize memnun oldum.

Seansın sonuna doğru intihara teşebbüs eden eski arkadaşım Sandy ve belirli bir şeylerin önerildiği durumlar dışında psikiyatristleri dinlemeyen anne babalara karşı olan öfkem hakkında konuşurken farkında olmadan öfke hissediyordum. Seans bittiğinde üzgün, sessiz ve açık hale gelmeye başladığımı düşündüm. Hafif bir heyecan hissediyordum, tıpkı seksi hayal eden bir çocuğun hoş duyarlılığı gibi.

Sonra seansın bittiğine dair bir yorumda bulundunuz. Bu ipucunu sezdiğim anda yeniden çekinmeye başladığımı hissederim. Üzerime dökülen ışık sönmek üzere. Psikiyatristlerin hastanın gitmesini sağlamak için beceriksizce yaptıkları işlem bu. "Saat iki sizin için uygun mu?" diye sordunuz, değildi, ama hemen düşünemedim. Sadece eve giderken bu problem üzerinde düşünecek vaktim oldu, canım çok sıkıldı ve sonsuz sayıda olasılık üretip durdum.

O sırada bu seansları yazmak için çok uğraşmamaya karar verdim, tarzımın algılarım ve deneyimlerime bağlı olarak gelişmesine izin verecektim. Bunu yazmaya başlamadan vazgeçtim. Seansta alışkanlık yüzünden hiç durmadan okuyan ve baskının sadece cildine bakıp sözcüklerin hareketiyle ilgilenmeyen yorgun birisi gibi hissettim kendimi. Dün, neredeyse hemen her zaman olduğu gibi son derece çekingendim, ne söylemem, ne olmam gerektiğine dair yapay yapıya yapışıp kalmıştım. Aynanın önünde konuşmalar yaptım. Eğer kırılırsa kötü şans getirmeyecek bir ayna. (Fakat bunlar mücadele sözcükleri değil. Sadece daha fazla gevezelik.)

Sadece seansta ne olduğunu duymak istediğinizi söylemiştiniz. Başlangıçta sınırlayıcı geldi bu, ama sonra canlılık verdi, çünkü üzerimize sarkan yoğun yeşilliği kesip atmamı sağlayacaktı. Ve altı ay boyunca okumayacaktınız, ki bu da seansların yazım eleştirisi haline gelmeyeceği ve sözcüklerle bedel ödenmeyeceği anlamına geliyordu. Ve daha sonra "altı" ay dediğiniz kafama dank etti, bu da rahatlatıcı altı ay garantisi demek oluyordu.

~

14 Ekim

DR. YALOM

Randevu saati 12.30'du. Ginny'yi saat 12.25'te bekleme odasında gördüm. Elimde sekreterime vermek istediğim bazı şeyler vardı, fakat çok önemli değildi, Ginny'yi 12.25'te görebilirdim. Sonunda pek önemsiz olmayan şeylerle uğraşırken Ginny'yi içeri üç dakika geç aldım. Hastalara bunu neden yaptığımı anlayamıyorum. Bazen bunun kendi karşıaktarımımın ve direncimin bir göstergesi olduğuna hiç şüphe yok. Ama Ginny için geçerli değil bu, onu görmekten hoşlanıyorum.

Bugün iyi görünüyordu, güzel bir etek, bluz ve tayt giymişti, saçları taralıydı. Ama açıkça titriyordu. İlk yirmi yirmibeş dakika boyunca seansın nereye gittiğini bilmeden debelenip durduk. Sonunda dün gece çok kötü olduğu, on onbeş dakikada bir gelen anksiyete nöbetleri yaşadığı ortaya çıktı. Bu nöbetler, kendisine süreklilik ve zaman duygusu veren tek şey gibi görünen geçmiş duygu ve deneyimlerine sıkıca bağlıydı.

İlk önce, gece meydana gelen anksiyete nöbetlerinin zamanlaması etrafında dolanıp durdum, seanslarımızla ilgisi olup olmadığını merak ediyordum. Geçen hafta üç kere olmuştu – bir tanesi önceki gece ve bir tanesi son seansımızdan sonra, fakat üçüncüsü haftanın ortasında bir yerlerde meydana gelmişti: bu yüzden buradan bir yere varamadık. Anksiyete nöbetinin kavramsal içeriğiyle uğraşmak kumda yürümeye benziyordu. Çok derine basmıştım, içeriye doğru çekiliyordum. Bir saatin büyük bir bölümünü dışarı çıkmaya çalışmakla geçirdim, çünkü tüm bunlar ilkel, erken ve sınırsız malzemelerdi.

Sonra denediğim şey daha mutluluk verici bir seçimdi. Sadece daha somut ve kesin konuştum. "Baştan başlayıp dünü nasıl geçirdiğini ve dün gece neler olduğunu konuşalım." Hastalarla bunu sık sık yaparım ve öğrencilerime de bu yaklaşımı kullanmalarını tavsiye ederim, çünkü bataklıkta ayak basacak bir yer sağlar mutlaka. Ginny bir gün öncesini tekrarladı – kendini çok iyi hissederek kalkmış ve bir iki saat boyunca yazmıştı. Yazmasını küçümsemesine rağmen her zamankinden daha aktif olduğunu ve şu anda bir roman üzerinde çalıştığını kabul etti. Bu kendimi iyi hissetmemi sağladı; yazmaya çalışmasından özel bir gurur, çok fazla gurur duydum. Sonra yatağına uzanıp tanımadığım bir kadın psikiyatrist tarafından yazılan kadın iktidarsızlığı konusunda bir kitap okumuş ve cinsel duyguların hücum etmesiyle mastürbasyon yapmıştı. Ve bu da günün kötüye gidişinin başlangıcı olmuştu. Kısa bir süre sonra postaneye gitmiş, tesadüfen Karl'la karşılaşmış ve utanç dolu suçluluk duygularına kapılmıştı. Burada karakteristik bir şekilde kendini kınamaya başlamıştı; eğer mastürbasyon yapmasaydı kendisini Karl için o geceye saklayabilirdi, ya da o sırada Karl'la birlikte olabilirdi, vs., vs. İşler kötüden berbata doğru gitmiş – yaptığı yemek çok kötü olmuş; gece o enerji doluyken ve dışarı çıkmak isterken Karl yorgunmuş ve yatmış; Karl'ın kendisiyle birlikte olmasını istemiş, ama o uykuya dalmış; iki üç gecedir sevişmediği için Karl'ın onu gerçekten reddediyor olabileceğini düşünmüş. Denemeyi ve ona yaklaşmayı başaramamış.

Ginny ayrıca geçen cumartesi hakkında da konuştu. Karl bütün sabah meşgulmüş ve sonra kendi başına yürüyüşe çıkmış, akşam 8.30'a kadar eve dönmemiş. Ginny ona bazen kendisinin de onunla birlikte yürümek istediğini bile söyleyememiş. Sadece Karl ne zaman yanına yaklaşsa ağlamaya başlamış. Ginny'nin Karl'a karşı hissettiği ikili duyguları merak etmeye başladım, özellikle Karl'ın kendisini terk ettiği ve Ginny'nin arkadaşı Eve ile birlikte İtalya'ya gidip yazı yazdığı ve sıcak çikolata içtiği şeklindeki yinelenen fantazisini anlattığında.

Bütün bunlar bir araya gelince, Karl'a karşı olan sadakat yeminlerine rağmen Ginny'nin bir parçasının ondan kurtulmak istediğini düşünmeme neden oldu. Ama bunu izlemek kolay değildi; belki bu Ginny'nin şu anda başedemeyeceği bir şeydi. Belki değildi – onun "kırılgan çiçek" tavrının beni güçsüz bir yumuşaklık noktasına doğru kontrol etmesine izin vermemeliydim.

Yaptığım şey odayı Viktor Frankl'la doldurmak oldu. Bir tesadüf eseri dün gece onun bir kitabını okuyordum ve onu düşünüyordum. Birisinin yazdıklarını okuyup sonraki seansımda kendimi onun tekniklerini kullanırken bulmak her zaman kendimden tiksinmeme neden olmuştur. Buna rağmen, Ginny'ye Frankl'ın ona yaklaşacağını düşündüğüm şekilde yaklaştım. Ginny'ye söylediğim ilk şey, anksiyeteyle doğduğu, annesiyle babasının da anksiyeteli olduğu ve gerçekte genetik bir anksiyete ve hatta belki de cinsel anksiyete kaynağı bulunduğunu düşünmenin pek de olanaksız olmadığı kavramıydı. Aklımda birkaç şey vardı. Eğer Ginny şu ana kadar bana yeterince güvendiyse mastürbasyonla ilgili suçluluk duygularının bir kısmını ortadan kaldırmasına yardım edebilirdim. Görüşme sırasında kendini neden bu kadar suçlu hissettiğini merak ederek birkaç kez mastürbasyon konusuna geri döndüm. "Acayip bir şey" ve "pis" ya da "Karl için saklamak" gibi şeyler söylediğinde, gerçekte acayip olanın sırf Doğu'daki bio-enerji uzmanı bir psikiyatristin gerilimi azaltmaya yaradığını söylediği için her sabah kusması olduğunu söyledim ona! Mastürbasyon yapmanın yanlış bir şey olmadığını düşündüğümü söyledim; eğer aşırı cinsel gerilim hissediyorsa neden her gün mastürbasyon yapmasındı? Bu Karl'la olan cinsel ilişkisinden bir şeyler götürmeyecekti, hatta bir şeyler katabilirdi, çünkü o zaman bu kadar anksiyeteli olmayacaktı. Aslında iki şey yapmaya çalışıyordum: semptom önermek ve anksiyeteyi rahatlatmak. Başka tipte bir semptom ortaya çıkarıp endişelenmeye devam edeceğinden emin olmama rağmen bunun oldukça yardımcı olacağını düşünüyorum.

Daha sonra yaptığım şey, doğuştan getirdiği aşırı anksiyete ve cinsel gerilimin gerçekte onun özü olmadığını ona göstermekti (bunu oldukça spesifik terimlerle ifade ettim, örneğin adrenalini uygun bir şekilde metabolize etme yetersizliği gibi). Ginny bu dışsal faktörlerden çok daha fazla bir şeydi. Sanırım temel değerleri sorgulamaya başlıyordum. Hayatında gerçekten önem taşıyan ne olduğunu, neye gerçekten değer verdiğini, neyi savunduğunu sordum ona. Ne gibi şeyler için ölmeyi isteyebileceğini sormayı düşündüm, ama son anda kendimi tutmayı becerdim. Neyse, benim görüş açıma göre bazı "doğru" şeyler söyledi. "Aydınlanmaya," "orta görüşe" girmeyi gerçekten istediğini söyledi; Karl'la olan deneyimine çok değer verdiğini ve yazmanın kendisi için çok önemli olduğunu söyleyerek sözlerini bitirdi. Doğal olarak, bir refleks gibi bunun üzerine atladım. Bu noktada Ginny hemen yazarlığının "anlamsız bir şey" olduğunu söyledi ve benim öyle olmadığını söyleyeceğimi eklemeyi de ihmal etmedi. Ona uyarak, "Anlamsız bir şey değil," dedim. Bir kahkaha attı. Kimsenin onun yerine yazı yazmayacağını, bunun yalnız yapabileceği bir şey olduğunu ve bunun da, kimse okumasa bile, önemli olduğunu söyleyerek yorumlarıma devam ettim. Buna inanmış göründü, ama bir saatin sonu gelmişti. Biraz otoriterdim, ama Ginny'yle öyle olmam gerektiğini düşünüyordum. Ondan çok hoşlanıyorum. Ona yardım etmeyi çok istiyorum. Bazen onun gibi zavallı trajik canlı bir ruhun gerçekten varolduğuna ve bu kadar acı çektiğine inanmak zor geliyor.

~

14 Ekim

GINNY

Bu seans benim için çok önemliydi. Sanırım gözyaşlarım arasında konuşmayı, düşünmeyi ve hissetmeyi başardım. Sadece ağlayıp geçmesini beklemedim. Daha çok konuya bağlı kaldım ve iğneleyicilik ya da cazibenin üstün gelmesine izin vermedim. Bir tür dengeye kavuştum.

Terapiyi duygularımı yok etmesi için kullanmadım. Sonunda daha az gergin hissettim kendimi. Benimle konuşup bana bazı şeyleri söylemenizi takdir ediyorum. Odada yalnızmışım gibi hissetmiyorum kendimi. Bunu hissetseydim şaşırır ve dolanır dururdum. Bütün insanların mastürbasyon yaptığını söylediğinizde utançla yandım, çünkü bana kendiniz hakkında da bir şey söylüyor olabileceğinizi düşündüm. Size bakamadım. Herkesin bir bütün halinde olduğunu ve şeffaf olan benimki hariç insanların özel hayatlarını göremeyeceğinizi düşünmüş gibi yaptım.

Sanırım bu seans bana sahip olduğum gerilimi iyi amaçlar ve anlayış için kullanmama yardımcı oldu.

Ama erkeklerimi neden kötü bir yere koyduğumu merak ediyorum. Tekrar anlatılan olaylarda tek taraflı görüş edindiğinizi biliyorum. Haksızlık ettiğimi bilmek beni rahatsız ediyor ve bir şekilde cezalandırılacağımı düşünüyorum.

Karl'la ikimizi bir okul akvaryumundaki kurbağa ve böceklermişiz gibi gösteriyorum – çok gergin; oysa gerçekte benim ifade ettiğimden daha fazla gevşeklik ve iyi zaman var aramızda. Sanırım çok yıkıcı olduğu için kötü zamanlara daha çok yoğunlaşıyorum.

Çekinme sürdüğü sürece bununla yaşayacağım. "Bunu yapmayacağım ve belki kendisi olur." Sanki kafamda her zaman borçlu olduğum bir çek hesabı var.

Seans bittikten sonra merkezde toplandığımı hissettim; daha az hantal hissediyordum kendimi. En azından üç dürtüye teslim olabilirdim – yemek yemek, Stanford'un mezarının yanındaki kaktüs koruluğunda oturmak ve bitki ve ağaçların kokusunu içime çekmek.

Daha iyi göründüğümü söylediğinizde kendimi kötü hissettim, çünkü koyu kırmızı ve üzerinde yağmur gibi her yönden gelen çeşitli renkte çizgiler bulunan takım elbiseniz içinde ne kadar hoş göründüğünüzü söylemedim size. Bazı şeyleri kendime saklıyorum.

Bana söylediğiniz şeyleri deneyip denemeyeceğimi bilmiyorum. Başlangıçta beni depresyona sokup geçici olarak cezalandıracaklarını biliyorum. Beni depresyona sokacaklar, çünkü *benim* hayatımda ve özel olarak bana oluyorlar. Terk edilmenin beni bu kadar korkutmasının nedeni bu. Uzun yılar önce ben kendimi terk ettiğim için insanların beni terk etmesinden korkuyorum. Bu yüzden yalnız olduğumda orada *başka kimse* olmuyor. Deneyimlerimle kendimi kamufle ediyorum ve siz benim bazı parçalarımı (sinirlilik) kabul etmemi ve buradan hayatıma devam etmemi istiyorsunuz.

~

21 Ekim

DR. YALOM

BUGÜN DAHA İYİ. İyi olan ne? Ben daha iyiydim. Aslında çok iyiydim bugün. Sanki bir izleyici grubu karşısında performans sergiliyorum. Bunları okuyacak izleyiciler. Hayır, sanırım bu bütünüyle doğru değil – şu anda tam olarak Ginny'yi yapmakla suçladığım şeyi yapıyorum, yani kendimin olumlu yönlerini inkâr ediyorum. Bugün Ginny için vardım. Çok çalıştım ve bazı şeylere ulaşmasına yardımcı oldum, ama bunu onu etkilemeye çalışmak, bana aşık olmasını sağlamak için yapıp yapmadığımı merak ediyorum. Tanrım! Bundan hiç kurtulamayacak mıyım? Hayır, hâlâ orada, gözümü bundan ayırmamalıyım – üçüncü göz, üçüncü kulak. Beni neden sevmesini istiyorum? Cinsel temeli yok bunun. Ginny bende cinsel duygular uyandırmıyor –hayır, bu tamamen doğru değil– uyandırıyor, ama bu çok önemli değil. Ginny tarafından, yeteneğini besleyen biri olarak, tanınma isteği olabilir mi? Biraz böyle olabilir. Bir ara kendimi, kütüphanemdeki pskiyatriyle ilgili olamayan bazı kitapları fark etmesini ümit ederken yakaladım: O'Neill'in oyunları, Dostoyevski. Tanrım ne büyük bir eziyet! Gülünç. Ben burada Ginny'ye hayatta kalma problemleriyle başetmesine yardımcı oluyorum ve yine de kendi küçük hava atmalarımın yükü altında eziliyorum.

Ginny'yi düşün – o nasıldı? Bugün oldukça pasaklıydı. Saçları taranmamış, düz bir şekilde ayrılmamıştı bile, eski bir blucin, birkaç yerden yamalı gömlek. Geçen hafta orgazm olmaya çalışırken ne kadar kötü bir gece geçirdiğini anlatarak girdi söze. Bütün gece uyuyamamıştı, çünkü Karl'ın onu reddedeceğinden korkmuştu. Ve sonra ortaokula giderken, sabaha karşı saat üçte öten kuşun sesini dinleyerek bütün gece uyanık yatan aynı bedene sahip küçük kızın hayaline geri dönmeye başladı ve birdenbire puslu, bulutlu, gizemli sihirli dünyada Ginny'yle birlikteydim yine. Hepsi ne kadar çekici, bu hoş sisin içinde bir süre yürümeyi ne kadar isterdim, ama ... tedavi için uygun değil. Bu çok bencilce olurdu. Bu yüzden problemle uğraştım. Erkek arkadaşıyla olan cinsel ilişkisine geri döndük ve orgazma ulaşmasına engel olan bazı belirgin faktörler hakkında konuştuk. Örneğin, Karl'ın onu uyarmak için yapabileceği bazı şeyler vardı, fakat bunu Karl'dan isteyemiyordu. Daha sonra bir şey isteyememe konusuna girdik. O kadar açıktı ki, Ginny'nin bunu neredeyse ne kadar anlayışlı ve yardımcı olabileceğimi göstermeme izin vermek için yaptığını hissettim.

Bir sonraki problem için de aynı şey geçerliydi. İki arkadaşıyla sokakta karşılaşıp kendini nasıl aptal durumuna düşürdüğünü anlattı. Bunu onunla analiz edip Ginny'nin pek beklemediği alanlara girdik. Onlarla tesadüfen karşılaştığında arkasından, "Zavallı acıklı Ginny," diye düşünmelerine neden olacak şekilde davranmıştı. Bunun üzerine ona, "Senin sağlıklı olduğunu düşünmelerini sağlayacak ne söyleyebilirdin onlara?" diye sordum. Aslında, anlatabileceği bazı yapıcı şeyler olduğunu kanıtlamıştım ona. Doğaçlama bir oyunculuk grubuna devam ediyordu, yazı yazıyordu, erkek arkadaşı vardı, şehir dışında ilginç bir yaz geçirmişti, ama kendisi hakkında tek bir iyi şey söyleyemiyordu, çünkü o zaman "Zavallı acıklı Ginny" tepkisine neden olamazdı ve güçlü bir parçası yalnızca bu tepkiyi istiyordu.

Aynı şeyi seanslarda bana da yaptığını ona gösterdim. Örneğin, bana profesyonel bir oyuncu topluluğunda oynayacak kadar iyi olduğunu söylememişti. Kendini küçümseme davranışı, gruptaki hareketlerine kadar uzanan oldukça yaygın bir tema. İsteyerek böyle kılıksız dolaştığını, sadece saçlarını fırçalaması derecesinde de olsa bir gün onu hoş görmek istediğimi söyleyerek onu biraz şaşırttım. Özünün belki de içindeki geniş boşlukta olmadığını, belki kendisinin dışında ve hatta diğer insanlarla birlikte olduğunu söyleyerek sırf kendi zevkini düşünen içebakışını yansıtmaya çalıştım. Yazı yazmak için kendi içine bakması gerekli olsa da, yazı ya da başka bir yaratıcı faaliyet olmaksızın katışıksız içebakışın genellikle anlamsız bir egzersiz olduğunu da işaret ettim. Geçen hafta önemli ölçüde çok yazı yazdığını söyledi. Bu beni çok mutlu etti. Belki iyileşmeyi beklemem için bana bir hediye veriyordu yalnızca.

Ondan beklentilerimle ilgili düşüncelerini tartışmasını sağlamaya çalıştım, çünkü bu benim için gerçekten kör bir noktaydı. Ginny'den çok büyük şeyler beklediğimden şüpheleniyorum; benim için bir şey üretebilsin diye yazma yeteneğini mi sömürüyorum? Ödeme yapmak yerine yazı yazmasını istememin ne kadarı gerçek yardımseverlik? Ne kadarı bencillik? Ondan ne beklediğimi düşündüğü konusunda konuşmasını sağlamak istiyorum; dikkatimi bu konuda tutmalıyım –Ulu Tanrı "Karşıaktarım"– buna ibadet ettikçe Ginny'ye daha az şey veriyorum. Yapmamam gereken şey onun içindeki boşluk hissini kendi Pygmalion beklentilerimle doldurmaktır.

Ginny çekici, hoş bir kişi. Ama bu bir doktorun ikilemi. Ondan hoşlandıkça değişmesi o kadar zor olacak; ama değişikliğin ortaya çıkması için ondan hoşlandığımı ona göstermeli ve aynı zamanda da değişmesini istediğim mesajını ona vermeliyim.

~

21 Ekim

GINNY

(üç hafta sonra verdi)

Eğer daha doğal görünüşlü olursam bir şeyler olabilir. Bu yüzden gözlüklerimi çıkarmadım. Ama bir şey olmayabilir de.

Kötü bir salı başlangıcına neden olan o kötü salı gecesi hakkında konuştum. Teklif edip istediğiniz o güçlü kuvvetli ben fikri oldukça cesaret verici. Benim genel "başarı" anlayışım ne kadar rahat olup zor şeyler yaptığıma bağlıdır, ağlamak ya da fantazi kurmadan açık ve net düşünmek gibi. Ve siz de beni o yöne doğru ittiniz.

Seansta çok eğlendim ve beni rahatsız etmeye başlamadan önce canlılık hissinin tadını çıkardim. Hareket tarzıma alternatifler görmeye başladım. Bu durum kampüse döndükten sonra bile devam etti. Ama seans sırasında ve daha sonra bu iyimser duyguyu sorguladığım açıktı. Mutluluk kesinlikle daha zor olmalı. Bu işi sağlıklı bir kız olarak bitirebilir miydim?

Bana bir yetişkin gibi davranmanıza bakıyordum. Benim acınacak biri mi, iki yüzlü biri mi, yoksa bir doktor muayenehanesinde okuduğunuz eski bir dergi mi olduğumu düşündüğünüzü merak ediyorum. Yöntemleriniz çok rahatlatıcı ve saçma. Hâlâ benim yardımsever bir şekilde ya da içgörüyle cevap vereceğim sorular sorabileceğinizi düşünüyor gibisiniz. Bana karşı ilgili davranıyorsunuz.

Sanırım övündüğüm seansta kendimi iyi göstermeye çalışıyorum. Hoş olmam (gerçek durağan bir olgu), oyunculuk grubu, yazdığım iyi cümleler (gözünüzün önünde suyun içinde dimdik ayakta duruyorum) gibi küçük kendimi şımartma ipuçları ve olguları bırakıyorum. Bunların zaman kaybı olduğunu biliyorum, çünkü bana hiçbir faydaları yok ve sizinle ya da siz olmadan her gün aklımdan geçen şeyler bunlar. "Pek anlamadım" demeniz bile söz ve hareketlerimde anlaşılmaz olma konusundaki eski alışkanlığım için bir iltifattır. Ve içimde ben de anlamıyorum. Tanrı biliyor ya, söylediğim ve hissettiğim şeyler arasındaki farkı biliyorum. Ve söylediklerim çoğu zaman tatmin edici değil. Terapide birkaç kez aklımda önceden tasarlamadığım şekilde hareket ettiğimde sonsuz bir şekilde canlı hissettim kendimi.

Bu nedenle dünkü deneyim biraz garipti. Genellikle söylenen şeylere güvenmem. Ebeveynlerin moral verici kısa konuşması. Düzenli aralıklarla kendime bu konuşmayı yaparım.

Ama seans bittiğinde kendimi üzgün ya da hayal kırıklığına uğramış hissetmedim. Saçlarım ve elbiselerim hakkında konuşmanız çok komikti. Biraz babama benziyor, ama tam olarak değil. Tabii belki Franny'nin* çok güzel giyindiğini düşünüyorsunuz. Bana göre çekici, ama hep bir kol boyu uzaklığında gibi görünüyor. Ben ise elbiseler üzerinden düşen, kötü bir şekilde bükülmüş bir askıya benziyorum. Bir şey başarmış olan bir kahraman gibi görünmek istiyorum. Ama giyinme konusunda böylesi garip bir hiciv iç-

---

Grup üyelerinden biri. –ç.n.

güdüm olmasaydı keşke. Bazen deniyorum, ama yine de ahmak gibi görünüyorum.

Seanstan sonraki gece hiç uyuyamadım. Göğsümde ve midemde o derece güçlü bir kan akışı vardı ki kalbimin bütün gece çarptığını hissettim. Bunun nedeni seansta bir rahatlama olmaması mıydı, yoksa yeni bir güne başlamak için sabırsızlanıyor olmam mıydı? Gitme coşkusuyla doluydum. Bunu şimdi söylüyorum, çünkü gelecek seansta söylemek istemiyorum.

Sanırım terapide çekingen olmam, "Bacağımda bir şey hissediyorum," gibi şeyler söylemek yanlış bir şey. Bunlar büyük bir olasılıkla duyusal farkındalık öğleden sonralarından kalan ve beni doğrulttuğunuz yönden alıkoyacak bayağı sözler. Bunlardan bıkmış olmalısınız, ceza, bağımlılık.

Şizofreniden bir kariyer yapamayacağımı söylemeniz çok komikti. (Katatoninin hâlâ en iyi kozum olduğunu düşünüyorum.) Bu, bir anlamda, flört ettiğim romantizmin çoğunu alıp götürüyor. Kendimi garip ve yetersiz hissediyorum ve sosyal durumlarla bağlantı kuramıyorum. Bunun başka bir yol olmalı. Sanırım Dr. M.* söylediğim şeylerin "çok garip," tekinsiz olduğunu ve duyarlılık dolu ayrıntıları yüzünden kaydedilmeleri gerektiğini düşünüyordu. Sizin bunların saçmalık olduğunu bildiğinizi sanıyorum. Onun hep bir şeyler yazdığını görüyordum, sizin yüzünüzün pek farkında değilim, sadece orada oturup bir şeyler beklediğinizi düşünüyorum. Ve çok fazla sabırlı gibisiniz. Yüzünüze bakmak istemiyorum, çünkü hiçbir şey söylemediğimi biliyorum. Eğer yanlış yerlerde aydınlansaydı size güvenmemeye başlardım.

Bu ilk seanslarda istediğim kadar kötü olabilirim galiba, böylece daha sonra değişim çok güzel görünür.

~

* Grup yardımcı terapisti. –ç.n.

4 Kasım

DR. YALOM

Görüşmeden sonra ağzımda belli belirsiz metalik bir tat kaldı. Tam olarak tatmin olamadım. Donuk, evet doğru sözcük bu. Ginny geçen haftanın raporunu getirmediği için özür dileyerek geldi. Yazdığını, ama dün gece daktilo etmediğini söyledi. Biraz daha özele inerek sorguladığımda, yazacağını, ama mastürbasyonla ilgili olduğu için Karl'ın yanında yazmak istemediğini, içinde pek çok utandırıcı şey bulunduğunu söyledi. Yazdıklarını daktilo etmek için genellikle bu kadar bekleyip beklemediğini sordum. Hayır, dedi, genellikle bir iki gün içinde yazardı, ama beni iki hafta görmeyeceğini biliyordu. Şüphesiz bu arada beni geçen hafta görmemesinin ne anlama geldiğini merak ediyorum, ne kadar öfke ya da hayal kırıklığı hissediyor acaba? İki hafta ara olmasına rağmen rapor getirmemesi biraz garip göründü, çünkü daha önce hiç böyle bir şey yapmamıştı. Eminim surat asıp beni bir şekilde cezalandırmaya çalışıyor.

Sonra söylediği bir şey şüphelerimi doğrulama eğiliminde. San Francisco'da Union Caddesi'nde bir kadınla görmüş beni. Onun karım olduğunu söyledim, buna pek aldırmamış göründü; kadının çok genç ve hoş olduğunu, birlikte mutlu göründüğümüzü, bu konuda kendini çok iyi hissettiğini söyledi. Kendisini geçen hafta görmememin nedeninin bu olup olmadığını – sadece karımla bir hafta geçirmek istemiş olup olmadığımı merak ettiğini de söyledi. Bu konuda kendini nasıl hissetmişti? "Çok iyi." Ben bundan emin değildim!

Yazdıklarını daktilo ederken değiştirip değiştirmediğini sordum. Bunu bazen yaptığını söyledi. Örneğin, önceki hafta onu benimle aktif bir biçimde flört etmiş gibi gösteren bir bölümü çıkarmıştı, çünkü bunu yazdığı için sonradan çok utanmıştı. Bu yüzden seansın ilk bölümü donuk, hatta utangaç konuşmalarla geçti. Bir ara onun ifade edilmemiş duygularına ulaşabileceğimizi düşünerek oldukça açık bir şekilde seansın gizli saklı bölümünü tartışıp tartışamayacağını sordum. Ama bununla ilgilenmeyi reddetti ve gerçekte konuşmadığı bir şey olmadığını söyledi. Her şey o kadar yolunda gidiyordu ki özel bir problem gösteremezdi.

Ve gerçekten her şey yolunda gibiydi; gece yarıları korkuyla uyanmalar azalmış gibiydi; son seanstan sonra ona verdiğim hapı içiyordu, ki bu da kısır döngüyü kırmıştı, ama ardından uykulu bir depresyon mahmurluğu meydana geldiği için hapın tamamen başarılı olmadığını da vurguluyordu. Gerçeği söylemek gerekirse ona verdiğim ilacın adını not almayı unutmuştum: sadece hafif bir sakinleştirici olduğunu hatırlıyordum, yani bu tür güçlü bir uyuşturucu etkisi yaratamazdı. Ama yazı yazıyordu, aktifti. Bir yapılacak işler listesi hazırlamaya başlamıştı: haftada iki kez Almanca dersi, yoga, birkaç yemek daveti vermek, dans dersi almak. Gerçek adımlar atıyor gibiydi. Onunla mastürbasyon konusunda konuştuğum için de müteşekkirdi; çünkü bu konuda konuşmak ona özgürlük duygusu vermişti ve kendini suçlu hissetmeden ya da günün geri kalanında bu konuya takılıp kalmadan mastürbasyon yapabiliyordu.

Bugün çok hoş görünmesi beni gerçekten etkilemişti. Koltukları Sullivan tarzı doksan derecelik açıyla yerleştirmiştim ve ona daha çok profilden bakıyordum. Daha önceleri, özellikle de gruptayken Ginny'nin çirkin olduğunu düşündüğüm zamanlar olmuştu, fakat bugün onu çok güzel olarak görüyordum.

Neredeyse çaresiz bir şekilde bana bir kurban sunabilmek için kendiliğinden birkaç rüyasını anlattı. Birkaç dakika boyunca şevksiz bir şekilde dolaşıp durduk bu konuda. Bir tanesi oldukça açık Oedipal unsurlar içeriyordu: yatakta yatıyordu ve penisinin yerinde gümüş bir puro bulunan bir adam içeri giriyordu. Bununla ilgili çağrışımları, genç bir kızken yatakta uyanık bir şekilde yatması ve anne babasının birlikte olduklarını gösteren yatak gıcırtısını dinlemesi ve sonra da, yirmibir yaşındayken babasına, annesinin bir keresinde ona seksin hayattaki her şey demek olmadığını söylediğini söyleyerek babasını incitmiş olmasıydı. Anne babasının ayrılmasını, onların arasına girmeyi istediğine dair pek çok kanıt vardı, ama Ginny'yle bu konuya girmek budalalık olurdu. Geçmişin yeniden yapılandırılması, yorumlar, bu türden açıklamalar Ginny için yararlı olmayacaktı. Onunla birlikte geçmişi ziyaret etmek cezbedici ve çekici bir seyahat olurdu; ama Ginny o bölgeyi çok iyi biliyor – bu da onun, bugünden ve ikimizin arasında olan her şeyi anlamayla elde edeceğimizi bildiğim faydadan uzaklaşmasına neden oluyor. Bu yüzden konuyu bugüne getirdim.

Karl'ın kendisinden ayrıldığı, bunun üzerine kendisinin ormanda bir kulübeye gidip biraz daha olgunlaştığı şeklinde bir fantaziyle meşgul bir süredir. Bunun korkunç olduğunu söylüyor, çünkü Karl'ın kendisini terk etmesini istediği anlamına geldiğini düşünüyor, fakat ben fantazinin iyi bir tarafı olduğunu söyleyip hayatla ilgisinden söz ettim ve Karl kendisini terk edecek olursa yok olmayacağı anlamına geldiğini söyledim. Aykırı bir çıkış yaparak, Karl eve geç geldiğinde bu fantazinin ortaya çıkması için kendisini zorlamasını ve en az beş dakika için bunu denemesini önerdim. Cinsel ilişki için de aynı şey geçerliydi: Ginny, içinden gelen küçük bir sesin kendisine gerçekte orada olmadığını, ayrı bir yerde olduğunu, Karl'a gerçek anlamda katılmadığını, "hepsinin bu olmadığını" söylediğini ve olayın sonunda da yeterli deneyim yaşamadığı için kendisini cezalandırdığını söylüyor. Sesin kendisini kontrol etmesini önleyip kendisinin sesi kontrol etmesini sağlamak için Ginny'ye aktif olarak sesin rolünü almasını, oymuş gibi konuşmasını önerdim. Bunu Ginny'nin, aslında kendisine olan bir şey değil, olmasına kendisinin neden olduğu bir şey olduğunu göreceği umuduyla yaptım.

Seansın sonuna doğru Alexander Pope'un kendisine benzeyen, ama öyle olmak istemeyen bir kadın hakkında söylediği bir şeyi söyledi. Pope'u onbeş yirmi yıldır okumayan biri olarak daha yakından tanıdığım ve daha kolaylıkla cevap verebileceğim yazarlardan söz etmesini dilediğimi fark ettim. Sanırım bu durum, edebiyata olan ilgimin, bilgimdeki göze çarpan boşluklardan çok daha fazla olduğu yarın vereceğim Modern Düşünce seminerindeki sunumumla ilgili bazı gerilimlerimi de yansıtıyor.

~

4 Kasım

GINNY

Dün bir parça sinirliydim. Söyleyecek bir şey bulmak ümidiyle her çareye başvurdum, bu sizi karınızla birlikte görmemle ilgili. Arabanın içinde Eve'le oturmuş, klitoral orgazmı olgun kadının bedeninde gerçekleşmeyen bir şey olarak kötüleyen *Cinsel Vazgeçiş Özgürlüğü* adlı kitabı tartışıyorduk. Yani bu cinsel içerikli sohbetin ortasında siz ve eşiniz tam önümüzden yaya geçidinden karşıya geçtiniz, tıpkı televizyondaki bir komedi şovunda tehlikeli bir sahne gibi.

Yaptığım şeyin, bir parçamın gerçekte yaptığım şeyi yapıyormuş gibi yapması olduğunu gördüm. Örneğin, son beş dakikada, "benim o parçam" tesadüfen düğmeleri açık pantolonunuza baktı ve bir şey gördüğünü hayal etti. Hemen utanıp tamamen farklı bir konuda konuşmaya başladım. Siz hemen bacak bacak üstüne attınız. Ve ben de kendimi ikiye ayırdım, çünkü "ben," tanındığım halimle yapmayacağım bir şey yapmıştım. Ve kendimi buna zorladım, çünkü benim dikkatimi ve ilerleyişimi bozduğunu biliyorum. Zihninizle karlamalar yapmak gibi bir şey bu.

Bana talimatlar vermeniz çok hoşuma gidiyor. Bu şekilde davranışımın, sihirli bir şey olarak değil de, sadece davranış olarak çok daha fazla farkında oluyorum. Dün gece korkunun nasıl başladığının farkına vardım. Bir şey düşünüyorum, dinlemek için soluğumu tutuyorum, ki bu karnımı acıtıyor, bir asansördeymişim ve dışarı çıkamıyormuşum gibi hissediyorum kendimi. Ve ben farkına varmadan uğursuz bir kattayım.

Seans beni sinirli bir hale getirdi, başladığımdan daha sinirli bir hale.

~

12 Kasım

DR. YALOM

Garip bir seans. Dün gece sadece iki saat uyuyabildiğim için çok fazla işe yarayacağımı düşünmüyordum. Bir arkadaşımın okyanus kıyısındaki evinde kaldım ve dışarıda uyumanın yabancılığı ve dalgaların sesi yüzünden bütün gece uyanık kaldım. Ertesi gün, sıklıkla bir gece önce uyuyamadığından şikayet ederek gelen Ginny'yi görecek olmamın çok ironik olduğunu düşündüm. Dün geceki uyanık kalışım, rahat bir uyanıklık durumu olduğu ve okyanusu seyredip dinlemekten ve Kazancakis okumaktan hoşlandığım için Ginny'nin uykusuzluklarından farklıydı. Ama o tür uyanıklık durumlarını ben de yaşamıştım. Uykusuz, endişeli bir gecenin ardından, gerçekte benden daha fazla uyumuş olan zavallı bir uykusuzluk hastasını tedavi ettiğim zamankinden daha fazla sahtekar hissetmem kendimi hiçbir zaman. Ama çarpışmadan bir gece önce ellerini ovuşturarak dolaşıp duran bir generalin arkasından kim gider ki? Bu günkü seansı iptal etmedim, çünkü kendimi işe yarar hissediyordum ve seans sırasında yorgunluğumun pek farkında değildim.

Ama yine de on dakika geç kaldım ve uyanık kalmama yardımcı olması için seansa bir fincan kahveyle girdim, ki bu pek nadir olan bir şeydir. Ginny'ye de bir tane teklif ettim, ama utanarak reddetti. Seansa kendisini ziyarete gelen kız kardeşini ne kadar kıskandığını anlatarak başladı. Kız kardeşini kendisinin olduğundan daha kararlı daha "bağlı" görüyor, örneğin, birisiyle birlikte yaşamayı seçme konusunda. Bunun sadece tarza dair bir durum olduğu gerçeğini anlamasına yardımcı olmaya çalıştım; bunun gerçekten kız kardeşinin daha fazla bağlılık duygusuna sahip olduğu anlamına gelip gelmediğini sordum ve kız kardeşinin bir durumla ilgili olarak sahip olduğu bazı olumsuz duyguları gözden kaçırması anlamına gelip gelmediğini ya da hatta belki de bazı çatışmalı duyguları konusunda kendisini aldatıp aldatmadığını merak ettiğimi söyledim. Böylesi bir "olumluluğun" özenilecek nesi vardı? İçtenlikle öyle olduğunu kabul etti.

Daha sonra onunla, gösterdiği bütün çabalardaki zevki yok eden, seksten, Avrupa'ya yaptığı geziden ve hayattan zevk almasını önleyen içindeki küçük şeytan hakkında konuşmaya devam ettim. Hepsi buydu, onun tek hayatı. Erteleme bileti yoktu, kendini daha iyi hissettiğinde tekrarlanacak değildi bu hayat. "Ginny, şu anda hayatın içindesin ve başka bir zamana erteleyemezsin bu hayatı." Bunun ne kadar yardımcı olduğunu bilmiyordum. Aşırı derecede bilgiçlik taslamıyor muydum?

Diğer en önemli konu ise, çileden çıkarıcı durumlardaki öfkesi ya da daha doğrusu öfke eksikliğiydi. Örneğin, herkesi deliye çeviren, kaprisli ev sahibiyle ilişkisinden söz ediyordu. Ginny'nin bu kadına karşı tepkisi, "içinde kendini daha fazla ölü hissetmek" ve ona karşı iyi davranmak için daha büyük çaba sarfetmekti. Birisine karşı duyulan öfke ya da kızgınlık duygularının nasıl kişisel ölülük hissine dönüşebileceği üzerinde çalıştık. Tartışmada daha sonra yorumlarımı, insanlara karşı iyi *davranılmaması* gerektiği ve bütün öfkesini dışarı kusması şeklinde bir öneri olarak yorumlayacağından korktum, oysa ben "iyi" ya da cömert olmaktan utanmaması gerektiği konusunda güvenini perçinlemek istemiştim – bunlar azaltılmaması gereken gerçek kişisel özelliklerdi, fakat bu durumlardaki gerçek duygularını anlaması gerekiyordu. Ne zaman cömert ya da yardımsever bir harekette bulunsa bunları bir şekilde kusur haline dönüştürdüğünü söyleyerek konuşmaya devam etti. Ona bu Freud tarzı indirgemeciliği bırakmasını ve kendi kendilerine ayakta kalabilen ve daha fazla analiz edilmeleri gerekmeyen cömertlik ve nezaket gibi özellikleri kendisiyle ilgili olumlu ve önemli gerçekler olarak kabul etmesini söyledim.

Bana karşı olan duygularından çok fazla söz etmiyor. Bugün gergin ve huzursuz görünüyor. Ne zaman o anda ne hissettiğini sorduysam, görüşmelerimizin her birinin altında yatan duygu denizine dalmaksızın hep hayatın gidişiyle ilgili soyut genellemeler yaptı. Bunu kendisinden özellikle istediğimde, raporları yazarken seans hakkında geri bildirimde bulunduğunu, o sırada konuşulmayanların ortaya çıktığını söyledi. Birkaç kez pek de nazik olmayan bir tavırla benimle buluşmaya hazırlanmasının gününün büyük bir bölümünü aldığını söyledi. San Francisco'ya gitmek için iki saat otobüs beklemesi gerekiyordu, böylece bu görüşmeler aslında bütün gününü alıyordu ve bu zamanı yapıcı bir şekilde kullanamayacak diye çok endişeleniyordu. Aynı zamanda ben aramızdaki ilişkinin çok sağlam olduğunu düşünüyorum. Ginny ile olduğum zaman kendimi çok huzurlu ve sıcak hissediyorum. O az rastlanır bir insan, sadece kapasitesi yüzünden değil, hassasiyeti ve güzelliğiyle de az rastlanır birisi.

~

19 Kasım

DR. YALOM

Yamalı bir blucin giymiş ve Ginny-yumuşaklığı ve Ginny-kırılganlığı içinde görünüyordu. Yumuşak bir şekilde konuşuyordu, son haftaya ait raporu getirmediğini itiraf etti – son seansımızdan beş gün sonra yazmıştı ve henüz daktilo etmemişti, üstelik kaybetmiş olma olasılığı da vardı. Bunun çok önemli olduğunu ve bu konuya büyük zaman harcamamız gerektiğini hissettim. Fikirlerini değiştirmeye yanaşmıyor, değiştirmeyecekti. Konuyu ortaya koyduğumda hiçbir fikri olmadığını söyledi. Verdiği sözü birdenbire unutmuş olması olasılığının çok düşük olduğunu belirttim; daha önceleri raporunu seansın bir gün sonrasında yazarken neden bu kez seansın üzerinden beş gün geçmesini beklemişti? Tembellik ettiğini söylediğinde onu biraz daha zorlayıp neden *şimdi* tembelleştiğini sordum. Ama sorumun karşılığında bir şey çıkmadı. Başka bir şey hakkında konuşamayacağını hissediyordum ve öyle oldu. Başka konular bulmak için kekeledi durdu, ama başarılı olamadı. Seansın hemen başında Karl'la psikiyatristler hakkında bir tartışma yaptıklarını söylemişti, çünkü Karl psikiyatristlerin aslında gereksiz olduklarını ve yardım edemediklerini düşünüyordu. Karl'la benim aramda bir tercih yapmak zorunda kaldığını hissedip hissetmediğini merak ettiğimi söyledim. Bu da bir yere götürmedi bizi. Biraz sabırsızlanarak, kendi çaresizliği içinde bir süre debelenmesine izin verdim.

Şimdi geri dönüp baktığımda dönüm noktasının, benim üstü kapalı bir şekilde şu sözleri söyleyişim olduğunu görüyorum: "Sonuçta sihir diye bir şey yok." Ginny ne demek istediğimi sordu, ama bunu bildiğini biliyordum ve soruyu sorduktan sonra bile bildiğini kabul etti. Onu gruptan çıkarıp bireysel olarak görmemde bir sihir olmadığını, kendisi bir şeyler yapmadıkça hiçbir şeyin olmayacağını kastetmiştim. Bunun üzerine biraz tedirgin oldu ve onu gruptan kendisi dışında bir ümit olmadığını göstermek için mi çıkardığımı merak ettiğini söyledi. Bunun şüphesiz doğru olmadığını söyledim kendisine, ama hareket etmediği takdirde gerçekten bir ümit olmadığını belirttim.

Görüşmenin geri kalanında ikimiz hakkında konuşması için daha fazla zorlamaya çalıştım onu. Bir ara kısa bir süre önce bir filmde gördüğü bir adama benzediğimi söyledi. Bana karşı duyduğu cinsel duyguları hakkında sorular sordum, bir ipucu geçmedi elime. Daha sonra kendisini nasıl görmemi istediğini, benim ne hissedeceğimi düşünerek söyleyeceklerinin ne kadarını süzgeçten geçirdiğini sordum. Sadece iyileşmeye çalıştığını bilmemi istediğini söyledi. Ama çoğu zaman denemediğini kabul ederek ikimizi de kandırmıyor muydu?

Görüşmenin ancak daha sonraki aşamalarında benim önümde bir kadın olmak (çünkü orada bir çocuk gibi oturuyordu), bana çekici görünmek isteği hakkında konuşabildi, ama yine de dün gece kendini iyi hissetmediği ve otobüste uyumak istediği için tulum giyip gelmişti. (Dün gece migreni tutmuştu, bana gelmeden hemen önce başlayan ikinci migrendi bu). Bugün ona karşı oldukça serttim. Örneğin, beni memnun etmeye çalıştığını söylemesine rağmen, yazılı materyalini getirmemek gibi bilerek benim canımı sıkacak şeyler yaptığını söyledim. Büyük bir olasılıkla bana karşı olan duyguları yüzünden yazmayı istememesine neden olacak bir şeyler olduğunu tekrar belirttim; yazmayı bırakmasıyla seanslarda konuşmayı kesmesinin aynı zamana denk gelmesi çarpıcıydı. Bir önceki seansın özetini yazmanın isteğe bağlı bir şey olmadığını – yaptığı bir yetişkin (ama ona karşı bu sözcüğü kullanmadım) anlaşmasının bir parçası olduğunu göstererek gerçeği sınamasına yardımcı olmaya karar verdim. Anlaşmaya uymadığı takdirde onu bir daha görmeyeceğimi ifade eden, ki bu konuda çok ciddiydim, gizli bir tehdit imasında bulundum. Bu yüzden biraz yumuşadı, kendisini bir vekil öğretmenin karşısındaki genç bir öğrenci gibi hissettiğini söyledi.

Daha sonra bir kadın olarak çekiciliği hakkında konuştuğumuzda bedeni hakkındaki bazı kötü duygularından söz etti, özellikle kendini çirkin ve kadından farklı hissetmesine neden olan cinsel organının dudaklarının uzunluğu hakkında konuştu. Bu durumun penisinin küçük olduğunu hisseden erkeklerle benzerlik gösterip göstermediğini düşündüm. Çünkü gerçekte bedeninin bu bölgesini kimseninkiyle karşılaştırmamıştı ve bu düşünceyi kendisine ait olumsuz imajını beslemek için gizlice kullanıyordu. Şaka yoluyla kiminkiyle karşılaştırdığını sordum.

Daha sonra beni daha çok memnun ettiğini hissedip hissetmediğini sordum. Öyle hissettiğini sordu. Bu hissin ne zaman başladığını sordum. Ağlamaya başladı. Gözyaşlarının arasında beni memnun etmek için kendisinin hoş olmayan yönleri hakkında konuşmak zorundaymış gibi hissettiğini söyledi. Ben böyle hissetmiyordum ve bunu ona söyledim. Duyguları hakkında daha dürüst olduğunda, direnmeyi ve inkârı bıraktığında memnun oluyordum. Dürüst olduğu sürece bu içsel konuların hoş ya da nahoş olması benim için pek fark etmiyordu. Bunu anlamış gibi görünüyordu. Seans onun için rahatsız edici bir saat olsa da sonunda birbirimize daha yakın ve daha uyumlu bir şekilde bitirdik. Ertesi çarşamba gününün Şükran Günü arifesi olduğunu, ama eğer gelmeyi planlıyorsa burada olacağımı söyleyerek ona biraz güven vermeye çalıştım. Sanırım gerçekte, "Seni gözetiyorum ve tatil olmasına rağmen burada olacağım," demeye çalışıyordum.

~

19 Kasım

GINNY

Otobüsle gelirken "odaklanmamış" dedim ve bu sabah için başlangıç sözcüğü oldu bu. Seansın dörtte üçlük bölümünde hissettiğim şey buydu. Aptal ya da sıkılmış görünmemek için yaptığım şeye dikkatimi yoğunlaştırmak zorundaydım. Siz aynı anda görüyor olsanız da önce, "Kendi kendime konuşuyorum, mırıldanıyorum" gibi şeyler söylemem gerekiyor. Bazı şeyleri önce içimde söylemem gerekiyor. Sizi tamamen dışarıda bırakmamak için bir gözlemi sizinle paylaşmak gibi bir şey bu. Size getirdiğim parçam, onunla ilgili olarak kırk dakika kadar bir şeyler gevelesem de gerçekte çok derinlere dokunmuyor. Sanki hayvanat bahçesine gidip bir hayvana bakmak, ama gerçekte sadece kafase odaklanmak gibi bir şey bu. Kafes yüzünden hayvanı göremiyorsunuz.

Tristana'daki Don Lopez'e benzediğinizi söylemeye gelince, sizin hakkınızda bir espri yapmak için bunu önce Karl'a söyledim. Sizi aptal durumuna düşürerek eğlendik. Ama benim gözümde çok kötü bir şey değildi bu. Sizin aktif bir rol alabileceğiniz bir rüyayı meydana getirebilmeyi isterdim.

Seansta, sizi hayal kırıklığına uğrattığımı bildiğim için üzüldüğümü söylerken kendimi gerçekmiş gibi hissettim önce. Grupta sizi hayal kırıklığına uğrattığımı hissetmemiştim hiç, çünkü orada özel bir şey beklemediğinizi düşünüyordum. Konuşmayan birçok yüz vardı başka. Şu anda olduğunuzdan daha hayal gibi görünüyordunuz. Sonra konuşmaya, "cinsel kategori" ya da "kötü şeyler" şeklinde tanımlanabilecek şeyler söylemeye başladım. Ama bunları söylerken bu giysilerin, bu pantolonun, bu küçük kız gülümsemesinin altında kaldığımı hissettim. Sanırım içimdeki bu varlığı her hissedişimde ağlamaya başlıyorum. Bu zavallı, ama gerçek çocuğu etrafımda sürüklemem gerektiğini hissediyorum. Ve en önemli sorunuz, "Kendini bir kadın gibi hissediyor musun?" idi. Biliyordum, "Hayır, hayır." Bu nedenle bu kadar çok oyunculuk ve flört var, ama bir kadın kimliğiyle flört eden daha çok benim. Bir erkek tarafından baştan çıkarılmış bir kadın değilim. Ev sahibi ve ben kavgalarımızda iki kadın değiliz. Yanlış bir şey yapan ve hayatın iyi yanına geçmek isteyen küçük bir kızla huysuz bir kadın.

Sonra, "Beni hiç memnun ettin mi?" diye sordunuz. Ettiğimi biliyordum, ama analiz etmeye başladığımızda diğer tarafım geri geldi, olmam gerektiğini hissettiğim gerçek olmayan eşitim. Sadece sizin tarafınızdan sarılıp sallanmak istiyorum. Sanırım yoldan çıktım. Kategorileri o zaman kabul ettim. Bu şekilde omzumun üzerinden geriye bakmaktan hoşlanmıyorum ve bunu hep yapıyorum. Bunu siz istiyorsunuz. Ben sadece onlara sahip olmayı istiyorken siz hisleri analiz etmeye zorluyorsunuz beni. Ama daha önce, konuşurken, zevkli şeyler hissediyordum. Konuşmanın rahatlığı, böyle bir yüzü takınmak zorunda kalmamak. Şüphesiz benim melodramatik, iğneleyici ajanım bir kenarda durmuş beni "Kafadan Çatlak" etiketiyle kaydediyor. Beni duygularımdan etmek ya da konuyu değiştirmek için sataşmak gibi bir şey bu.

Sonra ben, "Korkunç olacak, düşünceler açığa çıkacak," dedim. İğneleyici tarafımı sakinleştirmeye ya da onunla uzlaşmaya çalıştığımı kastetmiyordum. Aslında kendimi müteşekkir hissediyordum. Söylediğim şeyler olgular gibi görünmüyordu, sadece duygulardı.

Ayrıca ilerleme de hissettim. Sonraki seansa sıfırdan başlamak istemiyordum sanki. Seansı bitirmek de istemiyordum.

Çekiştirilen etle ilgili rüya etin gerçekten dahil olduğu nadir cinsel rüyalardan biriydi. Etrafımda etimi çekiştiren insanlar doktorlardı. Çimene oturup bunları yazarken kırk dakikalık seansa yoğunlaştım. Ama sonra bana yardımcı olacağını düşündüğüm pratik şeyler yaptım. Bu haftanın zevk veren düşüncelerinin, Karl'la geçen gözyaşı olmaksızın gerçek gibi görünen dakikaların farkındaydım. Ayrıca, bu duygunun bir duygu değil, askıya alma olduğunun da farkındaydım. Daha önce bunu yazmak zorunda olduğumu bilip yazmadığım, daktilo etmek zorunda olduğumu bilip etmediğim ve bunu düşünmek zorunda olduğumu bilip düşünmediğim gibi. Zamanımın büyük çoğunluğu bekleyerek geçiyor. Tıpkı hayatın eksik bir kopyası olan bu seansta olduğu gibi.

~

25 Kasım

DR. YALOM

Bugün Ginny'yle akıcı ve yakın bir karşılaşma oldu. Kötü olmalıydı, ama çok iyi çalıştım ve Ginny de kendini açmak için istekliydi. Migrenin dün başladığını söyledi. Bir tane daha, dedim. Sanırım beni görmeye gelmeden önce başlayan migren ve seansımızdan önceki gece yaşadığı gece paniklerinin sayısı birkaç tane oldu artık. Bu konuda sorular sordum, yumuşak bir şekilde tabii ki. Aptalı oynuyor. Tekrar sordum, aslında birkaç kez sordum. Kaçamak davranıyor, ne demek istediğimi bilmiyor. Beni görmeye gelmesiyle ilgili olarak sorduğum her soruyu "sen" zamirini kullanmadan cevaplandırıyor. Bu da benden kaçtığına daha fazla inanmama neden oluyor. Şaşırdım. Birbirimizi artık çok iyi tanıyoruz, iki yıl oldu başlayalı ve hâlâ benim hakkımda konuşamadığını ve hâlâ beni düşünmekten kaçınmak zorunda olduğunu görmek beni şaşırtıyor. Eğer benim hakkımda konuşursa Karl'la ilişki kurmasının daha da zorlaşacağı şeklinde bir neden öne sürüyor. Bunun bir sihir olduğunu düşündüğümü söylüyorum, sanki düşünceleri seslendirmek onları gerçek kılıyor. Başını sallayıp biraz daha konuşuyor. Bana karşı "sen" diye seslenememesi hakkında açıkça yorumda bulunuyor ve fantazilerindeki rolümü merak ettiğimi söylüyorum. Burada biraz daha gevşiyor ve kapıyı yavaşça açıyor. Bir hikâye yazıp 300 dolar kazandığı ve bana bir hediye aldığı şeklindeki fantazisini açıyor bana. Onu tekrar fantazisine girmeye zorluyor, hediyenin ne olduğunu soruyorum. Hatırlamıyor. Neden bana hediye vermek istediğini soruyorum. Ona olan inancıma karşılık vermek için olduğunu söylüyor. Bu nedenle fantazi bir hikâye yazmayla ilgili olmak zorundaydı. Bana hediye vermesinin onun için başka ne gibi bir anlamı olabileceğini merak ediyorum.

Bu noktada utangaç bir şekilde sevgi dolu bir şey söylemeye davet ediyorum onu. Söyleyemiyor. Bunun bir öğretmene hediye vermeye benzediğini söylüyor, ama öğretmene sadece dönemin sonunda hediye verirsiniz. Biraz daha cesaretimi toplayıp merakımı seslendiriyorum, "Öğretmenine sadece ondan hoşlandığın için hediye veriyor olamaz mısın?" Bu noktada bağlantıyı kurup dostane bir şekilde konuşuyor: "Şey, sizden hoşlandığımı biliyorsunuz." Ben sakinliğimi korumaya devam ediyorum: "Bunu artık çok kolay söylüyorsun!" Birbirimizi tanımaya başladığımızdan beri bunu kabul etmekten kaçındığını hatırlattım ona. Üstelik, hoşlanmak boyutsuz bir şey değil – benden hoşlanmasının birçok yüzü olmalı, ama bunların hiçbirini ifade edemiyor. Dinliyor. Biraz daha açılıyor, geçen sene grubu yönetirken benden nasıl hoşlandığını, diğer hastalardan birine yardımcı olacak bir şey söylediğimde beni nasıl sessizce alkışladığını anlatıyor, sadece bu yıl durumun biraz farklı olduğunu, çünkü kendisinin hasta olduğunu ve aynı anda hem denek hem de gözlemci olmanın zor olduğunu söylüyor. Sessizlik. Düşüncelerinin nerede olduğunu sordum. Oradan oraya dolaşmaya başlayıp eski erkek arkadaşı Pete'i düşündüğünü söyledi. Onu serbest bıraktım.

Pete hakkında konuştuk. Karl kapıdan girmeden hemen önce Pet'in nasıl aradığını, ona telefonu kapatmak zorunda olduğunu nasıl söylediğini ve sonra bu konuda kendini suçlu hissedip yirmi dakika sonra onu tekrar aradığını ve yaptığı bütün kötü şeylere takılıp kaldığını söyledi. Bütün kötü şeylerin üzerinden tek tek geçtim, tıpkı geçmişteki olaylarda olduğu gibi. Her bir olayda nasıl gereksiz yere fazla analiz yaptığını gösterdim. Neden bunu bir ayıba çevirmeden sadece iyi bir duygu ya da yardımseverlik hissiyle kalamıyordu? Aslında Pete ile ilgilenmiş, ona elinden geleni vermişti, ertesi gün Pete'in bir kız arkadaşı olduğunu öğrenince mutlu olmuştu. Her olayda, *yeterince* ilgilenmediğini, *yeterince* vermediğini ya da onun için iyi olacak bir şey yaptığında bunun aslında kendi çıkarı için olduğunu söyleyerek her şeyi kendi aleyhine çeviriyordu. İçindeki öz-yıkımcı simyacı her şeyi iyiden kötüye çeviriyordu. Pete'e karşı duygularında son derece yüce gönüllü davrandığını göstererek bu konuyu vurgulamaya çalıştım, ve şüphesiz, her zaman olduğu gibi "yüce gönüllü!" sözcüğünde tökezledim. O da "bereketli" sözcüğü üzerinde tökezleyerek karşılık verdi: "Bereketli bir hafta olacak." Bugün biraz yol aldık, bana karşı olan duygularını açabildiğim zamanlar olduğu gibi.

~

25 Kasım

GINNY

Migrende önemli olan şey dengenizi bozacak bir şeyin olmaması. Seanslarda takındığım tavır bu. İçimde sanırım temelden değişmek istiyorum – geriye hiçbir iz ya da kırıntı ya da gülümseme kalmayacak. Bu yüzden, bazı işleri yapma tarzımı, tamamen kötü olmadıklarını göstererek kurtarmaya çalışmanız biraz rahatlatıcı. Ama geriye kalanı pek fazla bir anlam taşımıyor. Övgüleriniz konusunda iğneleyici hissediyorum kendimi.

Eskiden dindarken Tanrı benimle dünyayla ilişkilerim arasında bir tür katalizör rolü oynuyordu. Dış dünyada iyi olmak için çok fazla şeyden vazgeçmiştim. Bu şekilde hayatımın yıllarını verdim, anne babam hayatta olduğu sürece hiç erkek arkadaşım olmasa ya da hiç evlenmesem umurumda olmayacağını söylerdim. Ben, kendi açımdan, hiçbir zaman söz verdiğim kadar iyi değildim, ama Tanrıyla aramdaki alışverişte ben umduğumu bulmasam da işler onun açısından yolunda gitti.

Kendimi ilişkide tutmak için her şeyi yapardım. Diğer insanın benim orada olduğumu bilmemesi için tamamen kamuflaj içinde olsam bile.

Sanırım sizinle yaptığım şey de bu. Beklentilerinize uymaya çalışıyorum, ama sizi ya da kendimi rahatsız etmek istemiyorum. Ve sizi eğlendirmem gerekmediğini de biliyorum – böylece ikisi arasında bir yerde oturuyorum. Bir şekilde parçalayıp yıkmadan gösteriyi sürdürüyorum.

Pete'den söz ettiğimde "Neden hep kötü tarafa geçmek zorundasın?" diye sormuştunuz. Bu bir insana burnu birkaç santim daha kısa olsaydı güzel olacağını söylemek gibi bir şey. Kokuşup ağırlaşmadan önce tek bir düşünceyi bile bilinçli olarak durdurmaya çalışsam bu yaptığımın farkında olurdum. Kısır döngüler benim doğal düşünce trenimdir.

Çok fazla dikkat, hem de bölünmemiş dikkat istediğimi biliyorum. Ama fiziksel yakınlık istiyorum, çok fazla derinlemesine dikkat değil.

Artık seansta çok korunmacıyım. Size karşı olan duygularımı incelememi istediğinizi biliyorum, ama yüzümden okunmadıkları için onları araştırmayı aptalca buluyorum. Düşündüklerimi söylemede her zaman dürüst olduğumu sanırdım, ama yalnızca çiçeğin üst kısmında bulunmuş ve kirli, korunmasız köklerin içine hiç girmemiştim. Benim içtenliğim hoş ve büyük bir olasılıkla da yapaydı.

Her konuda geride durmam gerektiğini hissediyorum ve bunu yaptığımda, duygularım ve ben manzaradan uzaklaştığımız için (işin ucu kaçınılmaz olarak buna gelir) ilk sansür getiren ben oluyorum. Sansür edilecek birçok sözcük var, davranışlarımı inceleyip haklı çıkarıyorum. Ödüllendirilmememi sağlıyorum. Ve bu doğru. Bu sözcükler belirli bir olayla ilgili değil. Bunlar sadece benim takılıp kaldığım görüşler. Bu yüzden bazen belirli olaylar üzerine yoğunlaşamıyorum.

2 Aralık

DR. YALOM

Kendimi tetikte hissediyorum, bugün Ginny'yi görmek, onunla bağlantı kurmak için can atıyorum. İçeri gelerek bana geçen haftanın raporlarını verdi. Masama koyarken bakışlarıyla beni izlediğini gördüm. Bir şey hissediyormuş gibi görünüyordu, ona bunu söyledim, "Hadi, söyle." Söyleyemedi. Hiçbir şey olmadığını söyledi. Sonra bu sabah raporu yeniden yazdığını, çünkü daha önce hepsinin karalama kâğıtlarında olduğunu söyledi. Yazmasının ne kadar sürdüğünü sordum. Üzerinde yarım saat harcadığını söyledi, sonra aceleyle ekledi, "Her şey üzerinde en fazla bu kadar zaman harcarım." Bunun bir özür olup olmadığını merak ettiğimi söyledim. Yazdığı hiçbir şey için bundan daha fazla vakit harcamadığını söyleyerek inkâr etti, ne yazdığını hiçbir zaman düşünmediğini, sözcüklerin öylece dökülüverdiğini söyledi.

Saatin resmi başlangıcı. Bir şikayet. Karl'la işler cinsel anlamda yolunda gitmiyor. Sonra bu yakınmalarına bir başkasını ekledi – ona ilaçları verdiğimden beri bu şekilde devam ediyordu. Düşünemiyordu. İfadesinde pek de gizli olmayan bir suçlama bulunduğunu hissettim, ama seansın geri kalanında bunun başka izine rastlamadım.

Bir gün önce iyi yazmıştı: on sayfa ile sonuçlanan iki saatlik çalışma söz konusuydu, ama sonra yine dağınıklık ve günün geri kalanında da içinde kötü bir duygunun varlığını hissetmişti. Bu ifadeyi değerlendirmek için biraz zaman harcadım, onun duygularını ussal olarak yeniden inceleyip inceleyemeyeceğimizi merak ediyordum. Değer yargısının yanlışlığını hemen görebildi. "Dağınıklık"la neyi kastettiğini sordum. Benim teorime göre, günün geri kalanını ertesi sabahın yazısı için fikirler üreterek geçiriyordu, bu yüzden günün geri kalanında yaptığı her şey faydalı olarak yorumlanabilirdi. Bunu kabul etmiyordu, sabahların ve öğleden sonralarının tamamen bölümlere ayrıldığında ısrar ediyordu – ara sıra gördüğü rüyalar haricinde hiçbir şey sabah yazıları için kaynak oluşturmuyordu. Oh evet, iri memeli ve büyük penisli iri yarı bir kadın rüyası vardı. Ginny bu kadının üzerinde yatıyordu ve bu kendisini çok korkutmuştu. Rüyadan birkaç kez söz etti. Bu konuda çalışmak istiyordu, ben istemiyordum. Eğer Ginny'nin tutarsız rüyalar dünyasına dalacak olursam etten ve kandan oluşan bedenle bağlantım kopardı ve ikimiz de ikimiz arasında olanların ucunu kaçırırdık. Oysa ben her şeyin ikimiz arasında olanlara bağlı olduğuna inanıyordum. Bu yüzden rüya-yemini yutmadım ve bunun yerine dağınıklık duygusuna geri döndüm. Oradan Ginny'nin sürekli olarak kendini üzgün hissetme, herkesi hayal kırıklığına uğratma, sahip olduğu hiçbir şeyin değerli olmaması kısır döngüsüne girdik. Kısa sürede, daha önce ona birçok kez söylediğim gibi, bütün deneyimlerininin, "Ben değersizim, ben hiçbir şey hak etmiyorum, ben kötüyüm" nakaratından oluşan kendini küçümseme fon müziğinin filtresinden geçtiği gerçeği açığa çıktı.

Başka bir mantıklı şey daha denedim. Nasıl oluyor da birçok insan senden hoşlanıyor, sende değerli bir şeyler buluyor, diye sordum. Onların seninle ilgili hükümleri seninkinden daha iyi olabilir mi? Cevap vermiyor, ama ne düşündüğünü biliyorum. "Beni gerçekten tanımıyorlar; kimse içimdeki boşluğu göremiyor." Bir şeyi sürdürme yetersizliğinden söz ediyor. Örneğin gruba adet yerini bulsun diye geliyordu, bütün yıl boyunca pasif kalmıştı. Sadece yaşıyormuş ve veriyormuş gibi yapıyordu. Karl'la da aynı şeyi yapıyordu. Karl'ın neden hayatını onunla birlikte geçirmeyi tercih ettiğini sordum. Yine ona karşı şov yaptığını söyleyerek kendini küçümsedi.

Sonra ona tuzaklı bir soru sordum. "Ben neden seni görüyorum?

Neden seni görmeye devam ediyorum?" Şaşırmış görünüyordu, bilmediğini söyledi, gözyaşları akmaya hazırdı. Bana hiçbir şey veremediğinden söz ediyor, buradan iyileşip çekip gitmek istediğini, artık çaresiz ve ümitsiz olmak istemediğini söyledi. Bunu nasıl yapacağını bilmiyordu. Onda değerli bir şeyler gördüğüm için onu görmeye devam ettiğimi söylemek istedim. Bunu açıkça söylemedim, ama imalı olarak ortaya çıktı. Bana bakamadığını söyledi. Bana bakmasını söyledim, bunu yaptı ve birdenbire daha önce bana gerçekten bakmadığını fark ettim. Böylece bugün seansta bir süre için birbirimize baktık.

Birdenbire başının döndüğünü, midesinin bulandığını ve gerildiğini hissettiğini söyleyip ağlamaya başladı. Bu ağlamasının arkasında ne olduğunu bulmaya çalıştım. Sadece benden sıcaklık görmeyi hak etmediğini söylüyor, fakat kendini bu sıcaklığı almanın eşiğinde olduğunu hissediyor. Önce bunu hak etmek için bir şey yapması gerekiyor. Bana verecek nesi var? Ofisimi temizlemesini istesem bunu yapardı. (İngiliz yazar Anthony Powell'ın yazdığı bir dizi romandan nasıl heyecanla söz ettiğini ve bu kitaplardan hoşlanacağımı, bundan emindi, nasıl utangaç bir şekilde söylediğini hatırladım.) Yine değersizlik ve karanlık duyguları hakkında yorumda bulundum. Bunu bir mit olarak niteledim ve mitin nerede ortaya çıktığını merak ettim. Karanlık ya da kötülüğün boşluk kadar çok olmadığını söylüyor. Duyguyla dolmadan gözlerime bile bakamadığını söyledim ona, bu yüzden boşluk da bir mitti. Bunun doğru olduğunu umuyorum. Belki ona hakkı olan şizoid boşluğun derin duygusunu vermiyorum. Ama şu anda buna dikkat etmek istemiyorum, çünkü Ginny duygu yüklü ve onunla bu düzeyde çalışmayı tercih ediyorum. Bunu söylediğimde ağlıyor. Her zorlukta birlikte olacağımıza, bu işten onunla birlikte çıkacağımıza ona güvence veriyorum. Konudan uzaklaşıp rüyadan söz etmeye başlıyor. Rüyadaki, iri memeli ve penisli kadının ben olduğumu düşündüğümü söyleyerek onu geri getiriyorum. Sonra benimle Doğudaki iri göğüsleri olan kadın terapisti arasında bağlantı kuruyor.

Seansın sonuna doğru migrenin başladığını hissediyor. Bu hafta beni görmeye gelmeden önce migreni başlamadığı için kendisiyle gurur duyduğunu belirtti, ama tehlike süreci henüz sona ermemişti. Son üç dakikayı ona bazı rahatlama teknikleri öğreterek geçirdim. Parmak uçlarından başladım, gözlerinin kafatasına gömüldüğünü söyleyerek bitirdim, çünkü en büyük şikayeti gözlerinin kafatasından dışarı fırlıyor olmasıydı. Rahatlama egzersizleri işe yaramış gibiydi.

Ginny, kendini çok daha iyi hissederek çıktı ve ironik bir şekilde yağmur da dindi. Yağmur bir saatin büyük bir bölümünde camın iki yanından aşağı doğru süzülmüştü. Ginny sanki şişmanlatan bir şey içtiğini ve birdenbire dolduğunu hissettiğini söyledi. Belki de doğrudur. Madamae Sechahaye* ve sembolik farkına varmayı düşündüm. Bu iyi. Bu konuyla da çalışabilirim.

~

2 Aralık

GINNY

Tersine bereketli olan bir haftanın ardından seansa geldiğimde hiçbir şey beklemiyordum, belki de sadece bu kadarını itiraf ederdim.

İlk ağlamaya başlayışım gerilim ve hayal kırıklığı nedeniyleydi. Ama bir kez olsun orada kalmadı. Bazen yaptığı gibi serbest kalmak için sıçramadı bile. Dün kısır döngüyü kırdınız. Beni bir şekilde bu döngüden dışarı çıkardınız. Bir kez daha görmeyerek, bekleyerek, izleyerek, zihnimde yağmurun çiselemesi dışında bir şey yokmuş gibi davranarak gelirsem sadece utan-

* Sechahaye, M., *Symbolic Realization* (N.Y.: International Press, 1951). –ç.n.

gaç davranıyor olacağımı hissettim.

İşler değişiyor gibi görünüyor. Yeni adımlar atıyorum. Tekrar tekrar sorduğunuz "Senin için anlamım ne?" sorusuna cevap vermeyi reddediyorum, çünkü bu soruya sadece sözcüklerle cevap verebilirim. Çünkü kendimi sözcüklerle sınırlamakta ısrar ediyorum. Bir tür kısa-cevap yarışması gibi.

Seansın sonunda gözlerimi kapatıp rahatlamamı söylediğinizde bile, diğer zamanlarda zaman geçtiği için sabırsızlanırdım ve işe yaramazdı. Ama bir şeyler oluyordu. Migrenim başlamadı, ne o zaman ne de günün geri kalanında.

Dışarı çıkacağım zaman sanki bir Hollywood psikolojik korku filmindeymişiz gibi güneş birden ortaya çıkınca ben, "Yağmur yeniden yağacak," dedim. Tatsız bir cevap olduğunun farkına vardım, küstah bir cevap, ama yanlış cevap verdiğim ve başarısız olduğum için kendimi kırbaçlamam gerekmedi. Alaycı bir alışkanlık olarak kabul ettim bunu. Ama içimde farklı hissettiğim için mırıldanmayı susturabilirdim. Her zaman olduğu gibi yankı deposu gibi hissetmedim kendimi.

Seans boyunca eski çizgime girmeye, bizi asılı duran cümlelerle meşgul etmeye çalışıyor gibiydim. Siz beni geri getirip durdunuz.

Ayrıca, bitiş zamanı hariç, sadece siz ve ben olduğumun farkındaydım. Yaptığım şeyin diğer insanların –Karl, annem babam, arkadaşlarım– gözünde itibarımı düşüreceğinden endişelenmiyordum.

Başım dönüp midem bulandığında buna katlandım. Hemen üç bardak ılık tuzlu su içmeyi ve kendimi kusturmayı düşünmedim. Bulantının diğer tarafındaki salt korku değil, gerçekten zevk veren hisleri de duymaya çalıştım.

Biraz başım dönüyor, şimdi insanlarla konuşurken nasıl ilişki kurmadığımın farkındayım. Herkesle dünkü gibi bir süreçten geçmem gerekmez herhalde, ama neden bazı insanlardan saklanmayı tercih ettiğimi merak ediyorum.

Duygu yüklü olduğumu söylemeniz çok hoştu. Günün geri kalanında duygu ve üzüntünün daha fazla farkındaydım. Ama her şey daha kolaydı. Kararsızlıkla tıkanmış değildim. Daha açık hissediyordum kendimi. Ama haftanın geri kalanında kötüleştim ve dibe vurdum.

~

9 Aralık

DR. YALOM

Ginny bugün coşku dolu. Bu sözcüğü yazdığı bir şeyi tarif etmek için kullandı –yıllardır kullanmadığım bir sözcüktü bu– bugün Ginny için geçerliydi. Neşeli, iyimserdi, geçen haftanın seansıyla bir biçimde değişmiş gibiydi. Geldiğinde, birkaç gün daha görüşmeyecek olmamızı dilediğini söyledi, çünkü "hazır" değildi. Bu demek oluyordu ki bugünkü seans için büyük umutları vardı, ama kendini uygun çerçeveye nasıl sokacağını bilmiyordu. Bunu bugün yapabileceğinden emin değildi. "Bu" derken neyi kastettiğini sordum ona. Bu hafta benim için çok şey olmuştu ve geçen görüşme hâlâ biraz kabataslaktı. Ama birkaç dakika içinde birdenbire aklıma geldi ve bütün olanları hatırladım. "Bu"nun duygularını açıkça ifade ettiğini söyledi. Hayal kurmadan, ama kararlılıkla bunun özellikle bana karşı ve benimle ilgili olan duyguları ifade ettiğini öne sürdüm.

Hazır olmamasının nedeninin, Karl için sürpriz bir doğum günü partisi hazırlaması ve bunun çok fazla enerji gerektirmesi olduğunu söyledi. Bu açıklama Karl'la beni karşı karşıya koyduğuna, ya ona ya da bana fırsat tanıyacağına her zamankinden daha fazla inanmamı sağladı. Sanki kalıcı olarak sınırlı bir sevgi ve şefkat kaynağı vardı ve birine verdiği şey diğerinden alınıyordu. Bunu ona açıkladığımda, geçen haftaki seanstan çıktığında Karl'a, benim ona duygu yüklü olduğunu söylediğimi söylediğini ifade etti. Karl buna dudak büküp alaycı bir tarzla Ginny'yi kucaklamıştı. Bu çok ilginç bir şeydi, çünkü "yüklü" sözcüğünü kullandığımı sanmıyordum – bu benim kullandığım sözcüklerden biri değildi. Ginny de biraz şaşırmıştı ve konuyu sekse ve Karl'la orgazm olamamasına getirdi. Birdenbire durup artık anlattıklarıyla ilgilenmediğimi söyledi. Bu Ginny'den gelen tamamen yeni bir yorumdu. Geçmişte bu tür şeyleri çok az söylerdi, hatta belki de hiç söylememişti. Beni eleştirmesi ve benimle doğrudan bağlantı kurması konusunda onu cesaretlendirmek istedim, ama aynı zamanda ona yanıldığını da söylemek zorundaydım, çünkü gerçekte onu büyük bir ilgiyle dinliyordum. Aslında Karl'ın onun orgazm olması için ne yapabileceğini ve bunu ona söylemesine engel olan şeyin ne olduğunu sormak üzereydim. Özellikle neden Karl'ın onun mastürbasyon yapmasına izin vermediğini merak ediyordum. Böylece bu iki şeyi de söyledim: Beni yanlış anladığına onu ikna ettim ve bu soruyu ortaya attığına memnun olduğumu söyledim. Seansta daha sonra bunu daha açık bir şekilde ifade ettim.

Bir şekilde onun cinsel hayatına girmiş miydim? Son seansımızdan sonra çok iyimser olduğunu söyleyerek cevap verdi, ama bu his yavaş yavaş kaybolmuştu ve ertesi akşam migreni tutmuştu. Sorumun etrafında dolaştığını söyleyip sorumu yineledim. O zaman bana kısa bir süre önce gördüğü bir rüyasını anlattı. Bu rüyada o ve Bay Light uzunca bir süre için bakışıyorlardı. Bay Light onu yazmaya teşvik eden ve sonunda ona aşık olan eski öğretmeniydi. Son görüşmelerinde elini Ginny'nin minik sütyeninin altına sokmuştu. Bir ay sonra Ginny'yi ve ailesini ziyaret etmişti ve Ginny onunla sahilde bir gün geçirmişti. Ama daha çok da uygun fırsat olmaması nedeniyle onunla cinsel ilişkiye girmemişti. Daha sonra Bay Light bir mektup yazıp onun için karısından ayrılmayı düşündüğünü söylemişti. Bay Light'la olan çağrışımlarını sordum, sadece "Size ışığı göstereceğim," dedi. [Light Türkçedeki ışık anlamına gelir.] Bay Light'ın bir şekilde beni temsil ettiğinin açık olduğunu düşündüm – yalnızca benim ona ışığı göstermemem nedeniyle değil, geçen seansta birbirimizin yüzüne her zaman olduğundan daha uzun bir süre baktığımız için. Sonra başka bir rüyasını hatırladı. Bu rüyada, Karl olmayan, ama Karl'ı hatırlatan bir erkek arkadaşı kaba bir kovboy kılığında Ginny'yi uzaklara götürmek için kollarından çekiyordu. Ginny Bay Light hakkındaki bu hikâyeyi anlatırken utanmış görünüyordu, bunun nedenini sordum. Bir zamanlar çok ciddi olan bir şeye düşüncesizce ve kaygısızca davrandığı için utandığını söyledi. Benim şüphelerime göre utanmıştı, çünkü benimle dolaylı olarak konuşuyordu. Seansın sonunda kendisine uyguladığım rahatlama egzersizlerinin bir tür cinsel deneyim olup olmadığını sordum. Olmadığını söyledi, ama kendisini gerçekten iyi hissetmesini sağlamıştı ve buna memnundu. Seanstan sonra bayanlar tuvaletine gidip kanepeye uzanmış ve biraz daha rahatlamıştı. Karşılaşma gruplarında çeşitli rahatlama egzersizlerini denediğini, her zaman çok az başarılı olduğunu, bu yüzden ben başladığımda içinde olumsuz duyguların olduğunu söyledi. O gün migrene engel olduğu için başarılı olmuştu egzersizler.

Bay Light konusuna devam edip benim karımdan ayrılmam fikrinin aklına gelip gelmediğini sordum. Karımı gördüğünü ve karımın kendisinden çok farklı olmadığını, sadece daha bütün bir kadın olduğunu söyledi. Karımın ve benim birbirimiz için doğru seçimler olduğumuzu, ayrılığın pek mümkün olmadığını düşünüyordu. Bay Light'ın karısı ise farklı tipte bir kadındı, şişman ve aptaldı, bu yüzden Ginny, Bay Light için oldukça farklı şeyleri temsil ediyordu.

Bugün birçok olağandışı şey söylediğimi belirttim ona. Bunların içten şeyler mi olduğunu – yoksa onu bir şekilde test mi ettiğimi merak ediyordu. Ona gerçeği söyledim – söyleyeceklerimi benim için sıradışı sansürsüz bir tarzda söylüyordum. Neredeyse aklıma gelen ilk şeyi söylüyordum, onun cinsel yaşantısında nasıl bir yerim olduğu, ben ve karım hakkında ne düşündüğü gibi sorular soruyordum, çünkü çok daha açık ve alıcı olması gerektiğini hissediyor ve bana bakmaktan korkmamasını istiyordum. (Bugün de eskiden olduğundan çok daha uzun bir süre için birbirimize bakmaya devam ettik.)

Seans sırasında şiirlerinden, özellikle kadınların özgürlüğü ile ilgili olarak hazırlanan bir konuşmaya karşı yazılan hiciv tarzında bir şiirden birkaç dize okudu. Zekice yazılmış dizeler beni çok eğlendirmişti, örneğin, "Göğüslerimiz açık olarak yürümemizi ister misiniz?" Ama sonra bunu yazdığı için kendi kendini cezalandırmaya, yazdıklarını küçük ve önemsiz olarak nitelendirmeye başladı. Daha cömert bir betimleme sözcüğü olup olmadığını sordum, ironik ya da nükteliyi kullandı. İroni ona zor geliyor; uyuşmazlık ya da öfke duygusunu sonradan kendisini cezalandırmadan kullanmayı neredeyse olanaksız buluyor. Eleştirmeye hakkı olmadığını düşünüyor; aslında kendine hiçbir hak vermiyor, bu, hâlâ küçük bir kız oluşunun ve öfke deposunun kapağını kapalı tutma zorunluluğunun büyük bir parçası.

Seanstan, gerçekçi olmayan büyük beklentileri yüzünden biraz hayal kırıklığı içinde ayrıldı sanırım. Saatin sonuna doğru farklı bir duygu içindeydim. Önsezime göre aşırı iyimserlik azalacak ve benimle ilgili gerçekçi olmayan duygularının farkına vardıkça depresyona girecekti. Bu Ginny için iyi şeyler hissetmediğim ve ilerleme kaydetmediğimiz anlamına gelmiyor, ama benimle ve ilişkimizle ilgili olmayan, geçmişin hayaletleriyle ilgili fazladan ve oldukça güçlü bir duygunun içime yerleştiğinin farkındayım.

~

9 Aralık

GINNY

Sanırım sizi eğlendirmeye çalışıyordum. Geçen haftadan daha derine inmeyi istiyordum, ama geldiğimde buna hazır değildim. Sadece ikimizi eğlendirmek istedim.

Ama en azından bakışmamızın daha fazla farkında olduğum için geçen haftanın bütünü yok olmadı. Kendimi o yöne çektim.

Eğer beni azarlasaydınız ya da, "Bu hafta oynadığın bu oyun da neyin nesi?" diye sorsaydınız değişirdim. Siz ise aldırmıyor göründünüz (ben garsondum, siz de müşteri).

Güdüleri olan, ama duyguları olmayan birini analiz ederken iyi iş çıkardık.

Kendimi kötü hissetmiyorum. Başıma gelen önemli her şeyi anlattım, ama değişme ihtiyacının zorlayıcı merkezi yoktu.

Siz bana gösterene dek Bay Light'la bir paralellik görmüyordum. O rüya, onunla olan küçük ilişkimdeki anlamlılık ve zevki gösteriyor ve yaşantılıyordu. Bunu size anlatmam saçma yanını vurguladı. Belki bu rüyayı size gözlerinize bakmamın saçma ironik kısmını göstermek için anlattım. Son seansı saçma perspektifine oturtmak için (alaycılık tutkalıyla).

Aslında seans en saf haliyle bendim, her gün olduğum gibi. Değiştirmek istediğim her şey. Alaycı, havai, anekdot tarzı imgeler. Bu yüzeysel tarafa devam ettiğim ve hoşuma gittiği için öfkeliyim. Bunun intikamı bu raporda yazılacak bir şey olmaması, çünkü açığa çıkan bir şey yoktu. (Belki siz ve Bay Light arasında bir paralellik olduğu şeklindeki zekice fikir ve sonra seansta keşfetmediğim sonsuza uzanan kayıp hariç; sadece adını koyup zorlayıcı geçmişimden atmak için eski hikâyelerin üstünden geçtim.) Çünkü her türlü duygusal hissin dışında konuşuyordum. Fırtına sonrası yok.

II

Uzun Bir Bahar

(6 Ocak-18 Mayıs)

6 Ocak

DR. YALOM

Yeniden ziyaret. Geçmişe döndük. Ginny üç hafta önce telefon açıp Noel için eve gitmek istediğini söyledi. Çünkü Karl ve bütün arkadaşları gidiyordu ve burada yalnız olma fikrine dayanamıyordu. Doğuya ziyaretini tarif ediş şekli, suçluluğa doğru bir yolculuk gibi geliyordu kulağa. Daha fazla kalması gerektiğini, orada sadece onüç gün kaldığını, anne babasına adil davranmadığını, onlarla sadece üç gün geçirdiğini, geri kalan zamanını arkadaşlarıyla geçirerek anne babasının ihtiyaçlarına karşı hassas davranmadığını söyleyerek başladı seansa. Noel sabahı annesi kalkıp sahile gitmiş, üç saat orada kalmıştı, çünkü üzgündü. Ginny aşağı inince babasına annesinin nerede olduğunu sormuş, "Annemin nesi var – delirdi mi, bugün sahile gidilir mi?" demişti. Ginny'nin kız kardeşi hemen böylesine düşüncesizce bir şey söylediği için Ginny'yi borbardımana tutmuştu.

Beş on dakika süresince Ginny evdeki durumu tarif ederken, birdenbire Ginny'nin yapısı hakkında tamamen farklı bir bakış açısına sahip olmuştum. Annesini birçok açıdan suçluluk üreten bir makine olarak zihnimde canlandırdım. Bu düşüncelerin bir kısmını Ginny'ye ifade ettiğimde, ki bunu oldukça açık bir şekilde yaptım, Ginny hemen annesini korumaya geçti: örneğin, annesi sahile "daha fırtınalı duygularının bir kısmını yaşamaya" gitmişti. Sonra suçun yükünü otoriter ve anaerkil büyükannesine çevirmeye çalıştı. Annesinin niyetinin suçluluk doğurmak olmadığını kabul ettim, ama gerçekleşen şey buydu. Ginny annesi için iki kızının da kendisini terk etmesinin ne kadar zor olduğunu düşünerek konuşmaya devam etti. Bir annenin görevinin çocuklarını ayrılabilecek hale getirmek olduğunu ileri sürdüm, ama Ginny bu fikri hemen bir kenara attı.

Sonra (benim dilimle) kendi ego sınırlarını annesininkinden ayırmadaki yetersizliği hakkında konuştu. Annesiyle banyoyu aynı zamanda kullanışının New York'taki psikoterapistini her zaman şok ettiğini söyledi. Annesinin onun sütyenine bakmasını istiyordu, bedenini annesine göstermek, onun da nasıl şişmanlayıp annesiyle aynı beden tipine sahip olduğunu söylemesini istiyordu. Annesini, kendisinin güvenli ev ortamında kalmasını sağlamak yerine birinci sınıf bir koleje naklini mümkün kıldığını söyleyerek savundu. Ona durumun bundan çok daha hassas şeyler içerdiğini, annesinin büyük bir olasılıkla Ginny'nin uzağa gitmesiyle ilgili karmaşık duyguları olduğunu ve aynı anda birbiriyle çatışan iki mesaj verdiğini (eski ikilem–klasik form) hatırlattım.

Böylece, Ginny'ye çok faydası olacağından şüpheli olsam da bu tür şeyler hakkında konuşmaya başladık. (Bu konuda ısrar ediyordum, çünkü beni aydınlatıyordu; aile bağlamı içinde Ginny'nin çok daha açık bir portresini görebiliyordum.) Her şeyin farklı olmasını çok istiyor, eve gitme ve gerçekten bir çıkış yapma ümitleri var. Ama gerçekte ne istiyor? Hiçbir zaman varolmayan sıcak, sevgi dolu sevimli çocukluğuna geri dönmek istiyor. Ya da en azından ben hiçbir zaman var olmadığını düşünüyorum. Ginny ve benim çocukluğu hakkında ne kadar az şey konuştuğumuz dikkate değer. Geçmişin girdabına kapılmamak konusunda çok dikkatliyim. Ginny'yle gelecekte kal. Yakında farklı bir geçmişi olacak.

Bana bir rüyasından söz etti. Rüyanın başında ve sonunda defalarca bunun hiçbir anlam ifade etmeyen aptalca bir rüya olduğunu söyledi. Doğal olarak bunu ikincil bir düzeltme olarak gördüm ve gerçekte rüyanın çok önemli olduğu sonucuna vardım. Rüyasında ben, yetersizlikleri belli olan birkaç bilgeyle birlikte akşam yemeği yiyordum ve onların iyi olduğunu söylüyordum. Rüya rahatsız ediciydi, çünkü rüyanın içinde yeni birisiyle çalışması gerektiğini söylüyordu. Ama uyanıkken öyle olmadığını biliyor ve böylece ciddiye almamam için rüyayı benden saklamaya karar veriyordu. Bununla ilgili çağrışımları benim hakkımda bir şeyler okuduğu gazete makalesiydi (benim söylediklerimi yanlış aktaran bir makale). Bu makalede Esalen ve diğer karşılaşma gruplarını, özellikle Ginny'nin de katıldığı bir karşılaşma grubunun liderini eleştirmiştim.

Trafik polisliği yaptığı yeni işinden söz etti. Bunu çok aşağılayıcı buluyordu. Benim bir yazarla çalıştığımı sandığımı, ama şimdi bir polisle çalıştığımı söyleyerek espri yaptı. Bu beni çok rahatsız etti ve bir bakıma annesiyle aynı şeyi yaptığımı, yani en azından Ginny'nin zihninde ondan büyük taleplerde bulunduğumu, Ginny'nin kendisini yazar olmak ve kendisi yerine benim için bir şeyler üretmek zorunda hissettiğini sezdim. Bunu ona söylemeye çalıştım, ama pek etkisi olmadı. Şüphesiz burada bir parça gerçekten daha fazla şey vardı. Ginny'nin yazmasını istiyordum. Ve fantazilerimde, eğer aşırı derecede iyi bir yazar olursa çok mutlu oluyordum. Evet, bunu inkâr edemem. Ancak, bu gerçekleşmese bile benim için çok büyük fark yaratmamalı. Eğer Ginny benimle çalışmasının sonucunda büyür ve kendi içinde biraz huzur bulup tek kelime bile yazmak istemese bu da iyi olmalı benim için. Ginny'yle bir insan olarak ciddi bir şekilde ilgilenirken yazar Ginny ile hafif bir flört yaşıyor olduğumu umuyorum.

~

6 Ocak

GINNY

Eğer bir şeyle suçlansaydım en iyi tanık ben olurdum. Ne zaman sevdiğim insanlarla konuşsam onların hep suçlu gibi görünmelerini sağlıyor ve

bunu bir gülümsemeyle yapıyorum. Çünkü eğer ben suçluysam onlar da suçlular, sizin gözlerinizde daha da suçlular. Size bilgi veriyorum, ama bunun nedenini bilmiyorum, çünkü herhangi bir değerlendirme yapacak ya da bir cevap veya bir plan ortaya koyacak değilsiniz. Bu terapide iyi şeyler aynı anda oluyor.

Size anne babama karşı cephane verdiğimi biliyordum. Bu kendimi daha da kötü hissetmeme neden oldu. Özellikle de o gün anne babama, "Sevgili Anneciğim ve Babacığım" diye mektup yazıp gerçek sevgi gönderdiğim için. Sanırım hepsinden çok kendime ihanet ediyorum, çünkü her zaman kendim hakkında bir şeyler anlatıyorum.

Yine de seans sırasında kendimi kötü hissetmedim. Daha çok sıcak hissediyordum kendimi –sanki kundağa sarılmış bir bebek gibiydim– ve belki de bir şey söylemeliydim. Ama sonra kendimi sıcağa alıştırdım ve sıcaklık, rahat geçmiş zamanlar haline geldi. Nehir kenarında balık tutan tembel bir çocuğum. Eğer oltaya doğru tipte anne yemi takarsam bu yemi her zaman yutacaksınız.

Hayır, ne yapmaya çalıştığınızı biliyorum. Söylediklerime inanmamı söylemek. Anne babamın sınırlarını ve hatalarını kabul etmemi. Ama ne zaman bu tür şeyleri düşünsem küçülüyor gibiyim. Ne zaman onlardan bir şey alıp götürsem kendimden alıyorum. Ve şunu da fark ettim ki anne babamı ne değiştirdim ne de onlarla mücadele ettim.

Onlara hayatımdaki hemen hemen her şeyi anlattım. Ama hayatım orada, bütün o gerçekler ve hikâyelerin içinde değil. Hâlâ gömülü. Bu gerçeklerle ilgili olarak sahip olduğum tek vazgeçilmez uyarıcı rüyalarım. O zaman annem babam ve ben çok daha aktif ve korkunç oluyoruz.

Yuvaya geri dönerek, kendimi sükunetle çevreleyerek rahatlık elde etmeye çalışıyorum. Gerçekten hâlâ bir mağarada gizlenmem gerektiğini düşünüyorum, tıpkı Platon'un mağarası gibi, çünkü yalnızca benzetmelerle yazıp düşünebiliyorum. Her şey başka bir şey gibi. Bu raporlar bile çok gizli kapaklı. Doğrudan değil. Belki böyle olduğunu anlamazdınız bile. İşte başka bir çeviri daha. "Iğğğ!" Bir şeyleri, debelenip durmama yetecek, ama boğulmamı önleyecek kadar açtıktan (sözcük oyunu – ben aslında "açıkladıktan" sonra demek istemiştim) sonra ağzım, gözlerim, yüzüm ve zihnim böyle hissediyor.

~

13 Ocak

DR. YALOM

Oldukça mesafeli bir saat. Ginny'ye karşı uzak olduğumu hissettim, büyük bir olasılıkla Ginny de öyle hissediyordu, ama benim kadar değil. Aslında, bunları kağıda dökmek büyük çaba gerektiriyor. Birinci ve ikinci cümle arasında beş dakikalık bir boşluk vardı. Son birkaç gündür kendisinin dışındaymış gibi hissettiğini, gergin ve sinirli olduğunu söyleyerek başladı söze. Onu ve kendimi olanlara dahil etmek için kolay bir yol bulmada çok zorlandım. Son haftaya geri dönmeye çalıştım, ama geçen seanstan çok az şey hatırlıyordu. Sonra değişmediği hissinden söz etti. Karl'la olan cinsel ilişkisinde bir noktaya varıyor, ama daha öteye gidemiyordu. Terapide de benimle aynı şeyi yapıyordu. Gerçekleştirdiği bazı değişimleri ortaya çıkarmaya çalıştım, aslında, birkaç yıl önce kaydettiğimiz bantlardan birini dinlemeyi bile önerdim. Buna çok memnun olmadı ve değişikliğin gerçekleştiğini düşündüğü birkaç şeyden söz etmeyi başardı. Sanırım Ginny'nin ilerleyişini tartışma yollarını bulmasını ondan çok kendi iyiliğim için istiyorum.

Bunun ardından Karl'la olan ilişkisine geri döndü. Ginny'nin içinde bulunduğu son kötü durum şu ki, artık yerinde sayıp her şeyin bittiğinin kendisine söyleneceği zamanı bekliyor. Birkaç gün önce

Karl işinden ayrılıp başka bir işe girmiş. Ginny bu değişikliğin bir anlamı olduğunu biliyordu ve bu anlam, Karl'ın Meksika'ya gitmek için para biriktirmek zorunda olmasıydı ve bir gün onu da yanında götürmeye niyeti olup olmadığını Karl'dan öğrenecekti. Eğer götürmezse ilişki bitecekti. İfade ettiği çaresizlik beni iyice bunaltmıştı. Aynı zamanda bu trajik durumundan gurur duyduğunu da fark etmiştim. Hatta ona küçük kız diye hitap ederek yem atıp ilişkiden ne beklediğine bir yetişkin gibi kendisinin karar vermesini önerdim. Onun vermesi gereken bir karar yok muydu? İlişkiyi bitirmesine neden olacak herhangi bir şey yok muydu? Örneğin, ya Karl onu desteklemeyi reddederse ya da hiçbir zaman çocuk sahibi olmasını istemezse. Onu bir karar verebileceğini söylemeye kışkırtmak çok zordu. Aslında Karl'a kendisini de Meksika'ya götürmek niyetinde olup olmadığını sorması bile olanaksızdı; Karl kendisine bunu söyleyene dek beklemesi gerektiğini hissediyordu. Seansı oldukça üzüntülü ve ona kendi haklarına saygı göstermeyi nasıl kabul ettireceğim konusunda kafam karışmış bir halde sona erdirdim. Bir ara, birkaç hafta önce bana tatilim hakkında soru sormaya çalıştığını ve bunu başaramadığını söyledi; Karl'la da aynı şey oluyordu. Benimle bunu tekrar denemesini söyledim. Şimdi bana tatilim ya da başka bir şey hakkında soru sorabilir miydi? Seansın nasıl gittiğini düşündüğümü sordu, ama seans zaten bittiği için gelecek seans buradan başlamayı kararlaştırdık.

~

13 Ocak

GINNY

Seansın sonunda bana size bir soru sormamı istediğinizde başladı her şey. Çocukların taş atıyor numarası yapmaları gibiydi bu ve derken çocukların biri taşı gerçekten atardı. Başlangıçta, "Bana tatilim hakkında soru sor," dediğinizde uzun bir tatile çıkacağınız gibi gerçek bir bilgiyle kaçınılmaz olarak karşılaşacağımı düşündüm. Bu kadar aptal olduğum ve içgüdüsel olarak her şeyi bilmediğim zaman kendimi harika hissediyorum. Ama burası seansın en gerçek bölümüydü. Birkaç hafta önce size gözlerimle sordum, ama konuşmam yağmur fıçısında tek başına bulunmam gibi bir şeydi. Ya da sakat bir aktrisin izleyicilerle konuşması gibi. Işıklar yüzünden izleyicileri göremez, ama orada olduklarını bilir ve onlara doğru uzanıyormuş ve gözlerine bakıyormuş izlenimini vermek zorundadır. Eğer yardıma ihtiyacı olursa onları hayal etmesi gerekir. Siz bu kadar yakında olmanıza rağmen ben sizinle hâlâ konuşmadım.

Ve Karl'la tamamen iyi olmaya çalışıyor, aynı zamanda da hatalarımı beynime depoluyorum. Sizinle tamamen kötü olmaya çalışıyorum. Durumum hakkında en kötü şeyleri söylüyorum. Ve iki yol da gerçekçi değil. Bunu geçen hafta fark ettim.

Ruhsal durumumla akıp gitmek, sizden almak istiyorum. Ama bunun yerine, size gelmeden önce bir nakaratı tekrarlıyorum – "Endişeliyim." Ve uvertür son dakikaya, perdenin sizin, gelecek haftaya kadar ara anlamına gelen, "Bana bir soru sor," sözlerinizle kapanmasına kadar çalmaya devam ediyor.

Dışarı çıkıyorum ve havanın benim için patlamış mısır gibi kokmasını sağlıyorum. Aç olduğumu düşünüyorum ve nihayet bunlar gerçek duygular. Böylece gidip öğle yemeği için beş yaşıma kadar uzanan bir beklentiyle soda ve hamburger alıyorum ve ikisinden de hoşlanmazken 1.79 dolar ödüyorum. Bu durum beni bir dalga gibi çarpıyor, – bu pislikler için para ödüyorum ve size henüz hiçbir şey vermedim. (Parayı kastetmiyorum, zaten para ödemek istemiyorum. Ben gerçek duygulardan söz ediyorum.)

Büyük bir olasılıkla seansta söylediğim korkunç şeyler kendimi suçlu hissetmeme neden oluyor. Sihir sözcüğü konusunda haklıydınız. Ama söylediğinizde, benim gerçek ifadeleri gizlemek için kullandığım kötü metaforları kastettiğinizi sandım.

Seanslar için yazdığımız bu raporlar, sakladığım sözcük sihri. Kimsenin görmesini istemiyorum.

Ama hayatıma giren en büyük sihir sözcükler değil, gerçek duygular ve hareketler, tıpkı gözyaşları ve yenilgi gibi. Konuşurken kayboluyorum. Altmetnim yok.

Başıma gelen iyi şeyleri takdir etmeye başladım.

~

20 Ocak

DR. YALOM

Oldukça önemli bir görüşme. Bugün yeni bir alana ayak bastığımızı hissettim, ki bu hayali bir his olabilir. Ama sonra Johns Hopkins'deki hastalara ait bir hikâyeyi düşündüm. Hastalar senelerce gelir ve kartlarında hep –hasta iyiye gidiyor, hasta iyi– yazar ve birkaç yıl sonra birisi gerçekte hiçbir değişikliğin olmadığını fark eder. Bu hikâyeyi düşündükten sonra yine de bugün yeni ve bereketli topraklara girdiğimizi hissediyorum.

Ginny'nin çok ciddi migren ağrısından şikayetiyle başladı her şey. Bir dahiliyeciye görünmesi için ısrar ettim, o zaman hemen konuyu değiştirip iyi bir arkadaşıyla yaptığı bir tartışmayı anlatmaya başladı, bu da sadece geçen görüşmemizde konuştuğumuz bazı şeyleri güçlendirdi: bu arkadaşı ve kocası bir ara Ginny'nin onları yalnız ziyaret etmesini istiyorlardı, bunun nedini Karl etrafta olduğunda kimsenin Ginny'yi çok fazla görememesiydi. Karl ortalıkta olduğunda Ginny kendisinden vazgeçiyordu, neredeyse dilsiz haline gelip özelliksiz bir gölgeye dönüşüyordu. Tüm bu konuşmaların ortasında, Karl'la ilişkisi içinde Ginny'nin kendisi gibi olmadığını, bunun sınırlı bir ilişki olduğunu ve daha da önemlisi değişimin ilişkiyi kaybetme anlamına gelmeyeceğini, hatta güçlendireceğini, çünkü Karl'ın ve bütün erkeklerin tam bir kadınla ilişki kurmak isteyeceklerini düşündüğümü oldukça açık bir şekilde ve bir kereden fazla ifade ettim. Ayrıca diğer olasılıktan da söz ettim; Karl, Ginny'nin şu anki haline büyük yatırım yapmıştı ve herhangi bir değişiklik onu uzaklaştırabilirdi. Bu durumun çok büyük bir felaket olduğunu düşünmediğimi, çünkü birisinin diğerinin gelişimine izin vermediği bir ilişkinin iki taraf için de pek sağlıklı bir ortam olmayacağını söyledim.

Daha fazla kendini küçümseyen şeyler söylemeye başladı. Örneğin, bütün gün kendini depresyonda hissetmişti ve "dün gece bu hisle kalmak" yerine çok güzel bir şekilde giyinip bir arkadaşının evinde oyun oynamaya gitmişti. Bunun için kendisini uçarı olarak adlandırdı. Kendisini "uçarı" olarak nitelendirmesinin semantik olarak kendisini kırbaçlamasının bir örneği olduğunu ona gösterdim. Neden "cesur" ve "esnek" değildi?

Bir süre durakladı. Sonra onu bana karşı duygularını söylemesi için kışkırtmaya başladım. Raporlarda benim hakkımda nadiren yazdığını söyledi. Arkadaşlarına da beni gerçek bir insan olarak tanıtmıyordu, aslında bana çok az bağlıymış gibi yapıyordu. Arkadaşlarının beni merak ettiklerini, örneğin yaşımı bilmek istediklerini söyledi. Onlara ne dediğini sordum, "otuzsekiz" dedi. Bunun çok yakın olduğunu söyledim, çünkü otuzdokuz yaşındaydım. Bana doğrudan sormadan, zeki bir şekilde yaşımı söylememi sağladığını itiraf etti. Geçen haftaya geri döndük, seansın sonunda bana başka bir şey sormasını önerdim ve bunu tekrar ettim. Bunun üzerine Ginny seanslar hakkında ne hissettiğimi sordu, seanslar iyi gidiyor muydu? Yazdıklarımı okuyunca büyük bir olasılıkla çok daha fazla şey öğreneceğini söyledim; temel olarak karmaşık duygular içindeydim – ara sıra kendimi sabırsız ya da kötümser ve sıklıkla da iyi hissediyordum. Kötümser olduğumu ya da cesaretimi kaybettiğimi söylemem konusunda daha sonra neler hissedeceğini merak ediyordu. Bu duyguyu çok sık hissetmediğimi ve bunu söylerken isteksiz olduğumu, çünkü onun kendisini her zaman kırılgan bir çiçek olarak sunduğunu ve bu tür bir yorumun onu ezik ve savunmasız bırakmasından korktuğumu söyledim.

Bana başka ne sormak istediğini sordum. Seanslar arasında onu düşünüp düşünmediğimi sordu. Onunla ilgilenip ilgilenmediğimi mi kastettiğini sorarak soruyu yeniden şekillendirmeye çalıştım. Bu bir süre için ikimiz için de zor oldu. Gözyaşları akmak üzereydi. Birdenbire kendisiyle "o şekilde" ilgilenip ilgilenmediğime aldırmadığını söyledi, ama sonra ağlamaya başlayarak beni düşündüğünü itiraf etti. Beni, bedenimin parçalarını ve saçlarımı düşünüyor ve hayatının önemli bir parçası haline gelmeme nasıl izin verdiğini merak ediyordu. Ayrıca, gerçekten iyileşemeyeceği, çünkü eğer iyileşirse iki eşit yetişkin olarak ilişkimizi sürdürmemiz olası olmadığı için beni kaybedeceği gerçeğine ilişkin yeni bir tartışmaya girdik. Ancak, aynı zamanda kendisine bir yetişkin olarak davranmamı istiyordu. Ben de ona azarlayan bir yetişkin olmaktan çok korktuğumu, başkalarının ona bir yetişkin gibi davranması için önce kendisinin yetişkin gibi davranması gerektiğini söyledim. Gerçekten iğrenç bir şekilde bilgiçlik taslayarak konuşmuştum, ama başka nasıl söyleyebileceğimi bilemiyordum. Sanırım benimle yetişkin bir insan gibi ilişki kurmasına ve benim kişisel yaşantım hakkında daha fazla şey öğrenmesine yardım etme işi faydalı olacak. Bunu yapmaya devam etmesi için ona cesaret vereceğim.

~

20 Ocak

GINNY

Oh Tanrım. Dün kendi yöntemlerimi hissetmeye başladığım ilk seans oldu. Ve neden kendimi mağlup ettiğimi. Geride kalıyorum ya da kendimi geriye bırakıyorum. Seanstan sonra gücümü sınadım. Ve bu seansı biraz daha uzattı. Örneğin, gece Karl yatmak yerine biraz okumak isteyince, hemen olmasa da, ona, okumak ve derin uyku arasında bir şeyler olduğunu söyledim.

Sona doğru, "Benden o şekilde hoşlanmanızı istemiyorum, fakat (büyük bir duraklama) benimle ilgilenmenizi istiyorum," dediğimde neredeyse ağlıyordum. Ama ağlamaya başlamış gibiydim, çünkü eski klişeme geri dönmüştüm. "Benden hoşlanıyor musun, benimle ilgileniyor musun?" Ağlamaya başladım ve utandım, çünkü çok az ilerleme kaydetmiştim. Beş yaşına kadar hayal kırıklığı içinde ağlayan bir çocuk "an-ne" derken "an-ne"yi kastetmesine rağmen çok daha fazla şeyi kastetmektedir.

Evdeyken anne ve babamın ben küçükken her şeyi benim için nasıl yapmaları gerektiğini gördüm. İhtiyaç bile duymadan beni rahatlatmaları, doyurmaları, bana harika şeyler almaları. Yani ben hiçbir zaman bir ihtiyaç belirtmediğimi hissediyorum. Her şey etrafımda bol bol vardı. Ve şimdi de kendimi diğer insanların yanına yerleştirme şeklim aynı – masada bekleyen lezzetli bir meyve tabağı gibi ve meyve halihazırda biraz çürümüş.

Her şeyin yanı sıra bu cümleye takılıp kalmış gibiyim, "İhtiyacım var," ya da "Benden hoşlanıyor musun?" Üç yıl önce bu benim için devrim niteliğindeydi. Tıpkı şimdiki bol cinsel duygularım ve uyanışım gibi. Ama bunları genişletiyor ya da arttırıyor değilim.

Beni yakından takip eden şey beni ikna eden katatonik gölgem.

Hareket etmiyorum.

Sendelemiyorum.

İlerlemiyorum.
Sadece poz veriyorum, gölgem için bir model,
silüetim için bir gölge.

~

8 Şubat

DR. YALOM

Bu saat için tatmin edici olmayan bir duygu içindeyim. Sanırım kendi değerlerimi Ginny üzerinde çok zorluyorum. Bugün çok otoriter ve çok yol göstericiydim. Öğüt ve ders vermeyle çok meşuldüm. Ama başka bir şey yapmak benim için çok zordu. Seansa Karl'dan ayrılma ve yeni bir hayat kurma fantazileriyle başladı. Tekrar tekrar bu fantazileri duyduğum zaman, yalnızca Ginny'nin içinde güçlü bir parçanın Karl'dan ayrılmak istediğini, ilişkiden tatmin olmadığını ya da ilişkinin boğucu olduğunu hissettiğini düşünebiliyorum. Sonra Karl'ın kendisine benzin parasını bölüşmeyi önerdiği bir olayı anlattı. Karl haftada 90 dolar kazanıyor, Ginny ise 30 dolar. Ginny yemeği pişiriyor, alışverişi ve temizliği yapıyor ve benzin parasını da vermek zorunda kalmanın haksızlık olduğunu düşünse de çok zayıf bir itirazda bulunuyor ve sonunda kabul ediyor.

Haksızlık olduğunu düşündüğü bir şeyi kabul etmesinin kendi haklarını tanımayı reddetmesi gerçeğinden kaynaklandığını ona göstermeye çalıştım. Bunun uzun dönemde öz-yıkımcı bir özellik olduğunu düşünüyorum; Ginny neredeyse Karl'ın, eğer tam uyumlu biriyse, bu ilişkiden bıkmasını garanti altına alıyor. Diğer taraftan, eğer Karl, böylesine benliksiz, kendi haklarından feragat eden bir arkadaşa gerçekten ihtiyaç duyuyorsa sürekli olarak onunla kalacaktır. Ama iki şekilde de öz-yıkımcı bir şey bu. Ginny bu ilişkiyi sürekli olarak devam ettirmek istemediğini, ama ilişkinin bazı yönlerden çok güzel olduğunu söyledi. Onsuz hayat büyük bir boşluk olurdu; onsuz Ginny dağılırdı. Bunun saçma olduğunu söyledim ve Ginny de onayladı, ama boşluk duygusu gerçekti. O zaman işlerin gidişini değiştirmek için ne yapması gerektiğini sordum. Karl'a söylemesi gereken şeyleri ve Karl'ın sonunda yüzünü asarak ayrılmaları gerektiğini söylemesiyle sonuçlacak olan olası tepkisini ifade etti.

Ne yazık ki tedavi seansı, Ginny'ye, büyük bir olasılıkla henüz hazır olmadığı şeyleri yapmasında ısrarcı olduğum moral verici konuşma havasını almaya başlamıştı; ama hayatını değiştirmenin gerçekte *onun* sorumluluğu olduğu duygusunu ve bilgisini ona iletmeyi istiyordum. Karl çok sınırlı bir insan olduğu için ayrılabilirlerdi ve uzun dönemde bu iyi olabilirdi. Diğer yandan, Karl'ın ya da bütün erkeklerin Ginny'nin yavaş yavaş büyümesinden ve "mensch" [Alm., insan, –ç.n.] haline gelmesinden çok etkileneceklerini hayal edebiliyordum ve eğer bu Karl için çok fazla geliyorsa öyle olsundu. Eminim ki Ginny uzun dönemde kendisini daha uyumlu bir insan olarak takdir edecek birçok erkek bulacak.

~

8 Şubat

GINNY

Neler olduğunu hatırlamak benim için çok zor. Her şey oldukça doğrudan ve kolay gibi göründü (bir klişe, "Nasılsın?" cümlesi gibi). Seansa bu şekilde girdiğimde –bütün gün süren şikayetlerle dolu olarak– bir yetersizliğim olduğunu hissediyorum, vitamin yetersizliği gibi bir şey. Siz şikayetlerimi yok edecek şeyleri bana vermeli ve tekrarını önlemelisiniz.

Sanırım bu seansta beni diğerlerinin gördüğü şekilde ya da bir fonksiyon olarak görme fırsatı buldunuz. İnsanlarla etkileşimde bulunmaya çalışmıyorum. Davranışlarının ve şartların ne olacağını hayal etmeye ya da sezmeye çalışıyorum ve gergin bir enerjiyle o anda cevaplarımı uyduruyorum. Hiçbir yerde düşünme süreci yok. Örneğin, yalnızca bir iki saatlik zaman diliminizin boş olduğunu ve argümanlarla bir labirent oluşturduğunuzdan emin olduğumda. Zaten ben bütün karışıklığı daha da arttırırım.

Terapide ilk kez benim yanımda yer almadınız – ne söylediğinizi biliyorsunuz, "Sadece yüzeyini gösteren bir kadını her erkek terk eder." Bu hoşuma gitti.

Sanırım Karl gerçekten güçlü bir insan. Ve sadece biraz iğneleyici, çünkü aşık değil. Eğer beni sevseydi, her şey doğal olarak gelişirdi – ben bu konuda federal kanıtlar ileri sürmek zorunda kalmadan benzin doldurulurdu. Sanırım gerçekten incindim, çünkü Karl ve benim için önemsiz kurallar koyarken bunların aşk ve cömertliğin yerini almasını istediğimi biliyorum.

Sonunda bunu Karl'a söyleyişim dramatik değildi. Bendeki mazlum özelliğini sevmediğini söyledi. "Bütün mazlumların arkasında şirret bir kadın vardır." Sadece olanların kendisine söylenmesini istediğini söylüyor ve bu doğru. Ona bir şeyi hemen söylediğimde, sesim derin ve kararlı çıktığı sürece kavga etmiyor, esnek ve uysal davranıyor. Ama duygularımı geciktirdikten sonra yeniden ortaya çıkarmaya başladığımda sesimdeki en hafif keskin tonu fark ediyor, bana karşı çıkıyor ve kazandığım bütün noktalarda kaybediyorum.

Ve diyalog hiçbir zaman benim planladığım kadar derine inmiyor. Ama yine de içimden çıkarmam iyi bir şey.

~

17 Şubat

DR. YALOM

Ginny'nin hemen arkasından bir hastam vardı ve programdaki beklenmedik bazı güçlükler Ginny hakkında notlar almama engel oldu. Şimdi ise aradan birkaç gün geçti ve görüşme zihnimde bulanıklaşmaya başladı. En çarpıcı şey, içeri girer girmez, "Peki, neler olduğunu duymak istemiyor musunuz?" deyişi oldu. Sonra geçen görüşmemizde konuştuğumuz şeyleri Karl'a anlattığından söz etmeye başladı. Bu çok da işe yaramamıştı, çünkü Karl onun sürekli olarak mazlum biri gibi davranmasından biraz rahatsız olmuştu, ama aslında, bunun birçok yönden işe yaradığını düşünüyorum, çünkü artık benzini ödemek zorunda değil ve çok küçük oranda olsa bile haklarını savunmayı başardı. Bu kadar güçlü ortaya çıkmasına şaşırmıştım, çünkü son seansta tartıştığımız bazı şeyleri gerçekten yapacağını hissetmemiştim.

Görüşmenin bir noktasında hangi konu üzerinde çalışmak istediğini sordum. Sevişmekten ve kendisi için bir şeyler isteyebilmekten söz etti. Kendisi için ne istemek isteyebileceğini merak ettim. Ginny'nin o zaman söylediği şey öylesine zararsız bir şeydi ki kendisine gülmeden edemedi: sadece Karl'ın bazı şeyleri daha uzun süre yapmasını isteyebilmeyi istiyordu, çünkü çok hoşuna gidiyordu. Bunu birkaç kez sesli bir şekilde tekrarlamasını istedim, böylece bu düşünceden biraz uzaklaşabilecek ve bunu söyleyememenin saçmalığını görecekti. Bu isteğini kendi kendisiyle alay etmeden ya da komik bir aksan kullanmadan söylemeyi başaramadı.

Ayrıca Karl'la sahip olduğu şeyin çok değerli olduğunu ve bunu bir şekilde kendisinden alacağım hissine kapıldığını söyledi. O sabah Karl'ın kollarında yatarken bunun kendisi için ne anlama geldiğini ve başka hiçbir şeyin o kadar önemli olmadığını fark etmişti. Ginny ayrıca kendisiyle gurur duyuyordu, çünkü bir gece önce migreni tutmuştu ve bunun için güçlü bir ilaç almamıştı ve bugün de kendisini ilaçla uyuşturmadan migrenden kurtulmayı başarmıştı.

Aradan dört gün geçtikten sonra geriye dönüp o seansla ilgili duygularımı hatırlayamamam çok ilginç. Bütün duygularım genelleştirilmiş bir iyilik duygusuna bürünmüş. Ginny'nin o seansta mutlu ve heyecanlı olduğunu hatırlıyorum. Şüphesiz onu hep böyle görmek istiyorum. Şimdi onunla kendisini ne kadar genç hissettiği konusunda konuştuğumuzu hatırlıyorum. Bana kendini hep çok genç bir kız gibi gösteriyor gerçekten. Ayrıca, her zaman olduğu gibi, tatmin edici olmayan terapi seansları için bütün suçu omuzladığını da hatırlıyorum. Ona verdiklerimle tatmin olmadığı zamanlar olduğu açık. Bazen kendimi ona daha çok göstermemi istediğini de itiraf etti. Ne tür şeyler bilmek istediğini sordum, ama bu soruyla bir yere varamadık.

~

17 Şubat

GINNY

Dün geldiğimde bir sürpriz bekliyordum. Seansı biraz farklı yapacak bir şey. Duygusal bir ödev. Bir migrenin tedavi edilişinin beklentisi. Uzun hastane koridorunda yürürken fantazilerim ve rahatlığım yürüyüşüme ayak uyduruyordu. İçeri girerken hep "tedavi edilmiş" ve sevinçli oluyorum ve kendimi suya dalan bir ördek yavrusu gibi ağır hissediyorum.

Terapide doğru olmayan şeyler söylüyorum. Onları söylerken bile inanmadığımı ve sizi şaşırtacaklarını biliyorum. "Karşımda oturuyorsunuz ve hiçbir şey görmüyorsunuz," dediğim zaman olduğu gibi. Birçok kez beni bir hiç olarak düşünmediğinizi söylediniz bana. Bu tür şeyler söylediğimde kendimi yakalasam, "Hayır, bunu demek istemedim," diyerek kendimi yalanlayabilirim, belki o zaman konuştuğumda kendimi ciddiye alabilirim. Sözlerim için savaşmıyorum. Öylece geliyorlar. Bu yüzden onlara inanmıyorum. Ve benim sözlerimi –bazı sözlerimi– çok ciddiye aldığınızda gözlerimde küçülüyorsunuz.

Dün bana daha önce hiç düşünmediğim bir şey söylediniz, bu yüzden bir tür açığa çıkarma oldu bu – bu kadar zararsız şeyleri söylemekten korkuyorsam, "bu zararsız şeyler, saklanan daha öfkeli şeylerin yerini alıyor olmalı." Daha öfkeli şeyler mi yoksa sadece daha güçlü şeyler mi olduklarını bilmiyorum. K'ya bazen hissettiğim şekilde, "seni seviyorum," dememem gibi.

Neyse, sahip olduğum bütün enerji, dün bile, gözlemle ziyan ediliyor gibi. Fakat şu anın gözlemi değil, büyük bellek gözlemi, tek bir alaycılıkla çetelesini tutabileceğim yılların deneyimi bu. Ve iyi şeyler ortaya çıktığında bakış tarzıma çok az işliyor. Ben gördüğüm şeyim, diğerlerinin bende gördüğü şey değil, kendi gördüğüm şeyim. Çok uzak hissediyorum kendimi. Belki bu yüzden sözcüklerle size çok yaklaşamıyorum. Çünkü sözcüklerimle kendime çok yaklaşamıyorum. Eğer bu raporlar zekâ işi olsaydı bu ayrı bir konu olurdu. Ama bunları düşünmüyorum bile. Otomatikler. Bir problemi terapiye taşıyıp sizin günü kurtaracak sürprizinizi beklemek gibi bir şey bu.

Son zamanlarda bazı şeyleri yapmam için bana hafifçe baskı yapıyorsunuz. Benzin hakkında düşünmek gibi. Bunu takdir ediyorum. Çünkü yaptığım her küçük şey, üzerinde çalışacağım daha büyük şey, daha fazla keşif ve hayal kırıklığı veriyor bana, çünkü hâlâ çok uzak bir şey bu, benden kaynaklanmıyor. Sizden geliyor.

~

24 Şubat

DR. YALOM

Seans koyu bir umutsuzlukla başladı bugün. Ginny korkunç derecede üzücü bir olay yüzünden neredeyse bütün gece uyanık kaldığını söyledi. Karl, Ginny'ye "cinsel bir hantal" olduğunu söylemişti. Nietzche'nin bir ifadesini hatırladım. Bir insanla ilk tanıştığınızda onun hakkında her şeyi bildiğinizi ve o andan itibaren bütün bu doğru izlenimleri azar azar sildiğinizi söylüyordu. Ginny'nin bu olayı tarifine karşı ilk tepkim Karl'la ilgili ilk izlenimlerimi doğruluyordu; korkunç derecede duygusuz bir ifadeydi bu ve Ginny'nin içinde bir öfke doğurmuş olmalıydı. Biraz daha ayrıntılı anlatmaya başlarken Ginny'nin dokunaklılığının içine çekiliyordum. İkisi arasında oluşmuş olan kördüğümden çıkmasının yollarını gözden geçirdik. O akşam, belki de farkında olmadan Karl'ın daha fazla ilerlemesini reddetmiş ve böylece onun tepkisi yüzünden kendini sorumlu hissetmiş ve onun hantal tanımını tamamen kabul etmişti. Hantal hariç her şey olabileceği gerçeğine rağmen her yönden kendini hantal hissetmeye başlamıştı. Canlı, hayal gücü kuvvetli, yaratıcı ve çok hareketliydi. Aslında o günün daha erken saatlerinde sadece Karl'ı eğlendirmek için garip bir kostüm giymişti ve daha sonra Karl'la birlikte katıldıkları Almanca sınıfında uzun bir kıkırdama krizine girmişti. Bütün bunlar kendisini hantal olarak görmesiyle belirgin bir zıtlık oluşturuyordu.

Bu noktada yapabileceğim tek şey bir başka insanın kendisine ait tanımı kabul etme isteğini sorgulamaktı. Karl'ın kendisine birdenbire artık onunla işinin bittiğini söyleyeceği korkusuyla yaşıyordu sürekli olarak. Karl'ın dün geceki ilişkiyi düşünmesinden çok korkuyordu, çünkü onun ilişkilerini düşünmesi Ginny için perdelerin kapanması anlamına geliyordu; bu yüzden kısmen bu düşünme sürecini bölmek istediğini hissetmişti. Yine bu ilişkide bir hakkı ya da seçimi olduğunu kabul etmiyordu.

Ama ben yavaş yavaş onun öfkesine ilişkin duygularıma geri döndüm. O gece fantazilerinde yine Karl'ı terk ettiği ve hatta intihara kalkıştığı hayalini kurmuştu. Rüyasında o ve Karl takip ediliyor ve Karl öldürülüyordu. Karl'a karşı bir öfke hissetmediğini söylemesine rağmen rüyasında onu öldürmüştü. Birlikte olduklarını ve Karl'ı bırakmaları için yalvardığını söyledi, ama ben bunun ilgisiz olduğunu düşünüyorum. Önemli olan şu ki, öfkesinin bir kısmını fantazilerinde ve rüyalarında ifade ediyor, ama bunu bilinçli olarak yapamıyor. Biz konuşurken kısa süren bir hissi hatırladı, Karl'ın sabah kendisinden özür dileyeceği ümidiydi bu. İncinen ve özür bekleyen gizli parçasını tanımasını sağlamaya çalıştım. Ama Karl'a karşı duyduğu öfkeyi açık bir şekilde yaşamasını sağlamama olanak yoktu, seans sırasında rol yapmasını sağlayarak bile mümkün değildi bu. Bir prova egzersizi olarak geçmişte bana yönelik hayal kırıklıklarını ifade etmesini önerdim. Bunu yapması çok zordu. Seansı yine başarısız olduğu hissiyle kapattık. Onun için gerçekten çok önemli bir alana girdiğimiz açıklamasıyla ona güvence vermeye çalıştım – uzun bir süre üzerinde çalışacağımız bir alan: öfkesini ya da saldırganlığını ifade etmedeki yetersizliği, kendini savunmada ve haklarını talep etmedeki eksikliği bu bütüne çok güzel uyuyordu. İfade etmek bir yana, öfkeyi hissetmesini engelleyen şeyi keşfetmeye başlamamıştık bile. İyice dolmuş olan, gizli bir öfke rezervuarı olduğunu, fakat musluğu kapatamayacak diye dokunmaktan bile korktuğunu hissediyorum. Bir ara şu soruyla ona takıldım, "Bu küçük tatlı Ginny birisini öldürmek istiyor olabilir mi?" Ama cevap alamadım.

~

24 Şubat

GINNY

Seans sırasında içimde bir parçam gerçekten çok heyecanlanıyordu, fakat deri koltukta oturup, "belki" diye dinleyen ve düşünen terapi karakteriyle kuşatılmıştı. Ve uysal bir şekilde hiçbir şey olmadığı sonucuna vardı, ama hâlâ bir olanak vardı.

Öfkemin peşinden gitmemi istediğinizde ve ben bunu yapamadığımda içimde kendimi çok perişan hissettim, ama dışımda, orada oturan biri olarak da "çok yetişkin" hissettim. Bir anne ve çocukla görüşmeniz gibiydi bu.

İçimdeki küçük şeyi dinliyor ve oradan çıktıktan sonra size bu konuda bir şeyler söylüyordum. İçimde sınırsızdım, "Lanet olsun sana. Lanet olsun ona. Lanet olsun ona," gibi şeyler söylüyordum. Ama orada öylece oturuyordu. Kendisi hiç konuşmuyordu, çünkü eğer konuşsaydı benim kullandığım sözcükleri kullanamaz ya da benim konuşma tonumu tekrarlayamazdı.

İçerideki küçük öfke ya da üzüntüden daha ağır, "güçlü" ve "daha geleneksel" duruyordum. Damla damla dışarı süzülüp gözlerimi nemlendiriyor, çoğunlukla anlamsız oluyor, belleğimde dönen şeylere saldırıyor. "Belki Ginny o kadar öfkeli ki birini öldürmek istiyor," dediğiniz zamanki gibi. Sizinle aynı fikirdeyim – bir parktaki iki kadın gibiyiz, bir tanesi çocuğa tasma takmış, oysa çocuğun binebileceği birçok şey var – kayak, salıncak. Ve biz soyut bir şekilde bu şeyleri tartışıyoruz. Tasmada hafifçe çekilme hissediyorum, kıyıda biraz güneş ve birayla uyumak için balığa giden bir adam gibi. Oltadaki çekilmeyi hisseder, gülümser, uykuya dalar ve balığın yemi yiyip gitmesine izin verir. Seanslarımızda hep hafif bir çekilme hissediyorum.

Bazen, dün gece olduğu gibi, kendimi çaresiz ve yorgun hissediyorum. Ama oltayı ısıran ve dişleyen şeyi hiçbir zaman yakalayamadım. Sadece tekrar sakinleştim ve gitti, korkunç duygular, çaresizlik.

Beni ve problemlerimi daha açık bir şekilde görmeye başladığınızı, daha başlangıçta olduğumuzu ve elimizde çok şansın olduğunu söylediğinizde bana büyük bir ümit ve güven verdiniz. Deri koltuktaki kişi size bunun için teşekkür ederken içimdeki çocuk hâlâ atıp tutuyor: Lanet olsun sana. Lanet olsun ona.

~

3 Mart

DR. YALOM

Bir iş günü, ekmek parası seansı. Ginny geçen görüşmemizin içeriğini düşündüğünü söyleyerek söze girdi, özellikle öfkesini dile getirme yetersizliğini düşünüyor ve bunun gerçekte doğru olduğunu kabul ediyordu. Öfkesini sadece söze dökememekle kalmıyor, bunu yapabilen insanların yanındayken kendini çok rahatsız hissediyordu. Son seansımızdan sonra Karl'la aralarında geçen bir konuşmayı anlattı. Karl, her zaman olduğu gibi, ne konuştuğumuzu sormuş ve geçen akşamla ilgili olup olmadığını merak etmişti. Bu beni biraz şaşırttı, çünkü Karl, Ginny'nin bazen ima ettiğinden daha yakından ilgiliydi ilişkileriyle. Acısı hakkında konuşmak için Ginny'ye mükemmel bir fırsat veriyordu, ki Ginny de bir dereceye kadar konuşmuş, hantal olarak adlandırılmaktan hoşlanmadığını söylemişti. Ama Karl, kendisi bunu söylediğinde Ginny'nin hiçbir şey yapmadığını – sadece orada öylece yatıp daha da hantallaştığını söylemişti. Bu Ginny'ye bir süredir kendisine söylemeye çalıştığım şeyi doğruluyordu – yani Karl'la (ya da bir başkasıyla) olan ilişkisini tehlikeye atabileceği için ifade etmekten korktuğu öfkesinin aslında çok korktuğu şeyleri ortaya çıkardığını, örneğin, gelişmemiş ya da ciddi anlamda zarar görmüş insan ilişkisi. Öfkesini ya da diğer derin duygularını açığa vurmayarak, tek boyutlu bir insan olarak kalıyor, böylece insanların kendisinin tercih ettiği şekilde derin ve eşitlikçi bir ilişkiye girmelerini engelliyordu. Eğer Karl kendisini terk ederse bunun nedeni öfkesi yüzünden Karl'ın kendisinden kaçması değil, öfkesinin eksikliği yüzünden olacaktı. Her zaman böyle olup olmadığını merak ettim. Ginny bu soruya "evet" dedi ve biraz öfke gösterdiği birkaç örnek verdi, fakat bu sırada korkuyla titriyordu. Çocukluğunda annesinin genellikle kendisine karşı öfkesini gösterdiğini söyledi.

Yapabileceği şeylerden birinin bana karşı olan duygularını ifade etmeye başlaması olduğunu söyledim, bu Karl'a karşı olan duygularını ifade etmekten daha kolaydı. Söylediklerim çok mantıklıymış gibi başını salladı, ama benimle ilgili olarak hoşuna gitmeyen şeyleri söylemesini istediğimde, bir şey söylemek onun için aşırı derecede zordu. Birkaç tekrardan sonra bile bu durum değişmedi. Seçtiği eleştiriler ince bir şekilde örtülmüş iyi niteliklerdi. Örneğin problemlerimden biri sabrımdı; ona karşı çok sabırlıydım. Söylediği birçok şey, her şeyi biliyor olduğum önermesine dayanıyordu. Olan her şeyi gerçekten bildiğimi, ama grup terapisinde bazen belirli üyelerin ihtiyaçlarını, uzun dönemde ihtiyaçları olan şey bu olmasa da, tatmin edecek şekilde hareket etmemi dilediği zamanlar olduğunu söyledi. Bana sahip olduğumdan daha fazla şey bilme özelliği yüklediğini ve bazen diğer grup üyelerine ya da Ginny'ye neler olduğu konusunda hiçbir şey bilmediğim zamanlar olduğunu söyledim. Bunlar kendisi için çok yeni şeylermiş gibi tepki verdi.

Sonra birkaç konudan daha söz etti; kendi duygularımı daha fazla ifade etmemi istiyordu, ona karşı daha fazla kızgınlık göstermemi istiyordu, ama o zaman annesinden çok farklı olur muydum, bunu bilmiyordu. Karl uyumadığı zamanlarda ne kadar rahatsız olduğunu söyledi, çünkü o zamanlar kendisini terk etmeyi düşündüğünü sanıyordu. Hayal kırıklığına uğradığımı hissettim, aynı kısır döngüye girmiştik yeniden. Yalnızca Karl'ın kendisini terk edeceği korkusunun daha gergin ve endişeli olmasına neden olduğu, bunun da korktuğu şeyin başına gelmesini kolaylaştıracağı yorumunda bulunabildim. Aynı kalıbın benimle yaptığı görüşmelerde de tekrarlanıp tekrarlanmadığını merak ettiğimi söyledim: benim ondan ayrılmamdan çok endişelendiği için ne söylediğine dikkat etmek zorunda olabilirdi. Bunu inkâr etti, ama daha sonra fısıltıyla yazın sonunda seanslarımıza ne olacağını sordu. Sorusunu daha açık sormasını istediğim için onu duymamış gibi yaptım; başka bir deyişle yapmasını istediğim şey doğrudan sorular sormasıydı, ki bu onun en doğal hakkıydı. Bunun üzerine bana sordu: "Hazirandan sonra beni görmeye devam edecek misiniz?" Göreceğimi söyledim. Bana sormak istediği başka bir şey olup olmadığını sordum, "hayır" dedi. Hayatındaki diğer insanlara, örneğin öğretmenlerinden bazılarına karşı duyduğu kişisel ilgisinin aksine bana karşı kişisel duygu eksikliğinden söz etti. Terapiyi arkadaşlarından biriyle konuştuğunda beni hep kişisel olmayan terimlerle tarif ediyordu.

Bir yolunu bulup yine Karl'a karşı olan cinsel duygularından ve cinsel etkinliği başlatma yetersizliğinden söz etmeye başladı, oysa Karl kısa bir süre önce kendisinden cinsel taleplerde bulunma "iznini vermişti." Gün içindeki cinsel geriliminden sözedip mastürbasyon yoluyla bu problemiyle çabucak başedebildiğini söyledi, çünkü ben bunun normal olduğu konusunda ona güvence vermiştim. Mastürbasyona yönelik hareketlerindeki endişe ve suçluluğu yok etme çabalarım başarılı olmuş gibiydi.

Her zamanki gibi çarşamba günü olmasa da onu gelecek hafta görmeyi planladığımı söyledim, ama o bunu beklemediği için başka planlar yapmıştı. Bunun üzerine gelecek haftam çok karışık olduğu için o seansı atlamaya karar verdik.

3 Mart

GINNY

Şüphesiz bunu yazmak için çok bekledim. (Şu anda pazartesi sabahı, neredeyse bir hafta geçti.) Dürüstlük, öfke ve çekinmeden açıkça konuşmaktan söz ettik.

Geçen gece Karl biraz huzursuzdu, ki bu bulaşıcı bir durum. Ne onu sakinleştirebildim, ne de kendim uyuyabildim. Bunaltı ve bir şey yapmam gerektiği duygusu o kadar fazlaydı ki uyuyamadım.

Terapide bazı şeyleri duyarken ve bunlarla ümitlenirken uygulama zamanı gelince eski kalıplarıma bağlı kalıyorum. Onlar zaten orada, uzaktan kontrolüm altındalar.

Sizinle ilgili kötü duygularımı ve fikirlerimi söylememi istediğinizde bunu duygusal açıdan çok entelektüel açıdan yaptım.

Kendime ait fiyaskoları tarif etmenin bütün yollarını biliyorum. Başka bir şeyi tarif etmek biraz zor olacaktı.

Yardımsever bir yüzle ortaya çıktığımda gerçekte Karl'dan daha bencil oluyorum. Yaptığım şeyin Karl üzerinde bir etkisi olacağını bile düşünmüyorum, iyi ya da kötü. Bu yüzden enerjimi saklıyorum ve ikimizi de kendim kadar durağan halde tutuyorum. Bunu sizinle de yapıyorum, birçok kez. Üzerinde çalışmanız gereken özet cümlelerden başka bir şey vermiyorum size. Ve sonra da gelecek sefere daha fazla deneyeceğimi, daha ciddiye alacağımı söyleyerek sizi idare ediyorum. Böylece size benimle terapiye devam edip edemeyeceğinizi sorduğumda edeceğinizi ve eğer etmeseniz de sadece kendimin acı çekeceğini ve bu acıyı alıp dayanılır (yalın) hale getireceğimi biliyordum. Ve bu tür manevra deneyimlerinin hepsi benim büyük fiyaskomun yardımıyla iyice sindiriliyor ve hiçbir zaman gerçekte oldukları kadar gerçek olmayan insanlarla gevezelik etmeme neden oluyor ve benliğim yarı yarıya fark ediliyor ve ilerlemiyor.

Terapi raporlarında daha iyisini yapmayı deneyeceğim. Sanırım bu kadar zor olmalarının nedeni çoklu-seviyede olmamam (korku büyük bir seviye belirleyicisi), bu yüzden raporda bazı konularda yorumda bulunduğumda sanırım bunlar zaten çok açık ve daha önceden söylenmiş şeyler oluyor.

~

17 Mart

DR. YALOM

Geçen hafta görüşmedik. Ginny seansa geçen çarşamba gününü (normal toplantı günümüz) arkadaşlarıyla geçirdiğini söyleyerek söze başladı. Kendi davranışlarını değiştirmek için uzun bir çalışma programına katılan bir arkadaşı Ginny üzerinde beş saat çalışmıştı. Ginny bu kız tarafından boğulduğunu hissetmişti. Benim tarafımdan zaten boğulmakta olduğunu ima ettiğini hissettim. Tanıdık alanlara, yani öfkesini ifade etme yetersizliğine geri döndük. Sanırım bunun en büyük çatışma alanı olduğu Ginny ve benim için gittikçe açık hale geliyor. Ne zaman öfkesini ifade etmeye yaklaşsa gözyaşlarına boğulduğu da belirginleşiyor. Bunu bu hafta içinde birkaç kez yaptı. Eğer cinayete varacak derecede öfke biriktirdiği ve bunun ortaya çıkmaması için son derece dikkatli olması gerektiği varsayımını kabul ediyorsak bu davranışının anlaşılabilir olduğunu söyledim kendisine. Bu onun için bir anlam ifade etmiş gibi görünmüyordu, ama insanlara karşı duyduğu "küçük kinler, küçük öfkeler, öfke kırıntılarından" söz etmeye başladı. Bunları oldukça isteksiz ve acınacak derecede etkisiz bir tarzda ifade ediyordu. Örneğin, beş saat kendisi üzerinde çalışan kıza sinirlenmiş ve ortak bir arkadaşlarından aldığı mektuptaki bilgilerden ona söz etmeyerek kızı cezalandırmıştı. Normalde bu haberi kıza hemen verirdi, ama bu kez yirmidört saat beklemişti. Sonra bir ümitsizlik duygusunu itiraf edip bunun değişip değişmeyeceğini merak ettiğini söyledi. "Değişiklik" tanımını yapmasını istedim. Değişikliği olduğundan daha büyük görüyor ve tamamen farklı bir kişi olacağı şeklindeki radikal iddialar olarak değerlendiriyor ve şüphesiz bu da onu korkutuyordu.

Bu sırada bana vermekte olduğu kötü raporlar yüzünden suçluluk duyduğunu söyledi. Eğer gerçekten suçluluk hissetmeyi bırakırsa daha iyi raporlar yazacağını söyledim. Şüphesiz bunu biliyordu, ama kendisini bu yüzden cezalandırdığımı duymak istiyordu. İçinde yazdığını söylediği gizli dünyasını merak ettim; ne duyuyordu? Orada neler oluyordu? Ofisimde neler söylemiyordu? Cinsel duygularından söz etmeye başladı. Buraya gelirken cinsel açıdan uyarıldığını ve bunun her zamankinden farklı bir duygu olduğunu söyledi, bir yetişkinin cinsel duygusuydu bu. Bir şekilde beni de içeriyordu, ama bunu söyleyemiyordu, benim hakkımda herhangi bir cinsel fantazisi olduğunu da kabul edemiyordu, çünkü bu onu çok utandırıyordu. Ben onunla ilgili cinsel fantazilerim hakkında konuşmak istemezken onun benim hakkımdaki cinsel fantazilerinden söz etmesini istemenin büyük bir haksızlık olduğunu düşünebiliyordum. Aslında ona karşı herhangi açık bir cinsel fantazim yok, ama Ginny'ye dokunmayla ilgili olarak kendimi oldukça hoş şeyler hissetmeye zorlayabilirim, ancak profesyonel rolüm içimde o derece kökleşmiş ki, fantaziyi Ginny'yle cinsel birleşme aşamasına kadar götürmekte zorlanacağımı sanıyorum. Bununla birlikte, hissettiği suçluluğun bir kısmının ilişkinin yetersizliğinden kaynaklandığını düşünüyorum, ben bunları paylaşmaya isteksizken onun fantazileri hakkında konuşmasını bekliyorum; yani bir bakıma suçluluk duygusu beklenebilir bir şey ve onu bunlar hakkında konuşmaya zorlarken haksızlık yapıyorum. Ginny onu daha fazla zorlamam, daha dramatik bir şey yapmam gerektiğini üstü kapalı bir şekilde ima edip duruyor. Bazen gerçekten iyi bir terapistin Ginny'ye bu noktadan itibaren bir değişiklik yapmak ya da terapiye son vermek için üç ayı olduğunu söyleyeceği fikrine kapılıyorum; Ginny'yi çok sevdiğim ve onunla çalışmaktan hoşlandığım için mi bir değişiklik talep etmek için ilişkimizi dayanak noktası olarak kullanmayı reddettiğimi merak ediyorum. Sert ya da "terapötik" olmayarak onun ilerleyişine engel mi oluyorum?

~

17 Mart

GINNY

Çok fazla konuştuğum izlenimine kapılıyorum. Vahşi bir sinirli enerjiyle geldim buraya. Rüyamda ilişkileri olan sevilen bir kadındım ve bu uyanır uyanmaz mutlu, tatminkâr ve saldırgan yaptı beni. Seansa on dakika geç kaldığınızda kızmaya başladım, çünkü sizi görmek istiyordum, eve gönderilmek istemiyordum. Beni unutarak öğle yemeğine çıktığınız ve yarın gelmem için haber bıraktığınız fantazisini kurdum. Bunun üzerine ben (ben size değil, siz bana iyilik yaptığınız için kızmamak gerektiğini bilerek) unut gitsin, gelecek hafta gelirim dedim. Görüyorsunuz ya duygularım var, ama hepsi fantazilerden doguyor ya da fantazilere dönüşüyor.

Neyse, en azından ofisinizde konuştuğum için memnunum. Birçok kez, "Seni takip edemiyorum," diyorsunuz ve bunu genellikle söylediklerimin bir anlamı olmadığı zaman söylüyorsunuz – saçmaladığım, hatıralarımı tekrarladığım, fantazilerimi deneyim olarak kullandığım zamanlar. Kendimi kırkbeş yaşında bir kadın gibi hissettiğim ve benim için her şeyin bittiğini söylediğim zaman gibi.

Size Eve'in, sohbet sırasında, sadece izlenimlere dayanmak yerine duygularımı ve kendimi daha fazla ortaya koymam için beni zorladığını söylediğim zaman o günkü duyguların aynısı yoktu içimde. (Görüyorsunuz ya, içinde bulunduğum kapalı tuzağın sadece sizinle birlikte olduğunu, sizden ve bazen de Karl'dan bazı şeyleri sakladığımı düşünüyordum. Ama sonra bunu en iyi arkadaşımla da yaptığımı ve bunun için eleştirildiğimi anladım.) Bana hissettirdiği bunaltıyı sizin için hatırlayamadım. Ama belki de benim terapideki hatam bu – yaşadığım ya da yaşamam gerektiğini hissettiğim her şeyi ortaya çıkarmam gerektiğini düşünmek. Hiç rahatlama olmaksızın deneyimlerin üzerinden harfiyen geçmek. Çoğu zaman gerçek şeyi size ve kendime vermediğimi hissediyorum. Bu değerli duygu müzesine sahibim ve bütün duygularımı akması ya da değişmesi için bırakmak yerine çok nadir sergiler için gönderiyorum.

Üç yıl önce sizinle ilk konuştuğum o an mükemmel bir zamandı. (Yoğun bir terapi ve uyanmayla olgunlaşmıştım.) O zamandan beri bütün duygularım o ateşli andan yavaş yavaş uzaklaşıyor. Grup terapide iki yıl boyunca bir aynayla* karşı karşıya olduktan sonra şimdi sizin de hep orada olduğunuzun bilincine varıyorum. Sadece *kendimi yaşantılamaktan* çok kendi hayalime sahip oluyorum. Genel olarak durgun olduğumu hissediyorum, her şey cehennem gibi. Ne zaman bir şey söylesem genellikle kasıtlı ya da önemsiz oluyor. Her iki şekilde de yeni kaynaklar araştırmadığımı hissediyorum. Çoğu zaman kendimi şaşırtmıyorum ve sizi şaşırtmadığıma da eminim. Bu size kızmama neden oluyor, ama kendime daha çok kızıyorum. Dalgayı durduran benim, sadece küçük miktarda bir duygu sızıntısına izin veriyorum. Ve bu olduğunda, bu sızıntı ya da siz kuruyana kadar bakıyorum. Beni neyin bu kadar utangaç yaptığını bilmiyorum. Belki bunun bir kısmı kendimi Karl'ın güçlü, acımasız gözleriyle görmem olabilir.

Bu kendinin bilincine varmaktan arkadaşlarımla ya da Karl'la eğlenirken ya da siz doğru bir soru sorduğunuzda çıkıyorum. Dahil olduğumda ve

---

* Arkasında doktorların bulunduğu cam perde. –ç.n.

vermem gereken her cevap ve yapmam gereken şeyler konusunda endişelenmediğimde de bundan kurtuluyorum. O zaman birçok şey kaçırıyorum, ama daha fazla şey hissediyorum ve genellikle daha az hatıram oluyor. Temiz çıkıyorum. O an ve deneyimler sonunda bitmiş görünüyor, hiç kötü yankı yok.

Terapide benim kontrollü verdiklerime karşı tepkilerinize hayranlık duyamıyorum. Size üzerinde çalışacak gerçek bir insan vermiyorum. En azından bugün algıladığım şey bu. Başka şeyler hissettiğimde bile, kendimin bu öteki eleştirel imgesi üst üste biniyor ve yerine kilitleniyor. Bugünkü gibi endişeli oluşum, televizyondaki görüntünün aşağı yukarı kaymasına benziyor. Aynı eski pembe dizi oynuyor, ama sabit kalamıyor.

Sevişmek *ve konuşmayla* ilgili fantazi, aynı zamanda terapiyle ilgili bir fantazi de olabiliyor. Belkl beni duygularımı serbest bırakmaya, yenilgi dışındaki diğer duygulara da özgürlük vermeye ikna edebilirsiniz. Genellikle, "Benim için ne hissediyorsun?" diye sorduğunuzda bu hızlı düşünme sürecine giriyorum – Ah işte, yine ona karşı cinsel duygulara sahip olduğumu itiraf etmemi sağlamaya çalışıyor. Ama etmeyeceğim (çabuk cevap). Ama bugün bunu söylediğinizde bu konuyu düşündüm ve fantazi kurma izni verdim kendime ve gerçekten bu tür duygularımın olduğunu gördüm. Ama bunlar serbest akış egzersiziydi ve zihnimde güçlü bir şekilde yer etmiş değildi.

Terapide başka her yerde olduğundan daha fazla savunmada gibiyim. Benim biraz farklı davranmamın sizi mutlu edeceğini bilsem de. Bunu yapmıyorum. Hissettiğim yenilginin bir kısmı sizi aldatabilmek ve alay edilmemek. Sahnede oyun oynuyorum ve her nasılsa yüzüm ve bedenim yapay bir şekilde ben nerede istersem orada oluyor. Bir görünüş ortaya koyup duygu ve gücün yerine geçiyorlar. Ama bu da iyi bir duygu vermiyor bana. Bununla beraber, terapiden sonra, takındığım tavra karşılık olan saldırganlığımı daha fazla ortaya koyabiliyorum.

14 Nisan

DR. YALOM

Ginny'yi üç haftadır görmüyorum. Son iki haftadır Boston'daydım. Ondan önceki hafta Ginny'yle 11.00'de görüşüp saat 2.00'da Doğu Kıyısı'na giden uçağı yakalayacaktım. Salı gününe kadar planım buydu, fakat o gün Boston uçağını yakalamak için her şeyi vaktinde tamamlamamın olanaksız olduğunu fark ettim. Salı bütün gün ve akşam da geç saatlere kadar çalıştım ve sonunda büyük bir tereddütten sonra Ginny'yi salı gecesi arayıp randevuyu iptal etmeye karar verdim. Telefonda acil bir durum olursa onu yine de bir ara görmeye çalışacağımı söyledim. Telefondaki cevabı benimle görüşememesinin çok kötü olduğunu, çünkü bana verecek iyi bir raporu olduğu şeklindeydi. Bunu kaçırdığım için kendimi çok kötü hissettim, açıkçası bunun nedeni neler olduğunu merak etmemdi, ama her nasılsa bugünkü görüşmenin arka planı buydu. Ve bu görüşmenin adını "İki Günlük İyilik Hali" koymak çok yerinde olacak.

Ginny'nin bana söylediği şey birkaç gündür kendini aşırı derecede iyi hissettiğiydi – bu da pazar akşamı Karl'ın yine ona hantal demesi, her gece hemen uykuya dalmakla ve kendisine gerçekten ilgi göstermemekle suçlaması ve Ginny'nin bu suçlamalara doğrudan karşılık vermesi, öfkeyi öfkeyle yanıtlamasıyla başlamıştı. Ertesi sabah okulda itaatsizlik eden ve işiyle alay eden bir çocuğa öfkelenmeyi başarmıştı. Yanlış çocuğu azarlamış olmasının bir önemi yoktu, doğru çocuğu bulmayı başarıp onu da azarlamıştı ve çocuğun ona aldırmamasının da bir önemi yoktu. Kendisini çok güçlü hissetmeye ve ciddiye almaya başlamıştı. Ginny sanki içindeki gücü ve şekli görmeye başlamıştı ve benim seansı birdenbire iptal etmem her şeyi elinden almıştı. Bir şekilde buraya gelip akımı devam ettirecek bir şeyler alabileceğini hissettiğini ve benim uzağa gitmemin devreyi kesintiye uğrattığını söyledi. Bu duyguları telefonda tam olarak ifade edememişti, çünkü onu aradığımda Karl'dan birkaç adım ötedeydi. Bu onu, hayatındaki iki erkek arasında oldukça zor bir pozisyona sokmuştu ve telefonda, bu yeni değişimleri Karl'la paylaşamayacağını, çünkü onun için bir anlam taşımayacaklarını fısıldamıştı.

Bütün bunlar oldukça canlı bir tarzda söylenmişti. Ginny son derece canlıydı ve bu iyi duygulardan geçmişte kalmış gibi söz ederken bile bana kısmen de olsa hâlâ mevcutlar gibi geldi. Söyledikleri hakkında birçok düşüncem vardı ve hepsini sistematik olarak incelemeye çalıştım.

Birincisi, seansı iptal ettiğim için bana karşı hissetmiş olabileceği kızgınlığı merak ediyordum. Şüphesiz bu konuda pek fazla ilerleyemedi ve ben neredeyse onun için bazı şeyler söylemek zorunda kaldım: günümü daha iyi planlamam gerektiği ya da ona ilgi gösteriyor olsaydım onu görmeye çalışırdım gibi şeyler. Bunların bazılarını düşünmüştü, fakat benim bütün randevularımı iptal etmek zorunda kaldığım bahanesiyle beni affetmişti. Başlangıçta bana ödeme yapmadığı için yalnızca onun seansını iptal ettiğimi sanmıştı, ama sonra ödeme yapan hastalarımı da iptal ettiğimi söyleyince bu yorumu bir kenara bırakmıştı. Bunun üzerine Ginny'yi parasız kabul etmem gerçeğine fazla dikkat etmediğimi fark ettim. Bu benim için önemli değildi, çünkü diğer hastalarımın ödediği paralar da doğrudan bana değil Üniversite'ye gidiyordu. Belki de bunu Ginny'ye yeterince açık bir şekilde anlatmamış, onu olduğundan daha büyük bir borç içindeymiş gibi görünmesine neden olmuştum.

Araştırmaya çalıştığım bir diğer şey, benim onu göremememle sona eren iyi duygularıydı. Tramplenden şık atlamalar gerçekleştirirken sürekli olarak annesine "bana bak, bana bak," diye bağıran küçük bir çocuğu düşündüğümü söyledim. Çocuk yarım saat sonra birdenbire annesinin kendisini seyretmediğini fark ediyor ve bütün bu sürede aldığı zevk birdenbire kayboluyordu. Başka bir deyişle, Ginny'nin sadece benim için kendini iyi hissetmesi ağlanacak bir durumdu. Kendisi için de iyi hissettiğini söyleyerek bunu inkâr etti, ama bir şey atlanıyordu; benim yorumum Ginny'nin benim kendisine yeterince aldırmadığımı düşündüğü şeklindeydi.

Şimdi hayatında onu rahatsız eden başka şeyler de oluyordu. Yaşadığı evden taşınması gerekiyordu, çünkü ev sahibi ve karısı boşanmışlardı ve geçen yıl kullandığı mobilyası dahil her şey çabucak satılmıştı; Ginny bu sorunlarla insanüstü bir tarzda uğraşmadığı için kendisini azarladı hemen. Birlikte yaşadığı ve sevdiği şeylerden vazgeçmek zorunda kalan herkes, ev sahibi dahil, üzüntü duyarken o hastalığı yüzünden sakat olan ev sahibine yardım etmeye gönüllü olmuş ve sonra da bu işi tam bir sakinlikle yapmadığı için kendisini eleştirmişti. Neredeyse bütün olayları kendi yetersizliği ya da zerafet eksikliğinin bir işareti olarak görmek Ginny'nin en belirgin özelliğiydi. Kendinden nefret etme gücü tarafından çalıştırılan özeleştiri değirmenini günlük olaylarla besliyordu. Bu konuda konuştum, benlik-algısını yöneten ve insanüstü talepleri yükleyen bazı "meli-malı"larını, yani zorunluluklarını gösterdim ona. Kız arkadaşının ziyaretinden söz etti. Ben Ginny'nin bu buluşmayı kız arkadaşının gözünden görmesini sağlamaya çalıştım; Ginny kızın kendisi için çok iyi şeyler düşündüğünün farkındaydı. Ginny'nin kendisi hakkında sürekli olarak iyi şeyler duyduğunu biliyordum – benim onun için hissettiğim iyi duyguların onunla sürekli ilişkisi olan insanlar tarafından paylaşıldığını düşünüyordum. Diğer insanların ona karşı hissettiği bütün bu iyi duyguların neden onun temel kendinden nefret çekirdeğinde bir çentik bile açamadığını merak ediyordum. Bugünkü seansa burada son verdik.

Hatta belki de bu konudan biraz daha önce. Labirentin sonunda biraz ışık görmeye başlamıştım. Sadece Ginny'nin iki gün için kendini iyi hissetmesi bile cesaret vericiydi. Bazen bir hasta bu tür bir deneyimi gelecekteki ilerleyişi için gönderme noktası olarak kendine saklayabilir, böylece yeniden oraya doğru yaklaştığında tanıdık bölgeyi hatırlayabilir. Ginny şu anda tam tersini yapma eğiliminde. Bu yükselmeyi hatırlıyor ve geri kalan zaman boyunca ne kadar ölü olduğunu fark ediyor. Ancak, sanırım gelecekte bu noktaya birçok kez geri döneceğiz.

~

21 Nisan

DR. YALOM

Ginny bugün aşırı derecede dalgın geldi. Üstelik ben 10-15 dakika kadar geç kalmıştım, ki bunun duruma bir faydası olmadığı açıktı. Görüşme sırasında geç kaldığım için kendimi biraz suçlu hissettim, çünkü bugün Ginny için geç kalınacak bir gün değildi. Diğer taraftan, öfkesini bana karşı harekete geçirebilmesine yardımcı olduğu için belki de zararlı değildi geç kalışım. Caddenin karşısına bir psikiyatri binası yapmayı planlayan mimarların hücumuna uğramıştım ve bugün birkaç günlüğüne bir yere gideceğim için zaman sınırını aşmak için beni zorlayıp durmuşlardı, fakat yine de geç kalışım tamamen kaçınılmaz değildi. Her neyse, Ginny birkaç derece geri kaymış gibi hissediyordu kendini. En kötü durumunu yaşıyordu. Korkunç miktarda baskı altındaydı. Bir hafta içinde oturacak bir daire bulmak zorundaydı, bütün mobilyaları satılmıştı, Ginny'nin mutfaktaki ihmalkârlığı yüzünden Karl elini ciddi şekilde yakmıştı, üç haftadır raporlarını yazamıyordu vs. Bu haftaki artmış stresinden endişe duyuyordum ve ona bunu söyledim. Eminim her şey yerli yerine oturunca kendini çok daha rahat hissedecekti. Ancak, şu anda onun stres sırasında kendisine ne yaptığını açıkça görmenin oldukça önemli olduğunu düşünüyorum.

Yaptığı şey, herkes için bir şeyler yapmaya çalışıp, sonra da kendine acıma dalgası içinde debelenmekti. Ve belki de sonunda kendini o kadar acınacak hale getiriyordu ki herkes tarafından reddediliyordu. Bu kez farklı olan şey, yüzeye çok daha yakın olan öfkesinin doğasıydı. Genellikle bu öfkeyi derine atıyor, sonra da asla ifadesini bulmamış, üzerinde harekete geçilmemiş öfkesiyle kendini çaresiz ve şaşkın hissediyordu. Bugün buraya gelip beni görmek zorunda olmasına ne kadar öfkelendiği hakkında konuştu. Onu çamurdan çıkarmaya çalışmama rağmen, bu kadar zaman ara veremeyecek kadar çok şey vardı yapması gereken ve otobüste midesi bulanmıştı. Üstüne üstlük eline bir silah alıp insanları vurmak düşüncesiyle uyanmıştı. Sekreterime nerede olduğumu sorarken bugünkü seansı kaçırırsam haftanın en uygun manşeti olacağımı düşünmüştü. Ofisimdeki camı açmada biraz zorlanmış ve yumruğunu camdan geçirmek arzusu kaplamıştı içini. Karl çok düşüncesizce davranıyordu, Ginny hareket edemeyecek kadar yorgunken gidip daire araması için onu zorluyordu, istemediği zaman onu kütüphaneye gönderiyor, akşam yemeği hazır olmadığı zaman kendisini azarlıyordu. Yanlışlıkla kızgın bir tavayı tezgâhta unuttuğu için Karl elini yaktığında Ginny bir an için bunun şiirsel bir adalet olduğunu düşünmüştü. (Açıkça göründüğü üzere baskıcı engelleri yıkmaya dair yıkıcı itkiden daha az şiirsel bir adaletti bu). Bu tavayı tezgâhın üzerinde bırakmanın akıllıca olmadığının farkındaydı, yanında kibritleri bırakmanın tehlikeli olduğunu düşünmüştü, fakat bir şekilde birkaç dakika içinde bunu zihninden çıkarmayı başarmıştı. Bugün babasına ve hatta bana bile kızgındı, ama bunun hakkında özgürce konuşamıyordu.

Çok şey oluyordu, ona yardım etmek için ne yapabileceğim konusunda zorluk çekiyordum; seansın sonunda Ginny için çok faydalı olamadığım hissine kapıldım. Biraz cesareti kırılmış ve kederli bir şekilde çıktı gitti. Büyük bir olasılıkla işe yarar hiçbir sonucun elde edilmediği uzun bir yolculuk olduğunu hissediyordu gelişinin.

Görüşme sırasında durumun onun gördüğü kadar kontrolden çıkmış olmadığını fark etmesini sağlamaya çalıştım: her olayda seçim özgürlüğünü elinde tutuyordu ve bu problemlerin her birini tek tek ele alabilir ve doğru hareketleri düşünebilirdi. Küçük bir çabayla, örneğin, kendi dağınıklığını değiştirmeyi ve düzensiz odasını düzeltmeyi başarabilirdi. Fakat, bu tür pratik önerilerin bir etkisi olamayacak kadar perişan görünüyordu. Üstelik bu hafta benim için bir şey yazamayacak kadar rahatsız edildiğini belirtti – geçen hafta söylemek istediği her şeyi söylemişti ve eğer daha fazla söyleyecek şeyi olsaydı yüzüme söylerdi. Bu bana oldukça meydan okuyucu bir tarz olarak göründü ve duygusunun içine biraz daha dalmasını sağlamaya çalıştım, ama yapamadı. Sanırım birkaç hafta önceyi kaçırdığım için bana karşı bir öfke besliyordu. Bunu söyleyeceğimi bildiğini, ama bunun doğru olmadığını söyledi; aslında, hayatında meydana gelen bu kadar önemli şey varken bir ay öncesinin olaylarına geri dönmenin aptallık olduğunu düşünüyordu.

Her nasılsa bugün eski Ginny ile biraz bağlantı kurdum, kendi açımdan cesaretsizlik, kötümserlik ve şaşkınlığa geri dönüş ve Ginny'nin dağınıklığı ve pasaklılığı ile ilgili utanç duyguları; ikimiz de onun kendini – aşağılama çukuruna düşmüştük.

~

5 Mayıs

DR. YALOM

Ginny raporunu getirmediğini söyleyerek söze girdi, yazacak zamanı yoktu, ama sonra alçak bir sesle yarışlara gitmeye zaman bulduğunu söyledi. Onu sorguladığımda çok fazla meşgul olduğunda ısrar etti, hayatının her anı eşya paketlemek ve taşımakla geçiyordu ve kendine ayırdığı tek boş zaman ev ortamındaki işlere karşı alması gereken paydostu. Depresyondaydı, çok fazla şey olmuyordu, her şeyin geçen haftaki seansta söylendiğini söyledi. Tüm bunlar canımı çok sıktı ve onu raporunu yazmadığı için azarlamak isteği duydum, çünkü benimle yaptığı anlaşmanın bir parçasıydı bu. Aslında, eğer anlaşmanın kendine ait yükümlülüklerine uymamaya devam edecek olursa ben de kendiminkine uymayacağımı söylemeyi bile düşündüm. Ama bu rapor yazımını son derece zoraki ve mekanik yapardı. Üstelik korkunç derecede kederli olduğu için bunu söylemeye tereddüt ediyordum. Sonraki yirmi yirmibeş dakika boyunca aşırı derecede sıkıntılı bir seans geçirdik. Çoğunlukla daha önceki konuların yeniden konuşulması süreciydi bu. Tek bir yeni ya da canlılık verici bir cümle söylediğini sanmıyorum. Bir kez daha kendini inkâr etme açık büfesinden tarif edilemez yavanlıkta parçalar almıştı tabağına.

Yapıcı bir şekilde araya girmeye çalıştım, fakat görüşmenin ilk bölümünde ona hiçbir şey söylemeyi başaramadım. Yararı olabilecek hiçbir şey düşünemiyordum, keşfedici ya da takviye edici olduğunu hissettiğim hiçbir şey yoktu; bu yüzden isteğimin dışında oldukça sessiz buldum kendimi. Ona küçük bir kız gibi olduğunu, zayıf ve utangaç bir tarzda konuştuğunu ve yeni hiçbir şey söylemediğini belirttim. Bunu onayladı. Sonra bu sabah kurduğu bir fantaziden söz etti. Bu fantazide raporları yazması için küçük bir kulübeye gönderiyordum onu ve sonra yardımcım geliyor ve Ginny onunla cinsel ilişkiye giriyordu, bu seansa neşeli bir sıçrama getirmişti. Ancak, bir süre sonra yardımcımla seks sadece eğlenceden daha fazla bir anlam taşımaya başlamış ve tecavüzün sınırında aralıksız bir ilişkiye dönüşmüştü. Ginny o zaman ondan kaçmaya çalışıyordu; fakat ben gelip onu bir ay ya da daha fazla bir süre için yazmaya devam etmeye ikna ediyordum. Bu fantaziyi incelemeye başladık – gerçekten küçük, güzel bir kulübede onunla ilgilenmemi ve hatta cinsel ihtiyaçlarına karşılık vermemi istiyor muydu? Benden istediği şey gerçek bir annelik göreviydi. Benim sormamı istediği şeyler nelerdi? (Hastalarıma onlara hangi soruları sormamı istediklerini sormayı çok aydınlatıcı bulurum.) Ona yapacak daha fazla şey söylememi ya da ruh halindeki değişikliklerle ilgili daha özel sorular sormamı önermekten başka bir şey söyleyemedi. Ayrıca ona ne yapması gerektiğini söylememi de istiyordu.

Seansın son onbeş dakikasında aşırı uçlardaki – Anne oldum. Örneğin, geçen görüşmemizde eve dönerken trene binmesini söylemem hoşuna gitmişti ve son seferinde trene binmişti. Bugün de trene binip binmediğini sordum – hayır dedi, nedenini sordum ve neden bugün trene binmediğinin ayrıntıları üzerinde durduk. Sonra bugün tam olarak ne yaptığını sordum. Bana kalktığı saati ve ne düşündüğünü söyledi. O zaman ne yaptığını sordum. Yıkanmaktan söz etti ve çok iyi yıkanmadığını söyledi. Onu yıkamamı isteyip istemediğini sordum, hayır dedi, fakat ona "bedava duş" aldırmamı istediğini söyledi. Bu komik bir sözcük seçimiydi, çünkü "bedava" sözcüğü bir anlam ifade etmiyordu; ancak bu konuda daha fazla şey ortaya çıkaramadım. Sonra kahvaltıdan söz etti. Gerçekte mısır gevreği ve çilek istediğini, ama bu, çileklerin bozulup çürümeleri anlamına gelse de, yemek için kendine izin vermediğini söyledi. Bunun istediği şeylerden kendini mahrum etmenin sadece bir yolu olduğunu söyledi. Annesi geçmişte ne tür yiyeceği yemek istediğine karar vermesine yardımcı oluyordu. Bu tür sorular sormaya bir süre daha devam ettim ve yarın çilek ve mısır gevreği yemesi ve gelecek sefer trene binmesi *gerektiğini* söyleyerek görüşmeyi sona erdirdim.

Bu kesinlikle seansı canlandırdı. Bir ara kendini çok sıcak hissettiğini söyledi, neredeyse cinsel bir sıcaklıktı bu ve sonra oldukça ilginç ve şaşırtıcı bir şey hakkında konuşmaya başladı; bugün, neredeyse, ona ulaşmama engel olmaya ve dokunulmaz kalarak beni kontrolde tutmaya karar vermişti. Grupta bu şekilde olduğunu hatırlıyordu – uzak ve duygusal açıdan dokunulmaz. Bunun ona karşı ne hissetmemi sağlayacağını sordum ona. Aklına gelen tek sözcüğün "korku-saygı" olduğunu söyledi. Öyle görünüyordu ki dokunulmayarak, bir şekilde ölü gibi durarak beni ve belki de soğukluğuyla Karl'ı kontrol etmeyi başarıyordu. Bu tüylü tek parmaklı eldivenin içinde sıkı, cüretkâr bir yumruk vardı.

~

18 Mayıs

DR. YALOM

Bu oldukça gergin, rahatsız edici bir görüşmeydi. Bugün son birkaç ayın raporlarını değiş tokuş yapacağımız gündü. Bu konu üzerinde çok fazla düşünmeyip sekreterimden raporları bir araya getirmesini istedim. Bu sabah biraz zaman ayırıp kendiminkileri okuyacak ve Ginny için daha anlaşılabilir hale gelmesi için belki bazı düzeltmeler yapacaktım, çünkü bunları yazdıktan sonra kontrol etmemiştim. Okudukça daha fazla utanıyor ve bütün bunları Ginny'ye göstererek ne yapmaya çalıştığımı ve bunların Ginny üzerinde nasıl bir etkisi olacağını merak ediyordum. Sonunda birkaç rapor okuduktan sonra durmaya karar verdim. Bu arada Ginny'nin yazdığı birkaç rapora da göz atmış, ama onunkileri de sistematik olarak okumamıştım. Çünkü bu işi bu hafta birlikte yapmamız ve sonraki seansta da tartışmamız gerektiğini düşünüyordum. Bana göre açık olan bir şey, bir durumun bir bakıma aleyhime döndüğüydü – Ginny beni çoğunlukla kendisinden üstün olarak görüyordu, fakat dilin kullanımına bakıldığında benimkilerin onun raporlarına göre daha başarısız ve hayal gücünden yoksun olduğu açıktı. Görüşmenin başında bu raporları Ginny'yle paylaşma konusunda gittikçe daha fazla endişelenmeye başladığımı hissettim. Ona eğer bu raporlar yüzünden üzülürse hemen beni aramasını söyledim. O da bu raporları okuma konusunda biraz huzursuz görünüyordu. Karl'ın ne okuduğunu anlamaması için raporların üzerine resimli dergi kapağını geçirmesi de çok hoştu.

Ginny bugün geldiğinde çok iyi görünüyordu. Arayıp bir gün önce gelmek üzere randevusunu değiştirmişti, çünkü Karl arabayla getiriyordu bugün. Bütün görüşme oldukça gergin geçti ve bu gerilimin çoğu cinsel yapıdaydı. Benim etrafımda dolaşıyor gibi görünen yoğun cinsel duygularından söz etti. Kendisini seksi hissetmesinin bugün beni görmeye gelmesiyle bir ilgisi olup olmadığını sorduğumda, ona sanki günah çıkartan bir rahip gibi izin vermiş olmamdan ötürü bir şükran duygusuyla mastürbasyon hakkında konuşmaya başladı.

Sonra dün randevuyu değiştirmek için beni aradığında ne kadar üzgün olduğunu söyledi. Bir keresinde Sadie Hawkins gününde kendisini oğlanları aramaya zorlayan annesine ne kadar da benziyordu. Son seansta yardımcımla seks yapması hakkında konuştuğu gerçeği üzerinde yorumda bulundum. Bana söylediği her şeyi Karl'a söyleyebilseydi kendisini çok daha rahat hissedeceğini ve onunla çok daha büyük bir cinsel özgürlük yaşayabileceğini söyledi. Bu düşünce hattının genişletilmesiyle benimle cinsel ilişkiye girmesinin onun engellerini daha fazla ortadan kaldıracağını düşünmenin mümkün olup olmayacağını merak ettiğimi söyledim. Bunu bazen düşündüğünü, ama daha fazla düşünmek ya da fantazi kurmak için kendisine izin vermediğini söyledi. Bunu bilinçaltı düzeyde yaptığını söyledim, çünkü ofise geldiğinde cinsel gerilimle dolu oluyordu. Bu konuda konuşmanın mevcut olan ve onu bugün engellediği görülen gerilimi azaltmaya yardımcı olup olamayacağını sordum.

Bu saati bitirmede oldukça zorlandık. Zaman sürüklenerek gidiyor gibiydi. Belki bunun nedeni raporları okuma beklentisiydi. Çok kısa olduğunu düşündüğü mini elbisesi içindeki görünümü üzerinde konuştuk; bundan utandı, onu giydiği ya da onunla birlikte uzun pantolon giymediği için üzgündü. Elbisesine karşı olan tepkimin ne olduğunu sandığını sordum ona. Bunu anlamadı ve ben de ona gereksiz yere söylemekte olduğu kötü şeylerin hiçbirini görmediğimi, bence elbisenin iyi durduğunu söyledim. Yüksek cinsel geriliminin nedeninin benim ve Karl'ın aynı günde Palo Alto'da olmamızla ilgili olup olmadığını merak ediyordum; ikimizin arasında kalmış gibiydi. Ama bunu söylemedim; çok az faydası olacağından emindim.

Onun raporlarını ve benimkilere ne tepki vereceğini çok merak ediyorum. Gelecek hafta çok uzak görünüyor.

~

18 Mayıs

GINNY

Raporumu sizin raporlarınızı okumaya başlamadan önce yazmalıydım. Son seansta bir fantazi kurdum – benim terbiyesiz rüyalarıma aitti bu fantazi. Çok gergindim ve düşündüm ki oraya gelmeden önce ya da tam orada mastürbasyon yapsaydım rahatlardım ve elimizdeki işe dönebilirdik. Bu garip düşünce ilk bakışta gözükmeyen renklere sahipti ve *O'nun öyküsü*'ndeki bir sahneden alınmıştı. Burada bir kız kendi bürosunda, bir adamın önünde döner bir sandalyenin üzerinde yapıyordu. Ama benim gerçekten hissettiğim şey bu değildi. Bütün bunların gerçek mi yoksa konsantrasyondan kurtulmak için zekice bir eğlence mi olduğunu bilmiyorum. Zihnim boş kaldığında düşüncelerimi kitaplarda –yani ikincil deneyim kaynaklarında– okuduğum şeylerle sıraya koymaya çalışıyorum.

Ama gerçek olan şu ki, kişisel şeyler yaptığımda sizi hep oradaymış gibi hayal ediyorum. Yani şeffaflığım içinde zihnimde olmanızla gerçekte orada olmanız arasında ne fark olduğunu anlayamıyorum. Örneğin evde ortaya çıkıyorsunuz bazen. Sizinle konuşuyorum. O gün seansa karın ağrısıyla gelmek gibi bir şeydi bu. Sadece pratik bir çareydi, sanırım. Onca gerilimli enerjim vardı ve sığınacak bir yer yoktu. Ve sizin ofisiniz benim için sığınak gibiydi – ihtiyaç duyduğum bazı şeyleri beni yargılamanız korkusu olmadan söyleyebilirdim ve affedilirdim. Diğer zamanlarda mahremiyete ihtiyaç duyduğumda sizi yatak odamın kapısına ya da yatağımın yanına yerleştiriyorum. Bir tür psikolojik tampon gibi. Beni izliyor, koruyor ve dinliyorsunuz. Eğer kaçarsam adresi mucizevi bir şekilde bulan tek kişi sizsiniz. Size fantazilerimden söz etmenin sizi mutlu edeceğini biliyorum, ama yapamıyorum. Öncelikle fantazilerimin çok çirkin olduğunu bildiğim için, ama çoğunlukla biraz uydurma oldukları ve onları duygusallaştırmam yüzünden, ya da belki onları boş seansı doldurmak amacıyla uydurduğum için. Ama en basit düşünce sizin yine de her zaman orada olmanız. Büyük bir olasılıkla ertesi gün tamamen yabancı bir doktoru görüp ona rahmimi göstermek zorunda kalmamın baskısı –ona karşı neşeli ve açık olmak zorunda olmak– iğrenç. Jinekologlar tamamen farklı şeyler.

Bunu yazmak için altı gün bekledim. Son kez bu şekilde yazıyorum. Bundan sonra ciddi olacağım.

Siz raporlarınızda bana Ginny diyorsunuz. Bense sadece sizinle konuşuyorum. Ama belki bu nedenle söylediklerim yüzünden daha dikkatli olmalıyım, sizinki bir günlük, benimki ise sadece, her zaman sizinle bağlantımın bilincinde olduğum ve birisinin kulak misafiri olabileceği bir sohbet.

III

Yaz

(26 Mayıs- 22 Temmuz)

26 Mayıs

DR. YALOM

Birbirimizin raporlarını okuduktan sonra Ginny ile ilk görüşmemdi bu. İçimde biraz korkuyla bu görüşmeyi bekliyordum. Öncelikle, yazdıklarımın belirli bölümlerinin Ginny üzerinde ters etki bırakıp bırakmayacağını merak ediyordum. Buna ek olarak, iki grup raporu da okuduktan sonra şahsen utanmış olmam da var – gözlemlerimden bazıları çok acemice görünüyordu ve kullandığım dil onunkiyle karşılaştırılınca çok kaba kalıyordu. Ama durumun bir iyi yanı raporumda ona karşı sadece iyi duygulardan söz etmiş olmamdı, çünkü gerçekten bunları hissediyordum. Her neyse, seansa biraz coşkulu bir tavırla geldi. Daha sonra bu konuya dönmek isteyebileceğimizi düşünerek bu seansı kaydetmeyi önerdim. Daha önce söyleyeceklerinin birkaç dakikasını duymamın iyi olacağını söyledi, çünkü belki hayal kırıklığına uğrayıp kaydetmekten vazgeçebilirdim. Sonra son görüşmemizden bu yana çok sayıda korkunç durumun kendisini nasıl rahatsız ettiğini anlatmaya başladı: uyuz, vajinal mantar, ayağının kesilmesi, yüksek doktor faturaları ve nihayet Karl'ın o hafta evden pek fazla çıkmaması yüzünden benim raporlarımı büyük bir aceleyle okumak zorunda kalması ve kendisininkileri hiç okuyamamış olması gerçeği.

İlk tepkisi (beklenmedik bir tepkiydi) kendi raporlarını benimkiyle olumsuz bir şekilde karşılaştırmasıydı. Sanki bir kursa katılmış ve kötü bir sınav kağıdı vermiş gibiydi. Ben her şeyi derinlemesine incelemeye istekliyken onun raporlarının benimkilere göre daha zayıf ve kısa göründüğünü söyledi. Benim, raporlarımı Ginny hakkında konuşarak üçüncü kişiye yazmamın bana daha fazla özgürlük verdiğini belirtti, çünkü o raporlarını bana hitaben yazıp "siz" zamirini kullanmıştı. Bu gözlem beni gerçekten çok şaşırttı, çünkü daha önce dikkat etmemiştim; genelde psikoterapötik ilişkinin eşitsizliğini çok iyi gösteriyordu bu durum. Ben bu raporları "size" yazmayı hiç düşünmezdim. Peki ya onun bana "Dr. Yalom" ve benim ona "Ginny" şeklinde hitap etmemize ne demeli? Beni ilk adımla çağıracak kadar rahat olacak mıydı hiç?

Raporlar konusundaki ilk tepkisi büyük oranda olumluydu; aslında terapiye devam etmesini engelleyecek tüm gün çalışacağı bir işe girmemesi için ona çok büyük cesaret vermişti raporlar. Benim yazdıklarımın hangi yönünün onun bu tepkisine neden olduğunu sordum, o ise sadece benimle ilişkisinin ikinci aşamasına geçmeye hazır olduğunu söyledi. Geçmişteki bazı öğretmenlerini hatırlayarak, kendisine sembolik bir veda yemeği vermelerinin ilişkilerinin sona erdiği anlamına geldiğini fark etmişti. Bu raporlar da bir bakıma veda yemeği gibi olmuştu. Raporları çok hızlı bir şekilde okuduğu açıktı. Bütün olumlu yönlere odaklanmıştı, kendi fikirlerini bana kabul ettirmek konusunda fazla endişelenmemesi gerektiği ve terapinin diğer aşamalarına geçebileceği duygusuna kapılmıştı. Raporları Karl'ın yanında okuyamayacağı için onlara gerekli dikkati verecek zamanı olmamasını önemli bir sorun haline getirmişti. Kendimi politik bir kompo hazırlayan biri, Karl'dan tamamen gizlenmesi gereken sevgili gibi hissediyordum. Şüphesiz bunda biraz gerçek payı vardı, çünkü eğer Karl Ginny'nin onun hakkında söylediklerini okusaydı özel hayatlarını bu kadar açmasına itiraz edebilirdi. Ama ben göstereceği tepkinin sadece bu kadar olacağını düşünüyordum. Ginny'nin keşfedilme tehdidine karşı aşırı tepki gösterdiği açıktı; her şeyi gizli tutması, raporları odasında saklaması, Karl gelip kendisini yakalamasın diye aceleyle raporları okurken kalbinin çarpması.

Raporlara tepkilerimizi paylaşmamız dışında seans genel olarak verimli değildi. Ginny daha önce en büyük engellerden biri olarak görünen oyunculuk yapmadaki rahatlığı hakkında konuşmaktan çok memnun görünüyordu. Örneğin, geçmişte mutfak karmakarışık durumdayken masanın düzensiz olduğu ve kendisinin dağınık bir insan olduğu konusunda şikayet edip dururdu. Şimdi ise neredeyse şaşkınlıkla, masayı hemen toplayıp temizlediğini görüyor.

Para hakkında konuştuk biraz. Aşağılanma onun gölgesi: ev sahibine şofbeni tamir ettirmesi için yalvardığında, halk kliniğinde bedava bakım istediğinde ve okul çocukları için trafik polisliği yaptığı üniformasını giydiğinde hissediyor bu aşağılanmayı. Bu arada arkadaşlarından hiçbirinin kendisini görmemesi için dua ediyor. Aşağılanmış bir insan olarak kendilik duygusu iliğine işlemiş. Kendini aşağılayanın kendisi olduğunu, eğer kendisiyle gurur duymak istiyorsa gurur duyabileceği şeyler yapması gerektiğini görmesine yardımcı olmaya çalışıyorum. Kızgınlığının çoğu para yetersizliğinden kaynaklanıyordu, ki bu kolayca düzeltilebilecek bir problemdi. Yazma yeteneğini işe dönüştürmeyi ciddi bir şekilde düşünüp düşünmediğini sordum. İşte yine elimde işe yarar bir metin olmadan kendi ilkelerime göre vaaz veriyordum, çünkü yeteneğine uygun bir tarzda para kazanmak için bir yol bulma konusunda ona olan güvenimi ifade etmekten başka somut bir öneride bulunmamıştım.

~

26 Mayıs

GINNY

Seansı kaydetmek istedi. Bunu düşünerek ya da nedenini sorarak canımı sıkmadım. Hiçbir açıdan hayati önem taşımayan ve daha sonra tekrar dinlenmek üzere kaydedilen hastalıklarımı sayarak kendimi aşağılamaya

devam ederken beni etkilemesine izin vermedim. Dick Cavett ve konuğu gibiydik.

Bir pratisyen doktoru ve benden nasıl fazla para istediğini düşündüğümü anlattım size. Sizin profesyonel tavsiyenizi almak istedim, ama bu konuda konuştuktan sonra da kendimi rahatsız hissettim. Belki konuşmak harekete geçmek olmadığı içindir. Bu sabah onunla yüzleştiğim rüyaları görerek uyandım. Çoğunlukla herkese güvenirim, çünkü güvenmemek için çok fazla bağımlıyım. Birisine karşı bir hareketi başlatmaktan çok karşılık veririm. Beni bir yere koyar, sınırlarımı ve limitlerimi belirlerler. Eğer kötülerse benim tahammülüm onlardan çok daha uzun sürer. Ama bu doktor benim kabuslarıma gittikçe daha derin bir şekilde girmeye başladı. Çünkü çoğunlukla kanamam var ve bu da bulaşıcı bir hastalık gibi. Rüyalarımda siz hiçbir zaman kötü doktor değilsiniz, sadece bir kez, benim karşılaşma grubu liderim M.J.'den hoşlanmadığınızdan emin olduğum zaman kötü olarak gördüm sizi. Ne kadar hatalı olduğunuzu biliyordum, çünkü sizin geçmişiniz ve felsefeniz onun, kısa dönemli olsa da, sihri ve psikodramasıyla uzlaşamazdı.

Belki raporları okumanın bir sonucu olarak ileri geri sallandığım duyusal rüyalar gördüm. Eminim bunlar bir yerlere mutluluk yansıtıyor.

Raporlar hakkında konuşurken onlardan çok fazla söz ettim. Yüzünüzü kapatıp gözlüklerinizi çıkarıyordunuz. Ve yarı şaşkın ve şok olmuş bir şekilde gülüyordunuz. Şaşırdığınızı biliyordum, ama buna karşı hassas davranmadım. Siz raporlara benden çok daha fazla şey katmıştınız. Ve size teşekkür etmeden üzerinden geçip gittim raporların. Aklımdan bunu yapabileceğimi geçiriyordum, çünkü gelecek hafta raporlara daha yakından bakacağıma söz verdim kendi kendime.

Sanırım sizinle konuşurken sözcükleri ağzımda geveliyorum. Bazen g'leri atlıyorum. Sadece kendimi dağınık hissetmek için.

Size karşılık vermek istediğimi ne kadar çok söylesem de bazen sizin ne istediğinizi biliyor ve bunu bilinçli olarak vermiyorum, sadece ayakkabınıza ya da masaya dikiyorum gözlerimi. Daha rahat konuşmamı, düşüncelerimi saklamamaya başlamamı istiyorsunuz, ama ben bu alışkanlığımı bırakacak gibi görünmüyorum. Söylediklerimin sorumluluğunu almıyorum, belki bu yüzden raporlarım sizinkiler kadar dolu değil.

Seansta iyimser olduğumu biliyorum, ama bunun nedeni gerçek mücadeleden uzak olmam ve kendimi rahat hissetmemdi. *Gelecek hafta* ne yapacağımızdan söz ediyorduk, ne yapmam gerektiğinden değil. Her şeyin henüz sırtımda olmadığını hayal ettiğimde çok mutlu olabiliyorum.

Dün size bazı şeylere nasıl başlayacağımı söylemiştim. Genellikle siz bana söylersiniz. Odak noktası mutfak masasıydı. Talim saham. Ama bir yol olduğunu ilk fark edişimin açığa çıkmasıydı bu. Küçük zaferleri nasıl kazanıp bana karşı birikmelerine engel olacağımın göstergesiydi bu.

İşleri erteleyerek aktif hayatımı askıya alıyorum. Sonra en pasif olduğum dönemde, yapmadığım şeylerin çoğu ve "beklettiğim" her şey etrafımda dönüp bir atalet meydana getiriyor. Bazen terapiden çok hoşlanıyorum, çünkü bu tamamen güvenli bir zaman. Sadece bir şeylere hazırlanmam, ama henüz yapmamın gerekmediği bir zaman bu.

Karl'ın benim ataletimden, gerilememden, eser sayımdan nefret ettiğini biliyorum. Ben de nefret ediyorum, ama takılıp kalmış durumdayım. Enerjiyle birçok şey yapıyorum, ama mükemmelliğe ya da hedefe ulaşmadan duruyorum. Bu şekilde mutfak masası, ne kadar toplamaya çalışırsam çalışayım bana karşı nefes alan büyük bir toz ve pislik yığını haline geliyor. Problemimin hareket ve duyguların bekletilmesiyle ilgili olduğunu biliyorum. Bazen korkunç derecede sinirli oluyorum. İçimdeki bir şey, bir şeyler yapmak istiyor. Arzularım çıkış kapısında bekleyen bir ata benziyor, o an donmuş gibi, kırmızı bayrak havada, at gergin bir şekilde bekliyor. Eğer at kapıda çok fazla gerilirse kapı sonunda açılıp yarış başladığında bütün gerilimi azalır ve yarışı kötü koşar ya da en azından kötü bir başlangıç yapar. Jokey atı ne zaman geri çekip gerilime sokması gerektiğini bilmelidir. Bunu sadece kapı açılmadan birkaç saniye önce yapmalıdır ki at hızlı koşabilsin. Bekleme odasında oturup sizi beklerken geriliyorum. Çoğu zaman ofisinize geldiğimde çıkış kapısını geçip gerilimden kurtulduğum için memnun oluyorum ve ikimiz için de yavaş bir şekilde koşuyorum.

~

2 Haziran

DR. YALOM

Ginny ile çok önemli, şaşırtıcı bir seans. Geçen hafta beklediğim türde bir saat. Geçen seansımızdan hemen sonra yazdığı birkaç şeyi *Mademoiselle*'e gönderdiğini söyleyerek söze başladı. Sonra hafta sonunda bütün gece uyanık kalmasına neden olan korkunç bir panik yaşadığını söyledi. Bunu geçirdiği enfeksiyona bağlı olarak açıkladı – o ve Karl birlikte olmaya çalışmışlardı, ama Ginny çok sıkıydı, sanki "vajinası birbirine dikilmiş" gibiydi. Sabahleyin Karl, Ginny'ye ne olduğunu sormuş ve Ginny ona bir ay kadar önce konuştuğumuz bazı şeyleri söylemişti – yani kendisiyle daha fazla sevişmesini takdir edeceğini, bunun kendisinin daha fazla tatmin olmasını sağlayacağını söylemişti. Takip eden akşam yine denemişler ve tekrar başarısız olmuşlardı, bu da Ginny'nin çok gerilmesine ve üzülmesine neden olmuştu. Bütün gece uyanık kalıp Karl'ın kendisini bırakacağı fantazisini kurmuştu. Bu arada benimle yaptığı konuşmanın yankısını kafasından geçirirken Karl'ın onu duymamasını diliyordu. Yine Karl'la ilişkisinde kendisini bir çocuk ya da köle yerine koymuş, hiç kendisinin ne kazanacağını düşünmeksizin, Karl'ın ne düşündüğünü, onun için ne yapabileceğini ve Karl'ın kendisinin ne yapmasından hoşlanacağını düşünüp duruyordu.

Bir ara raporları tekrar okuduğunu söyleyiverdi çabucak. Aslında panik nöbeti geçirdiği gece yatmadan önce okumaya başlamıştı raporları. O zamandan beri artık geceleri raporları okumadığını, sadece sabahları ya da gün içinde okuduğunu söyledi şakayla karışık olarak. Bu benim, raporların çok büyük önem taşıdığını düşünmeme neden oldu. Bundan sonraki süreyi bu konuya ayırdığımıza söylemeye gerek yok.

Ginny'nin benim raporlarıma karşı tepkisini almak için büyük bir çaba gösterdim. İnanılmaz derecede dirençliydi. Onu tanıdığım süre içinde hiçbir konuya bu kadar dirençli olduğunu hatırlamıyorum. Ona raporları sorduğumda onun duygularına ulaşmak için birkaç katmandan geçmemiz gerekiyordu. "Şunu şunu okuduğumda güldüm," ya da "Samimi olmadığımı ya da seansta şunları sorma sorumluluğunu almadığımı düşündüm," gibi şeyler söylüyordu. Raporlarda benimle ilgili bulduğu şeylere karşı tepkisini benimle paylaşması için ısrar etmeye devam ettim. Şimdi benim hakkımda daha önce bilmediği bazı şeyleri bildiği kesindi, bu kendisini nasıl hissetmesine neden oluyordu? Bundan birkaç kez kaçındı. Onu duvara dayayıp kollarını çivilemem ve konuşmasını sağlamam gerekiyordu. Sonunda söylediği şeyler, tam olarak yazma konusunda en fazla hassasiyet hissettiğim konulardı, örneğin, psikiyatristlerden duyduğum ya da okuduğum cümleleri ödünç almam ve bunları onunla çalışmamda "kullanmam"; benimle ilgili daha iyi şeyler düşünmesi için ofisimdeki bazı kitapları görmesini ümit etmem; kendi terapimde onunkine benzer problemler üzerinde çalıştığımı ima etmem; ona karşı olan cinsel duygularım ya da cinsel duygu eksikliğim; tüm bunlar "iğrenmesine" neden olmuştu. "İğrenme" sözcüğünün üzerinde biraz durduğumuzda bir yere varamadık, sadece kendisinden "yaşça büyük bir çocuktan aşk mektubu alması" gibi bir şey olduğunu söyledi. Küçük bir kızken böyle mektupları annesiyle okuyordu.

Bende herhangi bir duygu uyandırmaktan utanıyordu. Kendisinin buna değmeyeceğini, "yeterince geniş" olmadığını, görünmez olmak istediğini söylüyordu. Birkaç kez, "keşke beni paniğe kapıldığım gece görseydiniz," dedi. O gece benim ne yapmamı istediğini ya da benden ne beklediğini sordum, özellikle ne kadar hata yapabilir olduğumu gösteren raporlarımın ışığı altında. Buna cevap vermedi, sadece sıkıntılı olduğunda yanında birisinin olmasını istediğini söyledi, onu yatağa yatıran annesi ya da babası gibi. "Mükemmelliğimi" kaybetmenin onu üzüp üzmediğini sordum. Bunu inkâr etti, ama bir ara hafızasına kaydetmek için notları gözden geçirirken dramatik bir hareketle hepsini yere savurma isteği duyduğunu söyledi. Saatin sonuna doğru o benim zihnimde çok az yer tutarken benim hep onun zihninde bulunmam nedeniyle kızgınlık hissettiğini söyledi. Bu beni şaşırttı. Bu genelde söylediği şeylerin tam tersiydi – genellikle hiçbir saygıyı hak etmeyecek kadar önemsiz olarak gösterirdi kendisini. Dikkatimin tek odağı olmak istemesinin birincil duygu olduğunu düşündüm. Ve diğer duygu, çok küçük ya da önemsiz olduğu duygusu, açgözlülük hissinin telafi edilme yoluydu sadece.

Bu seansı kaydetmediğim için çok üzgünüm. Şu anda bile seansın havasını yeniden yakalamak çok zor ve üzerinden bir kez daha geçmek istiyorum. Doğal olarak, raporların onun kendisini bir şekilde kötü hissetmesine neden olmasından endişeleniyorum. Ama başka bir düzeyde çalışmamızı hızlandıracağından hiç şüphem yok. Kendi terapimde onunkine benzer sorunlar üzerinde çalıştığımı anladığını söylediğinde, bunun doğru olduğunu, bu yüzden kendisini nasıl hissettiğini sordum. Bu sorudan kaçındı. Ne yazık ki şu anda bir sınıfa dersim var ve seansın sadece çok küçük bir bölümünü yazdığımı bilerek bu raporu sona erdirmek zorundayım.

2 Haziran

GINNY

Haklısınız. Bunu yazmak istemiyorum. Size bu raporları verirken bir arkadaşımı ele vermiş gibi hissediyorum kendimi. Ve sadece çok kısa bir ziyaret için gelen arkadaşım bu. Aynı anda bu olayın geçmişte kalması beni rahatlatıyor. Bir ara bakmak ve yoğunlaşmak için onları geri istediğimi söylüyorum, ama bu sadece "Yarın ağlayacağım" mazeretim olabilir. Sinmeme neden olan ve şu anda hatırladığım bölüm, kendime acıma kısırdöngüm olduğunu ve benim ona kapıldığımı söylediğiniz zamandı. Bu beni hantal olarak görmektir. Raporlar beni korkunç bir şekilde suçluyor. Tamamen size kendimi tarif ettiğim şekilde olduğuma inanmıyorum. Eğer bu doğru olsaydı Karl beni hemen terk ederdi. Ama yine de raporlardaki, "zavallı beni"i besliyor, her hafta buraya gelmek üzere onun için araç temin ediyorum ve içimdeki daha az tanıdık, ama daha güçlü unsurlardan uzak duruyorum. Birisinin üzerine basan olmaktansa üzerime basılması daha kolay.

Burada oturmuş, "Senden hoşlanıyorum," Ginny dediğinizi hayal ediyorum. Sonra iğrenerek, "Seni aptal," diyorum, ama daha öteye gidemiyorum.

Kötü geçen gece bu haftanın odak noktası değildi, bu yüzden seansta neden bir tek bu konudan konuştuğumuzu merak ediyorum. Bunu durdurmam gerekliydi.

Seansa geldiğimde sakin ve açıktım. Ama kendimi geçen pazar gecesine geri döndürdüm, daha önce bir kez düştüğünüz bir kuyuya atlamak gibi bir şey bu. Durumu açıklamaya çalıştım –bu şekilde oldu, görüyorsunuz ya– ve hemen geldiğim yere geri döndüm.

Dün seanstan çıktığım zaman, sizin ya da benim rapora yazabileceğimiz, sihirli bir şekilde olmayan şeyleri değiştirecek ya da seansa bir anlam kazandıracak bir şey olmadığını fark ettim. Şimdi raporlarınızı okuduğumda kendinizi içeri çekilmiş hissettiğinizi biliyorum. Ama bağıra bağıra söylenen *sözcüklerle* bir sonuca varamam. Hiçbir zaman varmadım. Gerçek balık çok daha aşağılardayken biz küçük bir yemi tırtıklayıp duruyoruz. Yakaladığımız küçük şeyleri geriye atıyorum.

Bir yere ulaşmanın tek yolunun konuşmak olduğunu biliyorum. Ama çok utanıyorum. Seanslar konusunda kendimi kötü hissediyorum, çünkü sizin istediğiniz şekilde ya da istediğiniz şeyler üzerine yoğunlaşmıyorum. Haftada iki kez buluşuyor olsaydık bunu hemen yapardım. Ama belki de yapmazdım. Karl'la her gece buluşuyor ve hayatlarımız üzerinde çalışma sözüyle her şeyi erteliyorum.

Ama sanırım siz ve ben hâlâ farklı şeyler istiyoruz. Yumuşak ve sakin olmak ve ağlamak istiyorum. Ve siz mantıklı cevaplar ve liderlik özellikleri istiyorsunuz.

Günün geri kalanı kötü ve cesaret kırıcı olmalıydı, ama ben buna izin vermedim. Günü silip, tersine çevirmek ve başladığım noktaya geri dönmemek istedim ve girmedim.

~

11 Haziran

DR. YALOM

Benim için bu seans kendimi en az verdiğim, en az anlaşılır olan seanslardan biriydi. Ofisimden çıkar çıkmaz zihmini de terk etti ve şimdi, dört saat sonra görüşmeyi çok az hatırlıyorum; sadece güçlü bir yetersiz çalışma duygusu, yetersiz hareket duygusu hissediyorum.

Seansın en çarpıcı bölümü, Ginny'nin başlangıçta bana iki küçük Ginny oku fırlattığı zamandı. Önce telefonda (randevuyu değiştirmek için aradığında) benim onu bu hafta hiç görmek istemiyor gibi göründüğümü söyledi. Sonra bugün gelme konusunda ikili duygular içinde olduğunu, çünkü buraya gelmek yerine yarışlara gidebileceğini ve bugün sezonun son yarışı olduğunu ekledi.

Sonra bir süre için depresyonu, cesaretsizliği, geçen hafta ona bilmediği bir cevabı vermesi için baskı yaptığım kötü bir seans olduğu gerçeği hakkında konuştu. (Aslında, durum gerçekten buydu, çünkü geçen seansta büyük bir süreyi onu raporları okumasıyla ilgili duyguları etrafında dolaştırmaya çalışarak geçirmiştim.) Bu seansta da bu sorunun ardına düşmek için birkaç kez çaba gösterdim, ama öyle görünüyor ki raporları bir süre için konuşmayacağız.

Sonra kendisiyle ilgili kötü şeylerin bir envanterini tutma alışkanlığında olduğunu söyledi. Daha orjinal bir iş istediğim için, bu hafta ortaya çıkan iyi şeylerden söz etmesini istedim. Bir tiyatro grubu için bir girişimde bulunmuş ve bazı arkadaşları için komik bir oyun yazmıştı. Çok güzel olmuştu, ama bir ticari değeri yoktu. Oyunculuğuna karşı ilgime tepki olarak bazen annesinin yardımıyla oynadığını söyledi. Bunun için annesinden bir sahne tarif etmesini istiyor ve sonra bu sahneyi çok güzel bir şekilde taklit edebiliyordu. Profesyonel bir artist olmayı düşünmüştü ve kaydadeğer bir yeteneği de vardı. Buna sahip çıkamıyor ve dışarı çıkmasına izin vermiş olabileceği her türlü olumlu düşünceyi mahvetmek için kurnaz ve ince bir şekilde düşünülmüş hareketlere girişiyordu. Örneğin, çok iyi oynadığını kabul ettikten sonra birdenbire sadece bir oyun oynadığını, örneğin, duyguları gerçekten hissetmesi gerektiği şekilde hissetmediğini ekliyordu. Bu benim için çok yorucu hale geliyor ve bazen Ginny'nin kendisine farklı bir şekilde bakabilmesini sağlamak için kullandığım yaratıcılığımın tükendiğini hissediyordum.

Ve bugünü gerçek bir "merhaba" demeden bitirdik. Tek ümit ışığı bazı titrek asilik hareketleriydi, örneğin, bugün onu görmek istemediğime inandığını söylediği ilk yorumu. Ah, evet, bir de onbeş dakika geç kalmıştı, çünkü onu asla vaktinde getirmeyecek olan otobüse binmişti. Üstelik, dün gece gördüğü bir rüyadan söz ederken biraz yukardan bakan bir tavrı vardı. "Size rüyamı anlatacağım, ama bu konuda çok fazla zaman harcamak istemiyorum." Rüyası onu bireysel terapide göremeyeceğim şeklindeydi. Ama onun derslerimden birine katılmasına izin veriyordum. O derste tahtaya birkaç sözcük yazıyordum, o da bunları defterine geçiriyordu. Bunlar bazı psikolojik terimlerdi, bazı hastalıkların isimleri gibi. Sonra onun için üzüldüğümden onu özel olarak on, onbeş dakika kadar görüyordum. Ben tahtaya, o defterine olmak üzere ikimizin de yazıyor olması gerçeği aklıma raporları getirmişti. Rüya (ve ilk yorumu) onu görmek istemediğim korkusunu yansıtıyordu, fakat yüzeyin altında terapiye açık direncinin ilk izlerini görüyordum.

~

11 Haziran

GINNY

Geçen cuma günkü terapide hayal kırıklığına uğramayı bekliyordum. Ama terapiden çıktıktan sonra kendimi iyi hissettim. Ama bugün pazartesi ve sadece bazı şeyler aklımda kaldı.

Öncelikle, Lassie için ağlamam hakkında konuştuğumuz zaman var. Bunun kötü bir şey olduğunu düşündüm, çocuksu bir duygusal zihniyet örneğiydi bu. Ama siz bazı insanların bunu bile yapamadığını söylediniz. Bu beni canlandırdı, çünkü daha önce düşünmediğim bir şeydi bu. Karl beni *Lassie*'nin son beş dakikasında yakalayınca midesi bulandı.

Sanırım artıları saydığımızda sizi kandırıyordum. Hiç yazılmamış bir romanın konusunu hatırlamak gibi bir şey bu. Eğer bana destek olamıyor ve harekete geçiremiyorlarsa artılar çok uzak demektir.

Yapmacık olduğumu düşünmeniz hoşuma gitti. Sanırım kendi sıkıcılığıma karşı bile her zaman içtenim. Yapmacık olduğumu düşündüğünüze göre gerçekten çok kötü ve rahatsızlık verici olmuşum demek ki.

Seanstan iyimser bir şekilde çıktım. Ama yine de sizin hoşlanmadığınızı düşündüm. Ama bu beni zevk almaktan alıkoymadı.

~

15 Haziran

DR. YALOM

Ginny öfkeleniyor serisinde Raund 3 (ya da Raund 4 ya da 5). Bugün Ginny'ye o kadar baskı yaptım ki kendime inanamıyorum. Bu kez ne yapacağını ve aynı yerden kaç kez daha geçeceğimizi merak ediyorum.

Ofisime üzgün ve depresyonlu bir şekilde gelip, "Dün gece yine 'hantal' sohbetlerinden birini yaptık," deyince başladı her şey. (Karl'ın daha önceki bir konuşma sırasında ona hantal dediğini kastediyordu.) Bu konuşmanın özü Karl'ın onu birçok yetersizliği yüzünden acımasızca eleştirmesiydi – Karl açısından haklı bulduğu bir eleştiriydi bu. Ginny'yle bir tür etkileşim, bir tür doğallık istiyordu ve Ginny hakkında söylediği her şey "tamamen doğruydu." Sanki duygusuz biriymiş gibi Karl'a tepki veremiyordu. Tam bir kabustu, rahatlayabilmek için her şeyin bitmesini bekliyordu sadece. Ondan sonra da Karl'ın kendisini terk ettiği fantazileriyle kuşatılmış ve her şeyin "buraya kadar" olduğunu kesin bir şekilde düşünmüştü. Bugün bana kendini eleştiren, küçümseyen bir havada geldi. Bir süre için onu takip edersem onun üzüntü ve kendinden iğrenme duygularının içine çekileceğimi biliyordum. Bugün önce düşünmek, sonra hissetmek çok önemliydi.

İlk tepkim eğer böyle donup kalmasaydı Karl'a ne söyleyebileceğini bulmaya çalışmak oldu. Bir şey ortaya koyamadı, sadece "gerçek bir kadının" kendisini savunabileceğini söyledi. İfadelerinden bazıları, büyük bir öfke ve kızgınlıkla oturduğunu, ama bu duygularla uzlaşmaya varamadığını gösteriyordu.

Dün gecenin kronolojisinin gözden geçirilmesi olanları açığa çıkardı. Senaryo şu şekilde gelişmişti. Ginny saat 5.00 ile 7.00 arasını yeni bir yemeği, domuz rostosunu, pişirmeye çalışmakla geçirmişti. Yemek yarı yarıya başarısız olmuştu, yenilebilir düzeydeydi, ama çok ilginç değildi. Yemek sırasında normalde bir şeyler okuyan Karl, yemek boyunca bulmaca çözmüş ve Ginny'yi bir garsonmuş gibi eleştirmişti, rostonun kötü olduğunu ve patateslerin pişmediğini vs. söylemişti. Yemeğin ardından Ginny'yi duş alması için bir arkadaşının evine götürmesi gerekiyordu. (Evde duş alamıyordu, çünkü nedense hâlâ tamir edilmeyen musluktan kahverengi bir su akıyordu.) Ama Karl Ginny'yi Eve'in evine götürmeyi reddedince, Ginny'yi tramvaya binmek zorunda kalır. Bunun ardından eve geldiğinde Karl'ın evde olmadığını görür. Bira içmek için dışarı çıktığını ve içinde bulunduğu kötü ruh halinden kurtulmayı umduğunu söyleyen bir not bırakmıştır. Ginny bu notla rahatlar. Geri geldiğinde büyük bir olasılıkla daha da kızgındı, çünkü Ginny nottan söz etmemiştir. Bir süre oturup televizyon seyreder ve saat 12.30'u geçtikten sonra televizyonu kapatırlar ve Ginny birkaç dakika içinde uykuya dalar. Sabah 6.30'da kalktığı için geceyarısına kadar çok yorulmaktadır. Karl yine de onun erken uykuya dalmasına sinirlenir.

Görüşmenin bu noktasında Karl'ın üzerine çok vardım ve bunu bilinçli olarak yaptım. Yapmayı istediğim şey, Ginny'nin bir kez olsun Karl'ın kendisinde yetersiz olarak bulduğu şeyleri düşünmeyi kesmesine yardımcı olmaktı. Böylece aniden terk edilme korkusunun gölgesinde yaşamayı bırakacaktı. Karl'ın ciddi birkaç kusurunun olduğunu göz önünde bulundurmak istiyordum, bu yüzden Ginny'ye, "Karl'ın kendini düzeltmesi için ne kadar süre vereceksin?" diye sordum. Öfke hissettiği an kendisini kapattığını elimden geldiğince açık bir şekilde gösterdim. Öfkeyi sadece pasif olarak gösterebiliyordu, örneğin, evi temizlemeyerek ya da elbiselerini sandalyenin üzerinden kaldırmayarak. Evi hiçbir zaman temizleyemediğini söyleyerek cevap verdi. Bunun saçma olduğunu söyledim, bunu istediği her zaman yapabilirdi, ama yapmıyordu, bu öfkesini ifade etmenin bir yoluydu. Biz buna pasif-agresif diyoruz. Bu noktada birdenbire ağlamaya başladı ve yine beş yaşında bir çocuk olmayı dilediğini söyledi, o zaman kimse için hiçbir şey yapmak zorunda kalmayacaktı. Karl'ın kusurları konusunu zorladım, bu yolda ilerlerken ona birçok ipucu verdim. Sezgi eksikliği, Ginny'ye karşı hassasiyetinin olmayışı, sürekli okuması, özellikle de yemeklerde, kontrol etme ihtiyacı o kadar bunaltıcıydı ki arkadaşı Eve onun etrafta olmasından hoşlanmıyordu, gibi şeylere ulaştık. Karl'ın, gelişmediği, yeteneklerini ilerletmediği için kendisini eleştirdiğini söyledi. Sürekli olarak bulmaca çözmenin ya da atyarışı tahminlerinde bulunmanın kendini geliştirmek olarak düşünülüp düşünülmeyeceğini sordum ona. O da pek gelişiyor gibi değildi. Cömert olmayışı hakkında konuştuk ya da ben konuştum. Ne zaman çalışmak istese günde 40 dolar kazanabiliyorken köprü geçme paralarını hâlâ Ginny'den alıyordu. Yemeğin eleştirilmesi konusunda hemen hemen her kadının vereceği cevabın, "Sen kim oluyorsun da beni eleştiriyorsun?" olacağını söyledim. Ginny'ye sürekli olarak, "Birlikte yaşamak istediğin erkek tipi bu mu?" diye sorup duruyordum. Ginny ise buna gerek kalmayacağını, çünkü Karl'ın eninde sonunda kendisini terk edeceğini söylüyordu. Onu zorlamaya devam ettim. "Hayatının geri kalanını bunun gibi bir adamla mı geçirmek istiyorsun? Eğer istemiyorsan ona değişmesi için ne kadar zaman vereceksin?" Ginny'nin Karl'ın gelişme şansını da elinden alıyor olduğu olasılığını düşünüyordum, çünkü ona hiçbir geribildirimde bulunmuyordu ve dün geceki patırtının bir kısmının nedeni buydu. Ginny seans sırasında birkaç kez daha ağladı. Ginny'nin yeteneklerini ve özelliklerini takdir etmemesi hakkında konuştuk. Ginny'nin yazarlığı, zekice parodileri ya da oyunculuğu hakkında hiçbir şey söylemiyordu; başka kadınlar bu şeylere karşı bazı olumlu tepkiler beklemezler miydi?

Ona bazı açık talimatlar verdiğimi duydu ve biraz titreyerek bunları hemen yapması gerekip gerekmediğini sordu, çünkü üç gün içinde evlerinde önemli bir poker oyunu vardı. Ginny'den eve gidip Karl'a defolmasını söylemesini isteseydim, bunu hemen yapacağını gerçekten hissediyordum. O bunun zorlama olacağını söyledi. Şüphesiz bu Ginny'yle yüz yüze geldiğim gerçek bir tehlikeydi: o kadar pasif, o kadar kukla gibi biriydi ki ona söylediğim şeyi tam olarak yapardı ve bu uzun vadede onun kendini özerk hissetmesine yardımcı olmayabilirdi. Boşver gitsin, bu almak zorunda olduğumuz risklerden biriydi. Sanırım önce davranış, sonra duyguyla uğraşmamız gerektiğini hissetmeye başlıyorum. Her neyse, seansta son derece kaba ve serttim, öyle ki, Ginny'nin kendini nasıl hissettiğini söylemesine bile izin vermedim. Bunu nasıl kaldıracağını bilmiyorum, fakat geçmişte bu tür seansları daha fazla takdir etmişti.

~

15 Haziran

GINNY

Seans bana birçok bilgi ve biraz güç verdi. Bu olduğu zaman hep şunu merak ediyorum – seanslar ya da siz olmasanız ne yapardım?

Gerçekten orada olduğumu hissettim. Aynı zamanda ilk kez sizi nasıl etkilediğime aldırmıyordum. Sonunda sizi kızdırdığımı biliyorum, fakat bu da beni rahatsız etmedi, ama bu kadar isteksiz olmaktan biraz yoruldum.

Seanstan önce fantaziler içindeydim. Her şeyle başetmemin yolu bu. Fantazi esnek bir şey. Seansla ilgili hiçbir beklentim yoktu. Kör bir şekilde girdim. Öyle çok fantazi kuruyordum ki seansı düşünmedim bile. Çok açık göründüğü için bir gece önce hakkında konuşmayacaktım bile. Şüphesiz konuştuktan sonra hoşuma gitti ve bir kez konuştuktan sonra kendimden kaçtığımı sanmıyorum, sadece sonlarda belki biraz.

Sizin "öfke" sözcüğünüz içimde kıvılcımlar yaratıyor. Bir keresinde babam benimle oynuyordu, benim olan küçük bir şeyi almıştı. Ben onu geri istedim; o ise bana takılmaya devam etti. Sonunda istediğimi bana geri verince ağlamaya başladım. Bunun nedeni belki de içimdeki kötü şeyler için, öfke için üzülmemdi. Birisi için kötü bir şey hissetmektense hiçbir şey hissetmemeyi tercih ederim. Hükmü ve her şeyi askıya alırım. İnsanlarla ilgili kötü düşüncelerimi ifade etmemi sağlayabileceğinizi sanmıyorum, denemek istesem bile yapamam. Ben Bambi okulundan geliyorum – Eğer söyleyecek iyi bir şeyin yoksa hiçbir şey söyleme.

Bütün seans boyunca sesinizi duyuyordum. Sesiniz kulaklarıma sürtünmeye devam ederken ben direnmeyi sürdürüyordum. Size karşı düşmanlık hissettim. Beni idare etmeye çalıştığınızı düşündüm. Ve en azından vahşilikte sizi taklit etmemi istiyordunuz.

Ama sonrasında bendeki değişiklik inanılmazdı. Hayatımdaki öfkenin beni felç ettiğini fark ettim. Bundan korkuyorum. Gece sessiz ve huzursuz bir şekilde yatıp onu –bu öfke tuzağını– bekliyorum. Yüzleşmeden korkuyorum. Ama şimdi (en azından seanstan sonraki üç saat boyunca) bunu kabul ettim. Bekledim. Kendimi genişletmek ve kendimi bulmak için bir fırsat olarak. (Karl bana karşı neredeyse çok fazla iyiydi. Neden karakteristik bir şey yapmadı –hamburgerlerimi aşağılamadı– böylece kendimi kaybedip ona bir yumruk indirseydim?) Kendimi daha canlı hissettim, çünkü ilk problem işaretinde boş kalmayı korkuyla beklemiyordum. Kendimi olduğumdan büyük hissettim, küçük değil, çok büyük. Daha başka sürprizler de oldu. Sonraki birkaç gün içinde fantezi kurmadım, çünkü etrafımdaki her şey hoş ve güçlü görünüyordu bana. Ayrıca raporları da tam olarak yazmadım, çünkü iyi bir seans geçirdiğimizde olanlar, sözcükleri kaçırıyor ve kaçırmaya devam ediyor gibi.

Şüphesiz o zamandan beri fantezi kurdum, korktum ve geciktirdim. Tek bir dürtüden fazlasına ihtiyacım var. Ama o hafifçe dürtmeniz bile korkusuzca bir süre ilerlememe izin verdi. Bu harika. Neden biraz daha fazla bağırmıyorsunuz?

~

23 Haziran

DR. YALOM

İşler oldukça keyifli, aptalca ve çift taraflı olarak cilveli. Ginny'nin tavırları ve konuşmasının içeriği arasında belirgin bir fark var. İçeriği "çökkün" – çaresizce geçen hafta yaptığımı bu hafta yapmamı bekliyordu; tavırları ise çok neşeli. Tulum ve Farmer John ağır ayakkabılarıyla garip bir şekilde giyinmişti. Görüşme sırasında ayakkabılar konusunda kendini biraz garip hissettiğini, ama ne zaman başka türde bir ayakkabı giyse ayaklarında kabarcıkları oluştuğunu söyledi. Geçen hafta güzel görünmek istemiş ve başka bir çift giymişti ve ayaklarında kabarcıklar oluşmuştu. Geçen seferki güzel görünme isteğiyle ilgili yorumunun üzerinde durmadım, ama belki de durmalıydım.

Vermek istediği esas mesaj geçen hafta yaptıklarımızın ona çok yararı dokunduğu şeklindeydi. Bütün hafta farklı tavırlı bir yaklaşım sergilemişti, özellikle de Karl'la ilgili olarak. Ona cevap verme fırsatı pek fazla olmamıştı, ama Karl ona herhangi bir şekilde işkence ederse karşılık vermeye hazırdı. Sanki bu hazırlığı Karl'a bir mesaj göndermiş gibiydi, bu yüzden Karl bütün hafta boyunca çok farklı davranmıştı ve Ginny'nin geçmişte fark ettiğinden daha fazla kendini eleştiriyordu. Örneğin, "Ne kadar pasaklıyım," ya da "Masada bıraktığım şu pisliğe bak," gibi şeyler söylüyordu. Bir iki kez Ginny gerçekten kendini savunmuştu. Ama eğer Karl cinsel bir aşağılamada bulunacak olsa bir karşılık veremeyeceğini biliyordu. Bunun ne tür bir aşağılama olabileceği konusuna girmeye çalıştım. Orgazm taklidi yapmakla suçlayabileceğini söyledi. O zaman kendisinin Karl'a neler söyleyebileceğini sordum. (Çiftler arasında iyi bir kavga etmenin yolu olarak bu tür hakaretleri tavsiye etmesem de, eğer iş o noktaya gelirse, Ginny'nin de savaşacak bir cephanesi olduğunu bilmesini istiyordum.) Sadece Karl'ın kendisine haksız bir şekilde saldırma hakkı olduğu kadar kendisinin de Karl'a saldırma hakkı olduğunun farkına varmasını sağlamaya çalışıyordum.

Başka bir konuda insanlar hakkında yargıda bulunma hakkını reddetti. Kendisine karşı son derece yargılayıcı olan kardeşi hakkında konuşuyordu, fakat ona hiçbir şekilde karşılık veremiyordu. Sonunda Ginny'nin kuklası gibi hareket edip kızkardeşine onun çok gösterişçi olduğunu ve bir salak gibi hareket ettiğini söyledim ve Ginny'ye de bunları benden sonra tekrarlaması talimatını verdim. Kızkardeşi ve Karl'la ilgili tartışmamızın ortasında Ginny araya girdi, "Keşke geçen sefer yaptığımız şeyi yapabilseydik," dedi. Bu bana çok garip geldi, çünkü öyle yaptığımı sanıyordum. Sanırım "yap" ve "yapma"yı tek bir nefeste söylüyordu.

Ama genelde Ginny haklıydı. Agresyon sanatında aktif talimatlar onun için şu anki en iyi şeydi; eğer birkaç hafta arka arkaya bunu yapabilirsek o zaman kendisiyle ilgili duyguları kalıcı olarak değişebilirdi. Ama bu kadar otoriter olmaktan kaçınıyordum, çünkü bunun sadece bağımlılığını arttırmasından korkuyordum; agresif olmasını söylemem hâlâ bana karşı itaat mesajını taşıyor. Beni bir kerede bir haftadan fazla takip edemediği de açıktı.

Yine de iyi bir hafta geçirmişti, hatta pokerde para bile kazanmıştı ve son birkaç gündür yine çöküşe geçmişti. Çöküşe geçmenin anlamı son iki gün içinde hayaller kurması anlamına geliyordu, son görüşmemizden önceki bütün hafta için de durum böyleydi. Görüşmenin başında gerçekten yapmadığı şeyin raporları yazmak olduğunu söyleyerek beni yıldırmaya çalıştı. Bulaşıkları yıkamak konusunda Karl'a karşı çıksa ne olacaktı ki, önemli olan şey raporları yazmamasıydı. Dün gece benim görmemi istediği bir şeyler *yazmıştı* ve daktilo etmediği için üzgündü, ama yazdıkları arasında Karl'la ilgili şeyler vardı ve onun kendisini daktilo ederken görmesini istememişti; bir gün getirecekti bu raporu. Hâlâ oyunculuk grubuyla birlikteydi, akşamları doğaçlama egzersizleri yapıyorlardı ve sonbaharda onlarla birlikte işe girebilirdi. Onun böyle bir işe girmeyi istemesi ve buna çok hevesli olması inanılmazdı –bana göre bu iş, yani *doğaçlama* en korkunç olaylardan biriydi– bunun yerine paraşütle Etna Dağı'na inebilirdim. Bununla Ginny'nin "utangaç" ve "korkak" olması gerçeğini bağdaştıramıyordum.

Görüşmenin son bölümünü yazmasına odaklanarak geçirdim, ama çok büyük bir yaratıcılık gösteremedim. Onu tekrar yazmaya başlatabilecek şey ne olabilirdi? Ne yazıyordu? Ne yazmıyordu? Onu yarın hakkında düşünmeye zorlamaya çalıştım; programı nasıldı? Eğer isterse saat 10:00'da yazmaya başlayabilir miydi? İsteğini harekete geçirecek şeyin ne olabileceğini bulmaya çalıştım. Buna kızdı, gerçek bir kızgınlıkla cevap verdi, şaşırmıştım. On dakika sonra neredeyse zevk alarak bunu yapabildiği gerçeğini ona yansıttım. Yarın yazabileceğini ve saat 10:00'da başlayacağını söyledi. Seansı, bir kâğıda, "Saat 10:00'da yaz," yazıp kağıdı katlayıp ona vererek bitirdim. Şakacı bir şekilde bunu bluzüne iğneleyeceğini söyledi. O bunu bir şaka olarak görüyor, ama ben son derece ciddiyim ve bu kâğıt hakkında daha fazla şey duyacağımıza dair bir his var içimde. Bugün Ginny'yi gördükten sonra oldukça coşkulu, iyimser ve kesinlikle neşeli hissediyorum kendimi. Heyecanlı bir saatti ve Ginny oldukça çekiciydi. Birkaç espri yaptı, geçen hafta içinde yaptığı komik şeyleri anlattı ve onunla yaşamanın Karl için ne kadar eğlenceli olduğunu daha önce hiç olmadığı kadar açık bir şekilde hissettim. Bu zekânın bir süredir farkındaydım, ama keyifli, nükteli tarafını nadiren görüyordum.

~

23 Haziran

GINNY

Hiçbir zaman gerçekten derin duygulara dalmadım. Oyalanıyordum. Söylediğiniz gibi gerçek konu, yazmak. Bana neden yazmadığım konusunu sorup durduğunuzda bir cevap bulmak ve söylemek zorunda kaldım; sanırım öfkelenmiştim. Çünkü rahatsız edildiğimi hissettim, çünkü tıpkı anne babamın beni "yeteneklerimi" yapıcı bir şeyler için kullanmama ikna etmeye çalışmasına benziyordu bu durum. Ve çok açık ki, bu yetenekler başka bir şeyle kuşatılmış. Ama her zaman cevap vermek zorunda olduğumu hissediyorum. "Yapacağım" sözleriyle akort tutturuyorum.

Bugünü aşama aşama bitirdim, tıpkı yazmak ve hükümler vermek konusunda göz önünde olan şeyi söylediğiniz zaman gibi. Sizi dinler gibi yapıp size uydum, hiçbirini kişisel kabul etmediğimde ya da ciddiye almadığımda konuşmanın kendime ait olan bölümünü içimde tuttum. Yani konuyu değiştirmenizi istiyorum, ama bunu, sıkıldığımı söylemek yerine sırıtarak yapıyorum.

Otobüsle eve giderken uykuya daldım ve irkilerek korku içinde seansın bittiğini fark ederek uyandım. Kötü bir seans değildi. Restoranda yanlış bir şey ısmarlamak gibi bir şeydi. Bir sonraki sefere kadar hakkınızı kaybedersiniz ve yediğinizi hazmetmek zorunda kalırsınız.

İyi bir seansı izleyen seans hep daha zayıf oluyor. Çünkü öncekinin bana yeni bir güç ve amaç enjekte ettiğini biliyorum. Oysa geçen sefer sadece geldim ve yine değişmeyen bendim – camın altındaki bir kelebek. Ve esin perim hakkında (hayır!) yazmam hakkında konuşmanın bir hile olduğunu düşünüyorum. Geçmişime geri dönmekten daha kötü bir şey varsa, ki raporlarınızdan sizin bundan hoşlanmadığınızı biliyorum, o da geleceğime girmek. Bu doğru, eğer yazsaydım ya da kendimi savunsaydım ve kendimi diğer insanlardan yargılar veya duygularla ayırmaktan utanmasaydım terapi ve ben iyileşirdik. Örneğin, Karl'da gerçekten hoşlanmadığım bazı şeylerin, onun bütününü oluşturmayan kötü, sessiz şeyler olduğunu düşünüyorum. Ama kötü şeylerin önünde durup sessiz kalıyorum ve onun yerine benim kötü şeylerimden söz ediyorum. Neden ona ve kendime neden hoşlanmadığımı, neyin yanlış olduğunu, neyin atılması gerektiğini söyleyip iyi niyetten vazgeçmiyorum, böylece daha gerçekçi bir şekilde ilerleyebiliriz ve ben utanma veya suçlanma hissetmem. Ben sadece büyüyor olurum ve böylece Karl da gelişir. Eğer sadece Karl'da hoşlanmadığım bazı şeyler ve hoşlandığım başka bazı şeyler olduğunu kabul edebilsem hepsini öldürmeye çalışmazdım.

Tıpkı sizin bu raporların seansta olanlarla ilgili olmasını istediğiniz gibi ben de seansın benim yaptığım şeylere dayanmasını istiyorum. Terapide 'eğer'li bir cümle içinde yaşıyor gibiyim; hayatım tepede asılı bir eğere bağlı. Yazarlığım ya da ne yazmam gerektiği konusunda konuştuğumuzda iyimserlikle parlıyorum ve ancak eve geldikten sonra saat 10:00 olup ken-

dime iğneler batırmaya başladığımda ya da Bay Tembel'e dönüştüğümde, Palo Alto'ya gelip yazı yazmaya başlarsam iyi olacağımı düşünen, babama benzer bir adamla bir saat konuşanın kendimin taklidi olduğunu fark ediyorum.

Tabii ki bu raporları çok geç olana dek beklettim, böylece, sadece seansa ait genel bir izlenim ve ben hatırlanacaktım.

Geçen hafta bir gece önce rapora yazdıklarımı ve anlatıp durduğumu gerçekten okumak istedim size. En azından olayı benim açımdan görebilirdiniz. Ve belki de ne kadar bencilce ve kolay olduğunu görürdünüz.

~

30 Haziran

DR. YALOM

Genelde duygularım, benim kendi bir saatimi ve Ginny'nin de birkaç saatini boşa harcadığı şeklindeydi. Otobüse binmek üç dört saatini alıyordu, sonra istasyondan buraya yürümesi ve geriye gitmesi vardı. Ama tabii ki boşa zaman harcama hissimi mantıklı hale getirmeye çalıştım. Öğrencilerime ne diyordum? Ah, evet, "ilişkiyi güçlendirerek" geçirilen bir zaman. Terapi yavaş ilerleyen bir yapım projesidir ve aylar ve yıllar gerektirir, bir saatten elle tutulur bir şey bekleyemezsiniz – hasta ve sizin hayal kırıklığı içinde oturabileceğiniz saatler vardır. Eğer terapist her terapi seansından kişisel zevk bekler ve isterse ya çıldırır ya da kendisi bir tür delilik olan ilk çığlık terapisi gibi çok acele bir psikoterapi programına girer. Olgun bir terapist, düşünerek ve sabırla ilerler, öğrencilerime söylediğim şey budur ve bugün kendime de bunu söylüyorum. Ama bazen bu inancı sürdürmenin zor olduğu anlar olur. Her neyse, her şey Ginny'nin çok kötü bir ruh hali içinde olduğunu söylemesiyle başladı, birkaç gün önce cüzdanını kaybetmişti ve bunu bugün öğrenmişti. Kötü bir yolculuk geçirmişti. Seansımızdan önce parkta uzanmış yatarken onbeş yaşında bir çocuk kendisine cinsel bir yaklaşımda bulunmuştu, üstelik Ginny ona kızamamıştı bile! Poker oyunun ilk saatinde 3 dolar kaybetmiş ve yatak odasına çekilmiş, oyun en az dört saat daha devam ederken o odasında somurtmuştu. Birkaç başarısız iş görüşmesi yapmıştı. Söylediği her şeyin ortak noktası hafifçe algılanan bir öfkeydi. Bir an için kendi fantazime izin verdim ve zihnimde bulanık bir görüntü canlandı. Üzerinde yükselip patlayan öfke kabarcıklarının olduğu kocaman bir lav yatağı vardı ve Ginny şaşkına dönüp bunalmıştı. Bütün bu olayları incelemeye karar verdim, böylece Ginny öfkesini tanıyıp yeniden yaşantılayabilirdi.

Ayrıca "Saat 10:00'da yaz" notumun bir etkisi olup olmadığını da merak ediyordum. Ginny dün ve bir gün önce yazdığını söyledi (haftanın geri kalanından söz etmedi). Sadece bir buçuk saat yazabildiğini söyleyerek başarısını reddetme eğilimindeydi, oysa bu süre zarfında yedi sayfa yazmıştı. Yazması konusunda onu azarlayarak bir yem attım. Neden geçen hafta yazmamıştı? Neden sürekli yazmıyordu? Eğer onu yeterince kızdırırsam öfkenin yüzeye çıktığını göreceğimizi umuyordum.

Sonra poker oyununa geldik; geç gelen bir arkadaşına karşı olan öfkesi, bu arkadaşını kurabiye pişirdiğini söyleyerek herkese karşı savunması, ama arkadaşı kurabiyeler olmadan gelince kendini aptal gibi hissetmesi; o kadar kısa sürede o kadar çok para kaybetmesi; kapıyı kıran bir bayan arkadaşına karşı olan öfkesi, ev sahibinin bu yüzden kendilerini kovmasından korkması; bütün gece kalan herkese karşı öfke duyması ve bu kadar çok sarhoş tipi barındırmalarından evsahibinin hoşlanmayacağı hissi; ona karşı cinsel bir yaklaşımda bulunan küçük çocuğa karşı öfkesi ve, "defol" ya da "cehennem olup git seni sürüngen" gibi bir şey söyleyemediği için kendisine karşı olan kızgınlığı, sadece eşyalarını toparlaması, hoşçakal demesi ve arkadaşlarının o çocuğa neler söyleyebileceğini düşünmesi gibi konular hakkında konuştuk. Şüphesiz sonradan olaya diğer tarafından bakmış ve çocuğun kendini ne kadar kötü hissedebileceğini düşünmüştü. Sonra bana karşı olan öfkesi hakkında konuştuk, özellikle seansın sonunda kendini nasıl hissedeceği konusunda. Seansın sonu gelmiş gibi yapmasını sağlamaya çalıştım, yani saat üç buçuk yerine dörtmüş gibi davranmasını istedim. O zaman bana karşı neler söylemek isterdi? Bunu sadece sembolik olarak denedi. Yazı yazması konusunda onu biraz daha zorladım ve neredeyse parladı, ama sadece, "tamam, tamam, yazacağım," dedi. Söylemediği şey, "Tanrı aşkına, beni rahat bırak," idi. Onun yerine bunu ben söyledim ve soluk bir şekilde gülümsedi. Sabrı sonunda denenmiş gibiydi ve sanırım bu iyi bir şeydi – onu öfkeyi hissetmesi ve ifade etmesi için ne kadar zamandır zorluyordum?

Yine de her ikimiz de belli belirsiz bir tatminsizlik duygusuyla ayrıldık. Hayatının iyi, olumlu tarafını sorarak biraz zaman geçirdim. Ama bugün her şey kara olmasına rağmen Karl'la olan durumun iyileştiği kesindi. Artık onu gerçekten sevdiğine ikna olmuştu. Birkaç olayda ona karşılık verebilmişti. Öyle ya da böyle bazı şeyler onu cinsel olarak özgür bırakmıştı. Yazıyordu, yalnız değildi, birkaç arkadaşı vardı ve ben, bu şeylerin, Ginny'nin özüne, kendisinin söz ettiği küçük şeylerden çok daha yakın olduğunda ısrar ediyordum. Buna cevabı, seansın başında bu şeylerin küçük olaylar olduğunu zaten söylemiş olduğu şeklinde oldu. İşte yine öfkeye yaklaşıyordu ve öfkesini onun için seslendirdim. "Seansın başında sen zaten söylemiş olduğun için bunu benim tekrar söylemem aptallıktı." Şöyle bir gülümsedi yine, imalı bir kabullenmeydi bu. Bu seansı yazarken seans sırasında hissettiğimden daha iyi olduğunu fark etmeye başladım.

30 Haziran

GINNY

Bugün gösterişçi ve şaşırtıcı hissettim kendimi, ama üzgün ve dürüst hissetmek istedim. (Siz olsaydınız – Ginny, gösterişçi ve şaşırtıcının iyi yanını gösteren başka sözcükler bul, derdiniz.) Öfkem kendimi hem canlı hem de ölü hissetmeme neden oluyor. Bozuk bir mideyle öfkenin tam ortasındayım. Hissettiğim öfkenin farkına vardıkça daha fazla hiddetleniyorum. Sonra içimden bir şey başımın üzerine bir battaniye örtüyor. Ve bir hedefim olmadan, ama genel bir çılgınlık içinde yürüyorum.

Seansın sonunda 4:20'nin sizin için daha uygun bir görüşme saati olduğunu söylediğinizde insanın istediği şeyi ifade etmesine yönelik sıradan bir örnek sunmuş oldunuz. Sizi güçlü ve sıradan bir insan gibi davranırken görmek hoşuma gidiyor. Bu karşılaşmalardan ne kadar küçük olursa olsun bir şeyler öğreniyorum.

Bugün yine sizi eğlendirdiğimi hissettim, ama eğlendirilmek isteyip istemediğiniz sorusunu sorma zahmetine girmedim. Benim asabiyetim altında hızla ilerlemekten çok bu konunun bizi bir yere götürüp götürmeyeceğini sormalıydım.

Daha derin düşüncelere nasıl girebilirim? Seansın sonunda hayatımdaki işlerin yolunda gittiğini, ama benim sadece önemsiz şeyleri ortaya getirdiğimi söylediniz.

Benim düşünmemi istediğiniz şeyler üzerinde sizinle birlikte yoğunlaşamıyorum. Sizin konuştuğunuz kişiden ayırıyorum kendimi.

~

12 Temmuz

DR. YALOM

Geçen hafta Ginny'yle olan görüşmemi kaçırdım. Haftanın büyük bölümünde şehirde kalan iki meslektaşım vardı, gece gündüz karşılaşma gruplarıyla ilgili bir kitap üzerinde çalışıyorduk. Yapmamız gerekenleri bitiremediğimizi görünce randevularımın çoğunu iptal etmeye başladım. Sekreterimi arayıp Ginny'yi aramasını ve cuma günü gelmesinin mümkün olup olmadığını sormasını istedim. Sekreterim beni yanlış anlayıp Ginny'nin randevusunu tamamen iptal etmiş, ki benim istediğim bu değildi. Daha sonra Ginny'nin cuma günü gelmesinin mümkün olmadığını öğrendim. Bunu öğrendikten sonra Ginny'yi evden arayıp başka bir gün gelmesinin mümkün olup olmadığını öğrenmeye çalıştım, ama ona ulaşamadım. Bütün bunların olduğuna üzgündüm, ama aynı zamanda çarşamba günü ona etkin bir şekilde yardımcı olamayacak kadar zor durumda olduğumu da biliyordum.

Ginny bugün geldi ve ona olanları anlattım. Buna cevabı depresyonda olduğu ve bir süredir bu durumda bulunduğu şeklindeydi, bu arada "sıkılmış" sözcüğünü de kullandı; benim söylediklerimi anlamış bile değildi. Geçen pazartesi günü sinemaya gidip gitmediğimi sordu, beni orada gördüğünü sanıyordu. Gitmediğimi söyledim. Sonra uygun ve doğru olduğunu düşündüğüm bir yorumda bulundum: randevumu iptal etmemle ilgili ifade edilmemiş duyguları vardı, çünkü hemen depresyonda olduğundan söz etmiş ve beni sinemada gördüğünü hayal etmişti. Gördüğü kişinin ben olmamı diliyordu, çünkü böylece davranışlarını, Karl'a dokunuşunu, patlamış mısır yiyişini, koka kola içişini, Mound çikolatası yiyişini seyredebilirdim. Beni daha fazla görme arzusu sanırım birlikte geçireceğimiz saati iptal etmemin verdiği incinme duygusuyla başetmek için yaratılmıştı. Bütün bunları inkâr edip gülerek iyi bir hayal gücüm olduğunu, aslında "roman yazanın" ben olmam gerektiğini söyledi.

Sonra yine aşırı derecede depresif bir tonda kendini ne kadar kötü hissettiğini anlatmaya devam etti. Söylediği şeylerden bazıları oldukça ümit vericiydi: gerçekten istediği bir iş bulmuş gibiydi, bir halk okulunda yabancılara İngilizce öğretecekti. Kesin gibi görünse de birkaç gün içinde tam olarak belirginleşecekti durumu. Ortaya koyduğu şeylerin hiçbirinde depresyona neden olacak bir şey olmadığı için geçen haftayı iptal etmemin önemli olduğuna inandım ve bugün inatçı bir şekilde bu konuyu sürdürmeye karar verdim.

Karl'la olan ilişkisi, ne kadar sıkıntılı olduğu ve kendini kötü hissettiğini Karl'a anlatamayışı hakkında konuşurken Karl ve benim aramdaki paralelliği düşündüm. Ginny ne zaman yanlış bir şey yaptığını düşünse Karl'ın kendisini dışarı atacağından korkuyordu ve aynı şey benim için de geçerliydi. Bu yüzden Karl'a ya da bana söyleyemediği şeylerden bazılarını söyleyebilmesi için ona yardım etmeye çalıştım. Benim geçen haftayı kaçırmamla ilgili duygularını keskinleştirmeye devam ettim. Gerçek duygularını ifade etmediğini söyleyip duruyordum. Bu yüzden hafifçe sabırsızlanmaya başladı, ama ben ısrar ettim ve biraz hayal kırıklığına uğradığını söyledi. Bu biraz hayal kırıklığını alıp bir büyüteçle incelemesini ve neye benzediğini bana söylemesini istedim. Seansı iptal edenin sekreterim olmasına üzüldüğünü söyledi; kendim arayamaz mıymışım? Ve sekreterim aradığında orada olan bazı arkadaşlarının psikiyatriste gittiği için onunla alay ettiklerini ekledi; kendisini kötü hissetmesine neden olanın psikiyatristi olduğunu ve eğer beni görmeyi bırakırsa iyi olacağını söylemişlerdi. Esas olarak benim iptal ettiğim hafta yapacak bir şeyi olmaması büyük sıkıntı kaynağı olmuştu.

Duygularına gittikçe daha derinlemesine girdik ve şimdi bana istediği her soruyu sorma hakkı olduğunu söyledim. Geçen haftayla ilgili her türlü fantaziye sahip olduğuna göre neden şimdi onları sınamıyordu? Böylece bana geçen hafta ne yaptığımı sordu, ben de anlattım. Sonra ona olanları merak edip etmediğimi sordu. Ettiğimi söyledim, ki bu doğruydu. Gerçekten bilmek istediği başka sorular sorması için ısrar ettim. Bloke olmuştu ve daha ileriye gidemiyordu. Depresyonunun gerçekte benim onu görmeyişime bir tepki olduğunu, büyük bir olasılıkla bunun uzun bir geçmişi olduğunu ve hayatında uzun zaman önceye uzandığını düşündüğümü, bana aslında, "Bana ne yaptığına bir bak," dediğini ve beni cezalandırma isteğiyle kendisini depresyona soktuğunu düşündüğümü söyledim ona. Buna biraz onaylarcasına cevap verdi. Karl'la da bununla karşılaştırılabilir bir şey yapıp yapmadığını merak ettiğimi söyledim. "Görevin tamamlandı, geçen hafta seni kabul etmediğim için kendimi çok kötü ve suçlu hissediyorum ve depresyona girmen işe yaradı. Devam etmen için bir neden yok. Şimdi bir sonraki olaya geçelim," diyerek zihnindeki çerçeveyi değiştirmeye çalıştım. Buna güldü. Görüşmede daha önce, "Bana bir şey veremez misiniz, beni bu durumdan çıkaracak bir kıvılcım veremez misiniz?" diyebilmişti, ki bu Ginny için olağandışı içtenlikte bir ifadeydi. Yanlış yaptığım bir şey yüzünden üzüldüğünde, onu incittiğim için bana zarar verme yolu olarak buraya gelip morgdaymış gibi oturmak yerine canıma okursa kendimi ona çok daha yakın hissedeceğimi söyledim. Karl'la da aynı şeyin geçerli olduğunu ve eğer ilişkide kendini rahatsız hissediyorsa ya da ilişkinin herhangi bir şekilde tatmin edici olmadığını düşünüyorsa Karl'a bu duygularını açmayarak ilişkinin bitmesini garanti ettiğini söyledim. Acısı hakkında konuşmayarak kendisini ondan daha da uzaklaştırıyordu, tıpkı benden uzaklaştırdığı gibi.

12 Temmuz

GINNY

Bazen çok zekisiniz ve benim ilgisiz benzetmelerimi cesaretlendiriyorsunuz. Tıpkı geçen haftayı kaçırınca neler hissettiğimi sorduğunuz zamanki gibi. Ve sizi o zaman görmediğim için sinemada gördüğümü sanmadım mı? Bu bir tür psikiyatri hicvi, ikimizin yazdığı bir metin gibi. Sizin bu şekilde düşündüğünüzü düşünseydim ikimizin de anlamsız bir şekilde sohbet ettiğimizi bilirdim.

Sorularınızı cevaplarken yüzümde beliren sırıtmadan hoşlanmadım. Kendi içime dönükken ifadesiz bir şekilde ümitsiz olmam gibi bir şey. Ama siz beni çağırıp ipucu ve cevap şansı verdiğinizde sersemliyorum.

Bütün duyguları ortaya çıkarmak için belirli bir olayın üzerine büyüteç yerleştirme tekniğini sevdim. Hayatı ağır çekime almak gibi bir şey. Hoşuma giden şey de bu. Sadece olayın yeterince büyük olmadığını düşünüyorum. Aslında iki taraf ya da duygu olduğunu hissettim. İstediğiniz ve ortaya çıkarmak için beni dürttüğünüz duyguyu verdim size – ki bu aradığınızda hayal kırıklığına uğrayıp biraz öfkelenmemdi. Madalyonun diğer yüzü ise rahatlamış olmamdı – bir yolculuk eksik yapacaktım. 2.00 dolar tasarruf etmek, diğer şeyleri yapmak için daha fazla zaman kalması ve Greyhound otobüsüne binmek zorunda kalmamak demekti bu.

Seansta, yalnızca, sizi görmemeye aldırmadığımı söyleyerek sizi incittiğimde bir şeyler hissettim. Sonra da suçluluk ve üzüntü hissettim. Bu kadar düşüncesiz ve duygusuz benlikten uzaklaştığımı hissettim.

Karl'la bir riske girmeden sorularımı ve ihtiyaçlarımı sizin üzerinizde denememi söylediğinizde ümitle dolduğumu ve yeni bir sayfanın başında olduğumu hissettim. "Benim üzerimde dene," dediniz. Ve bu büyük bir macera gibi göründü.

Ama ben hep sadece tarama yapıyorum. Yine de seansın sonunda yeniden canlandım. Kendimi nasıl hissedersem hissedeyim sadece dikkatle iyice canlanabiliyorum. İntikam almak için ölü haline gelme, daha fazla depresyona girme ve diğerlerinin kendini suçlu hissetmesini başarma teoriniz ve artık bunu yaptığıma göre yeni alanlara geçebiliriz sonucunuz çok hoşuma gitti. Size sorduğum Hemingway üzerine makaleyi bana vermeniz özel bir ödüldü.

Ama yine de ayrı ritimleri, seansın bölümlerini ciddiye almayı reddediyorum. Belki bu nedenle raporlarda, duyguları yakalamada, seanstan sonra birkaç saat süresince bu duyguları serbest bırakmada veya hafta içinde onları düşünmemek konusunda başarılı olamıyorum.

~

22 Temmuz

DR. YALOM

Ginny bugün beni arayıp kendisini 4:00 yerine 3:00'te görüp göremeyeceğimi sordu. Bu benim için de uygundu ve kabul ettim. Onun böyle bir şey yapması olağandışıydı. Son iki gündür çok korkunç bir uyuşukluk halinde olduğunu söyleyerek başladı seansa, ama ondan önce aşırı derecede iyi bir hafta geçirmişti. Bana kötü dönemi anlatmak istediği açıktı, ama ben iyi bölümü merak etmeden duramıyordum. Son seansımızda olan bir şeyin kendisini son derece rahatlattığını söyledi; bu benim "Görev Tamamlandı" ifademdi, yani depresyona girmek yoluyla kendimi suçlu hissetmemi sağlamayı başarmıştı ve bu manevradan yarar elde ettiği için şimdi enerjisini başka bir şeye adayabilirdi. Bunun önemi gizlice yaptığı bir şeyi açık olarak ortaya koymam ve böylece gücünü azaltmış olmamdı, çünkü bunun devam edebilmesi için bilinçsizce yapılması gerekiyordu.

Bu haftanın problemi İngilizce öğretmek için almakta olduğu iki haftalık kursla ilgiliydi. İki kez Küba'yı New York aksanı yüzünden yanlış telaffuz etmişti. Öğretmen bunu yakalamıştı ve Ginny kursta başarısız olacağına inanmıştı, ki bu da çok korkunç bir durum olabilirdi. İçinde çeşitli yaklaşımlar olan dev piyango torbamı açıp içindekileri tek tek Ginny'ye atarak bu problem üzerinde çalışmaya başladım. Yaklaşımların bazıları oldukça güçlüyken bazıları tekerlekli sandalyeyle taşıdığım eski tekniklerdi. Bunun hayatının gidişini öyle ya da böyle değiştirebilecek korkunç bir durum olmadığını anlamasına yardımcı olmaya çalıştım. Hayatın uzun çileleri içinde bunun görece önemsiz bir olay olduğunu ve Ginny'nin özünden oldukça uzak bir şey olduğunu göstermeye çalıştım. Geçmişte onun gözüne aşırı derecede önemli görünen, ama şu anda unutulup gitmiş olan olayları düşünmesini istedim, böylece bu son olayı uygun bir perspektife yerleştirebilirdi. Neden öğretmenin onu bütünüyle sınırlama hakkı olduğunu hissettiğini ve eğer sınıftan atarsa bunun neden Ginny'nin bir hiç olduğu anlamına geldiğini hissettiğini merak ediyordum. İronik bir şekilde mezar taşındaki yazıyı hayal etmesini önerdim, "Burada Yabancılar İçin İngilizce Kursu'nda Bay Flood tarafından sınıfta bırakılan Ginny yatıyor." Durumu yanlış algılıyor olabileceğini öne sürerek başka bir yaklaşım denedim. Ginny'nin iddia ettiği gibi bu öğretmenin gücünün tadını çıkarmak için Ginny'yi gerçekten kovmak istiyor olması pek mümkün görünmüyordu bana. Olası bir başarısızlığı önceden gördüğü için beklenen "felaketin" önüne geçmek için bir şey yapabileceğini söyledim. Belki öğretmen henüz Ginny'nin iyi olduğu noktaları görmemişti; belki dersler ilerledikçe Ginny'nin zekâsı ya da direnci gibi bazı yönlerini takdir edebilirdi. Bu yaklaşımların hiçbiri fazla etkili olmadı. İşte kolalanmış sarı elbisesi içindeki on yaşındaki kız çocuğu yakartop oynayıp bana dil çıkarıyor ve her atışımdan başını eğerek kurtuluyordu. Yine de sadece çabanın yoğunluğuyla onu sakinleştirecek bir şey yapmıştım. Ah, evet, üzerinde çalıştığımız bir diğer konu sınıfta bazı sorulara cevap veremediği için Karl'ın onun aptal olduğunu düşündüğü duygusuydu. (Karl'da onunla aynı kursa devam ediyordu.) Bunun mümkün olup olamayacağını düşündüm, çünkü Karl'ın onunla bu kadar uzun süre yaşadıktan sonra zekâsını takdir etmeyi öğrenmiş olmaması mümkün görünmüyordu.

Görüşmedeki bir başka alt başlık karımla Ernest Hemingway üzerine yazdığımız bir makaleydi. Bu makaleyi geçen seansın sonunda kendisine vermiştim. Söylediği şeylerden biri makaleyi çok sevdiğiydi. Daha sonra karımla yazmış olmamı anlamadığını söyledi. Karım hakkında ne isterse istesin sormasını söyledim. "Ne öğretiyor?" diye sordu. Fransızca ve İnsan Bilimleri diyip bilmek istediği başka bir şey olup olmadığını sordum. "Hayır, hepsi bu," dedi. Bütün söylediği karımın da profesör olduğunu anlamadığıydı – karımı bir kez sokakta görmüştü ve şimdi de Üniversite'de karşılaşmış olduğunu düşünüyordu. Kıskançlık duyguları olduğundan şüphelenip biraz gerilim olduğunu hissettiğim için başka tepkiler de çıkarmaya çalıştım, ama devam edemedi ya da etmedi.

Bir diğer konu, dün geceki fantazisiydi. Fantazisinde Ginny gitgide daha çok hastalanıyordu ve Karl iş yerinden tanıdığı bir kızla kaçıyordu. Bunun üzerine ben Ginny'yi şehir dışındaki küçük bir kulübeye götürüyordum. Burası iyi bir dostum olan meslektaşlarımdan biri tarafından yönetilen bir tür hastaneydi. Bu arkadaşım Ginny'nin öfkesini ifade etmeye ve yapamadığı diğer şeyleri yapmaya cesaretlendirerek iyileşmesine yardımcı oluyordu ve ben de arada bir ziyaretine gidiyordum. Bu fantazinin çok iyi bir haftanın ardından geldiğini ve çok iyi bir hafta geçirmenin onun için tehlikeli göründüğünü, çünkü bunun beni artık görmeme tehdidi taşıdığını ona gösterdim.

Son özeleştiri parçası Ginny'nin, "ciddi" olmadığı, hiçbir konuda ciddi olmadığı, terapi konusunda bile çok fazla "küstah" olma eğiliminde olduğu şeklindeki feryadıydı. Ne demek istediğini anlamada zorlanıyordum, çünkü oldukça ciddi olduğunu görüyordum. Küstahlığı ve mizah duygusu cazibesinin bir parçasıydı ve bunları cerrahi olarak kesip çıkarma girişiminden nefret etmem gerekiyordu.*

* Sonraki üç seansa ait notlar ve bantlar kayıp.

IV

Geçen Kış

(26 Ekim-21 Şubat)

26 Ekim

DR. YALOM

Ginny'yi son gördüğümden bu yana üç ay geçti. O kadar meşguldüm ki onu çok fazla düşündüğümü ya da özlediğimi söyleyemem, ama ofisime gelir gelmez bana takılıp kalan bir tür Ginny esansı olduğunu fark ettim.

Oturup onunla beş dakika geçirdikten sonra, eski tanıdık bir bölgeye ait farklı bir psikolojik yere gittim – aylardır ziyaret etmediğim bir yerdi burası. Ginny bana bütün yaptıklarını anlattı. Üç ay düzenli bir işte çalışmıştı. Kontrolünde olmayan bazı koşullar yüzünden işten çıkarılana dek haftada kırk saat çalışıyordu. Karl'la birlikte yaşamaya devam ediyordu ve araları iyiydi. Artık onun aniden çekip gitmesinin gölgesinde yaşamıyordu. Ara sıra birlikte Güney Amerika'ya gitmekten söz ediyorlardı, ama Ginny Birleşik Devletler'den ayrılmak istediğine emin değildi. Yeni arkadaşlar edinmişti ve benim yerime onlarla konuşuyordu, ama yokluğumda benimle yaptığı birçok konuşmanın fantazisini kurmuştu. Bu "iyi rapordan" sonra ara verdi ve varlığının "kötü" yanını gözden geçirmeye başladı. Otantik bir şekilde yaşamadığını duyumsuyordu, ama kıyıdan ayrılmadan şık ve mutlu bir şekilde yaşamaya devam ediyordu. Yaşama tanımını yeniden düşünmesini istedim – belki gerçek yaşaması sadece işkence dolu anlarda ortaya çıkmıyordu. Ciddi olup olmadığımı, bunun bir psikiyatristin iyileşme olarak düşündüğü şey olup olmadığını sordu. Aşırı bilinçlilik hastalığına tutulduğunu söyledim ona ve o da kendisini hep çok yakından izlediğini kabul etti. Çoğunlukla izleyicilerden biri oluyor, çok nadir oyuncular arasına katılıyordu.

Karl'la olan ilişkisi kesinlikle iyileşmişti; ama Ginny onunla gerçekten ilişkide olmadığını, derin bir şekilde "ciddi" olamadığını ve aralarından farklı bir şeyler istemesine rağmen ne olduğunu açık bir şekilde ifade edemediğini hissediyordu. Biraz zorladığımda, Karl'ın yüzüne bakıp adını söylemesini istediğini söyledi. Bütün zamanlarını birlikte geçiriyorlardı, günlerini ve gecelerini. Aynı işte çalışıyorlardı, her ikisi de halk eğitim merkezinde öğretmenlik yapıyordu ve anladığım kadarıyla herhangi bir gerilim olmaksızın bütün gün birlikte çalışacak kadar meşgul oluyorlardı. Geceler ise farklıydı, seks konusu hâlâ acı verecek derecede çözümsüzdü. Ginny cinsel yetersizliği konusunda Karl'a karşı daha dürüst olması gerektiğini, ona her şeyi anlatması gerektiğini düşünüyordu. Ve ben de bunu ona söylemesem de bazı özel konuları kendisine saklaması gerektiğini hissediyordum. En derin korkularıyla yüzleşebileceği bir karşılaşma grubuna katılmayı diliyordu Karl'la birlikte. Ginny'ye bir sonraki seansa Karl'ı da getirmesini önerdim ve bu bir jest değildi. Paniğe kapılıp Karl'ın psikiyatriye inanmadığını söyledi.

Bir ara terapiye başladığı zamanki Ginny olduğunu söyledi. Buna gerçekten inanıp inanmadığını sordum. İçinde aynı olduğunu hissettiğini tekrarlayınca onda gördüğüm değişiklikleri söylemeden edemedim. Doğru, diye kabul etti, Karl'la olan ilişkisi değişmişti – Karl şimdi ev işlerinin yarısını yapıyordu, Ginny artık benzin parası ödemek zorunda değildi – ama eğer ben olmasaydım bu şeylerin asla gerçekleşmeyeceğini söyleyerek bu kazançları hemen kendisinden aldı. Bütün kazançlarını bana yüklediği oyununun farkına varmasını sağlamaya çalıştım. Seansın sonuna kadar bana oldukça öfkelenmişti ve her şeyin iyi olacağını söyleyen anne babası gibi davrandığımı söyledi.

Ayrıca raporlarını yayımlamamla ilgili endişelerini de ortaya koydu, bunun üzerine anlaşmamızı hatırlayıp hatırlamadığını sordum. Onun izni olmadan yayımlamayacağıma söz verdiğimi hatırlıyordu ve Karl benim kim olduğumu bildiği için raporlar hiçbir şart altında benim adımla yayımlanamazdı. Ve bu onun ölümünden sonrayı da kapsıyordu. Şakayla karışık film haklarını da istediğini söyledi. O konuşurken hayal kırıklığına uğradığımı söylemeliyim. Ama kesinlikle haklı olduğunu düşünüyorum, ancak zaman geçtikçe kararını değiştirebilir ve raporlar hakkında tamamen farklı şeyler hissedebilir ya da her ikimiz de raporları isimsiz olarak yayımlayabiliriz. Ama büyük bir olasılıkla ikimiz de unutup gideceğiz bunu, çünkü raporların yayımlanmayı garanti edecek kalitede olduklarını düşünmüyorum.

~

1 Kasım

DR. YALOM

Birçok ilginç gelgitin olduğu, son derece garip, dokunaklı ve güdük bir seanstı.

Bacağımda bir alçı vardı (diz incinmesi), ofisim yeniden düzenlenmişti ve ben farklı bir yerde oturuyordum. Ginny oturup göz önündeki değişikliklerden hiç söz etmeden konuşmaya başladı. Karşılaştığım insanlar içinde hemen bacağımı sormayan ilk kişiydi. Bugün sessiz kalmak istediğini söyleyerek başladı seansa – farklı bir şey yapalım. İlk on onbeş dakika oldukça gergindi. Ginny gözle görülür şekilde utanmıştı ve konuşmaya başladığında söylediği her şeyin altında kesin bir gizli cinsel akım olduğunu sezdim. Karl'ın terapiye döndüğü için hayal kırıklığına uğradığını, iyileşip beni görmek zorunda kalmamasını dilediğini söyledi. Sonra bana duygularını göstermedeki yetersizliğinden söz etti, duygularını ikimize de göstermediğini ekledi (ne bana ne de Karl'a). Hayatındaki "iki erkek" ifadesine şaşırarak

Karl'ın beni "öteki erkek" olarak görüp görmediğini sordum. Şüphesiz bunu inkâr etti. Sonra ikimize karşı tutumunu aktaran "ele geçirilemez" [impregnable] terimini kullandı ve bu terim bende hemen hamilelik [pregnancy] fantazilerini uyandırdı. Sonra geçen haftanın olaylarını anlattı, bunların hepsi olağandışı iyi bir süreci gösteriyordu; o ve Karl, Big Sur'e gitmişlerdi ve ikisi arasındaki her şey yolunda gitmişti. İyi zaman geçirmişti, ama hayatında kaçırdığı bir şey vardı ve bunun ne olduğunu bilmiyordu.

Bana bir rüyasından söz etti, ama önemsiz olduğunu vurguladı. (Bunu ne zaman duysam kulaklarım kabarıyor; her zaman önemli bir rüyanın geleceğini haber veriyor bu sözler.) Rüya: Bir psikiyatrist ve bir kız var. Bu kız elleriyle çok garip, komik şeyler yapıyor. Şizofrenik bir kız. Psikiyatrist ondan çok hoşlanıyor, uzun süre onunla ilgileniyor ve sonunda Vietnam'dan dönen bir gençle uzaklara gitmesi için ısrar ediyor. Genç, Ginny'nin Vietnam'a gidip ölen erkek kardeşiyle (aslında erkek kardeşi yok) başka bir gencin karışımı. Başlangıçta gençle işler yolunda gidiyor, ama sonra genç ona karşı çok kaba davranmaya başlıyor ve kız gittikçe daha şizofrenik hale bürünüp katatoniye giriyor. Rüyada kız ve çocuk uzaklara gitmeden önce psikiyatrist onlara nasıl çocuk sahibi olmayacaklarını öğretiyor ve ayrıca çok fazla uzağa gitmemelerini söylüyor; kız daha sonra doğum kontrol hapları için reçete almaya çalışıyor, ama psikiyatristin eczaneleri kontrol edip reçete yoluyla izini bulacağından korkuyor.

Bu rüya üzerinde çalışmayı denedim, ama Ginny buna güçlü bir şekilde direniyordu. Rüya ondan çok beni ilgilendiriyor gibiydi; direnci onun merakını bastırıyordu. Rüyasının bana sık sık tartıştığımız bir şeyi hatırlattığını söyledim – sadece deli olarak benim dikkat ve ilgimi kazanabileceği hissini. "Neden çocuk sahibi olmamanızı ve uzağa gitmemenizi söyleyeyim size? Bunu söyleyen kimin sesiydi?"

diye sordum. Bilmediğini söyledi, anne babasının sesi gibiydi, ama şu anda bunu söyleyenin onlar olmadığını biliyor. Evlenmelerini istiyorlardı; böylece sesin çocukluğunda onunla konuşan anne babasına ait olduğu ve bu sesin hâlâ içinde yaşadığı sonucuna vardık. Hepsi buydu. Bir başka zengin rüya damarı kazılmadan yok olup gitmişti.

Neden bacağımdaki alçıdan söz etmemişti? İlk önce alçı olduğunu fark etmediğini söyledi, sadece bandaj olduğunu sanmıştı. Neden böyle düşündüğünü sordum. Rahatsız göründüğünü söyledi –olağandışı elbiseler içinde oturuyordum ve bedenimin sınırlarını daha açık bir şekilde görebiliyordu– örgü pantolon mu giyiyordum? Üzerimde pijamalarla televizyon seyrettiğim fantazisini kurmuştu. Pijamamın altında beyaz bir iç çamaşırına benzer bir şey görmüştü, ki bu alçıydı. Düşünceleri dağınıktı, takip edilmesi zordu. Alçıya neden aldırmadığını açık bir şekilde söylemedi hiçbir zaman. Sadece alçının ve içindeki bacağın aramızdaki cinsel bağlara onu çok yaklaştırdığını varsayabiliyordum.

Birdenbire Karl'ın ona, "Eğer bir çocuğun olursa ilk söyleyeceği sözcük 'Yapamam,' olacak," dediğini söyledi. (Yani ilk sezgilerim doğruydu: "Ele geçirilemez" terimi anlamsız değildi; rüyadan kaynaklanmıştı ve hayatında bir şeyleri kaçırdığını söylerken çocuk eksikliğinden söz ediyordu.) Karl'ın Ginny'nin doğmamış çocuğu hakkındaki ifadesi zalimceydi. Neden bunu ona söylemediğini sordum; söylemeyerek sadece onun ima ettiği şeyi doğruluyordu: Ginny hiçbir şey yapamazdı, onaylamadığını bile gösteremezdi. Bu tür şeyler söylememin hoşuna gittiğini ve yapmamı istediği şeyin bu olduğunu söyledi. Evlilik ve çocuk hayaletlerini takip edip Ginny'yi bunlarla yüzleşmeye zorlayarak bu daveti kabul ettim. "Karl'dan ne istiyorsun? Evlenmek istiyor musun? Çocuk sahibi olmak istiyor musun? Neden ondan seninle evlenmesini istemiyorsun ya da en azından durumunun ne olduğunu bulmaya çalışmıyorsun? Nikâhsız bir eş mi olacaksın?" diye sordum. "Oh, benimle beş yıl ve 360 gün boyunca yaşar ve sonra süre dolmadan hemen önce ayrılır," dedi. "Neden buna katlanıyorsun? Ya durumu değiştir ya da şikayet etmeyi bırak." Komik bir şekilde, "Burkulmuş dizinizle şu konuşmanıza bir bakın," diyerek sorularımdan becerikli bir şekilde kaçtı. İkimiz birden kahkahalara gömüldük.

Karl'la gerçekten evlenmek istemediğini söyledi, çünkü hâlâ bir ormanın ortasındaki kulübede tek başına yaşadığı fantazisini kuruyordu. Yolumdan saptırılmayı reddedip, fantazisinin çocuksu ve romantik olduğunu, üstelik fantazi dünyasında zaten hiç yalnız olmadığını söyledim; her zaman ona dikkat eden büyük bir insan oluyordu. Bu büyük insan kimdi? Neden hayatını onunla ilgilenerek geçiriyordu? Babası mıydı? Babası sonsuza kadar var olmayacaktı; bir gün ölecekti ve Ginny yaşamaya devam etmek zorunda kalacaktı. Bu sözler gözlerini yaşarttı ve bu kadar uzağı düşünmek istemediğini söyledi, ama ben ona bunun hayatın mutlaka yüz yüze geleceği kesin gerçeklerinden biri olduğunu söyledim.

Görüşmemizin başlarında bana isyan ettiği ve birçok psikiyatristin tersine içeri bakmak yerine dışarı bakmasını sağlamaya çalışan deli bir psikiyatrist olduğum için beni azarladığı hissine kapıldım. İçeri çok fazla baktığını söylediğimde, yüzeysel bir bakışla baktığını ve bu kadar içe dönük olduğu için onu eleştirmekten vazgeçmemi dilediğini söyledi. Bütün bunlar bana sağlıklı bir işaret olarak göründü, yani bana karşı koyabiliyordu. Ortaya getirilen bir başka şey de diğer ofislerden birinin üzerinde Madeline Greer'in adını gördüğünü ve onu tanıdığı için Madeline'e bir şey söylememem gerektiğini söylemesiydi. İronilerin ironisi! Meslektaşlarımdan Madeline Ginny'nin notlarını okuyan tek insandı. Madeline şu anda Ginny'nin arkadaşlarından biriyle çıkıyordu. Ne yapmalıydım? Ginny'ye bir şey söyleyemeyecek kadar utanmıştım ve şu anda bildiğinden daha fazla şey söyleme korkusuyla Madeline'le de bu konuyu tartışmak istemiyordum – raporlarını okuduğu Ginny'yi San Francisco'da tanıştığı Ginny ile bağdaştırdığından emin değildim.

~

1 Kasım

GINNY

Seansa girdiğimde belirli bir problemim ya da şikayetim yoktu ve her şeyin soyut olacağını düşünüyordum. Ama seanstan hoşlandım ve yararlı buldum, belki normalden daha fazla konuştuğunuz için böyle hissettim.

Şüphesiz yalnızca hüzünlü konulara geldiğimizde cevap verdim. Hayatımın yarısını anne babam olmadan geçireceğimi söylediğiniz zamanki gibi. Onlara benim yaşımdaki birçok insandan daha fazla bağlı olduğum doğru, çünkü kendimi hâlâ geçmiş bağlamında değerlendiriyor, herhangi bir değişiklik ya da gelişmeyi tanımıyorum. Yani beni tanımlayan bir işim ya da ailem yok. Bu yüzden kendimi serbest çalışan *özel* bir çocuk gibi hissediyorum.

Özel oluşum konusundaki küçük eleştirinizi yaptığınızda bunun çok çirkin olduğunu ve benim dikkatimi çekmeye çalıştığınızı biliyordum, ama bu doğru. Kendimi o şekilde görüyor olmalıyım. Kendimi umutsuzluk, yalnızlık ve evde kalmış kıza ait özel fantazilerle ödüllendirmemi sağlayan şey bu özel oluşum. Seansta en yararlı bulduğum şey size yaptığım şeyi tam olarak söylemem ve sizin de benim duruma karşı verebileceğim tepkilerin alternatif şekillerini göstermenizdi. Bu diğer davranış biçimlerini güçlendiriyor. Karl'ın benim çocuğumun ilk söyleyeceği kelimenin "Yapamam" olacağını söylediğini size anlattığımda benim tek tepkim incinmek, korkmak ve ona sokulmak ve hâlâ beni sevip sevmediğini anlamak ihtiyacı olmuştu. Böyle bir kokarca gibi davrandığımda gerçek benim her gün orada olan ben olmadığım ve yanına sokulacak, memnun edecek ve ihtiyaç duyacak birisi olmayınca gerçek ceza ve gerçek kurtuluşu bulacağım fantazisini kurmak zorundayım. Bu, her gün ve şu anda davranışımı değiştirmeme engel oluyor. Günlük hayatı yaşantılayabildiğim ve eski kalıplarımı değiştirdiğim zaman başarılı olup büyüdüğümü hissedeceğim. Sürgüne gitmek ve kendime işkence etmek istemiyorum. Karl'ı ve çevremi seviyor ve hepsine ihtiyacım var.

~

9 Kasım

DR. YALOM

Donuk, oldukça ağır giden, gerçek bir tepe noktası olmayan bir saat. Ginny dün gece aptalca bir nedenle kötü bir gece geçirdiğini söyleyerek söze başladı. Karl'ın kendini kötü hissettiğini, çünkü geleceği ve kariyeri için endişelendiğini söylemesiyle başlamıştı her şey. Bu olay yatağa yatmalarından hemen önce gerçekleşmişti. Yattıktan sonra Ginny, Karl'ın kendisini terk ettiği ve tek başına kaldığı için üzgün olduğu fantazisini kurmaya başlamıştı. Bu olay görüşmenin geri kalanının tonunu belirledi, çünkü benim ilk çağrışımlarım Karl'ı rahatsız eden şeyin ne olduğunu bulmaya çalışması gerektiği ve sonra da ona yardım etmeye çalışması şeklindeydi. Bunları ifade ettiğimde, "Ne yapabilirdim ki? Sizin karınız ne yapardı?" diye sorarak karşılık verdi. İnledim. "Oh, hayır!" Sonra, "Bayan Nixon Başkan Nixon'a ne derdi?" diyerek işi şakaya döktü. Sanırım onun sorusuna hiç geri dönmedim, çünkü karımın söyleyeceği şeyin Ginny'ye yardımcı olacağını düşünmüyordum ve ayrıca Ginny vermek istemediğim özel bir bilgiyi soruyordu. Her neyse bu olay bizi Karl ve Ginny'nin kişisel olarak hiçbir konuda konuşmadıkları gerçeğine getirdi. Geleceğiyle ilgili duygularını ortaya çıkararak Karl'a yardım etmek Ginny'nin aklına hiç gelmemişti ve eminim ki bu durum, bir şekilde gelecekleriyle ilgili olarak ondan bir açıklık görememesinin nedeniydi. İlişkilerinde her türlü ciddi kişisel konuşmanın gerçekleşmesine engel olan güçlü kurallar vardı, ama fikirler konusunda saatlerce mükemmel bir şekilde konuşabiliyorlardı. Ginny'nin Karl'la olan bu kalıbı kırmak için talimat istediğini hissedebiliyordum. Karl'dan ne öğrenmek istediğini sordum, ki bu da benim önemli olduğunu düşündüğüm bir soruya götürdü bizi: İlişkilerinin Karl için anlamı neydi? Kendisini ne kadar derin bir şekilde ve ne kadar bir süre için bu ilişkiye adayacaktı?

Ginny daha sonra daha yaşlı insanların önünde on yaşında bir kız çocuğu gibi davrandığı bir edebiyat partisinden söz etti; hiçbir niteliğe sahip olmadığını düşünerek donup kalmıştı. Eğer Karl orada olmasaydı, eğer diğer insanlar orada olmasalardı top gibi kıvrılarak bir hiç haline gelecekti, çünkü yapabileceğini hissettiği tek şey diğer insanların fikirlerini yansıtmaktı. Bunun tam tersi olduğunu, insanın hemen hissettiği ve farkına vardığı güçlü bir özelliğe sahip olduğunu söyleyerek kendi inancımı onunla paylaştım. "Yetişkinlerin" konuşmalarını duyduğunda onlarla konuşmaya devam edemiyordu, ama arkasına yaslanıp zihninde bunları hicvedebiliyordu. Davranışı bana göre pek mantıksız değildi; sosyal olarak neden herkes gibi olmak zorundaydı? Derken çok becerikli bir şekilde beni tuzağa düşürdü. Eğer tarzı buysa neden Karl'la olan ilişkilerinde değişmesini bekliyordum? İnsanların sosyal olarak farklı olabileceklerini, ama yakın bir ilişkiye girdiklerinde, hayatta kalmakla çok meşgul değillerse ya da konuşmadan da kişisel olacak şekilde birlikte çalışmıyorlarsa, genellikle özel konular hakkında konuşmak zorunda olduklarını söyleyerek bu tuzaktan kurtuldum. O ve Karl, diğer insanlarla en derin duygularını konuşarak ve bunları yazılarında keşfederek o kadar çok zaman geçiriyorlardı ki, daha kişisel olarak konuşmadıkça birbirleriyle olmaya devam etmeleri bana inanılmaz geliyordu

Ginny hayatı ile ilgili son küçük değişimin onu benzin parası konusunda Karl ile konuşmaya zorladığımda ortaya çıktığını söyledi – biraz acı veren, ama nedense ilişkilerinde son derece önemli bir değişimdi bu. Onu yine bir şey için zorlamamı diliyordu.

Bugün Ginny'nin daha fazla söyleyecek şeyi olmadığını hissettiğim zamanlar oldu, belki artık daha iyiydi, belki kısa bir süre sonra terapiyi sonlandıracaktı. Şüphesiz sorunlu alanlar vardı, ama bütün hayatı daha tatmin edecek bir örüntüye ulaşıyordu.

~

9 Kasım

GINNY

Konuşmanın ana başlıklarını ben ortaya koydum – Karl'la ciddi şeyler hakkında konuşma yetersizliğim gibi örneğin. Bu benim tek boyutlu yapımın bir parçası ve sanırım onun yanındaki davranışlarımla sizin yanınızdaki davranışlarım aynı. Peki Karl'ın neler hissettiğini bilmek için – siz neler hissediyorsunuz? (Sormalıydım) ve ikiniz de ne kadar süre burada olacaksınız? Şüphesiz Karl'la birlikteyken daha fazla korkum var, çünkü onunla daha fazla hayati zamanım, organlarım ve duygularım işin içinde.

Gruptan bir şey öğrenip öğrenmediğimi soruşunuz beni hazırlıksız yakaladı. Hiçbir deneyimim atlama taşı ya da ilerleme değildi. Grubu geçici arkadaşlık olarak kullandım, ama zaten grupta gerçekten cevaplanan çok fazla soru sormadık ve bana karşı sorulan soruları da hiçbir zaman çok iyi cevaplamadım. Mantıklı sözlere teslim oluyorum, daha çok sırıtma şeklinde bir kısır döngüyüm. Dün iki sessizliğimiz oldu, ama bunlar boş sesizliklerdi – neler olduğunu soruyorsunuz ve ben hiçbir şey söylemiyorum.

Madeline'in sizinle konuştuğuna sevindim ve benim tatlı birisi olduğumu söylediğini hayal ettim (size sormadan). Ama görüyorsunuz ya, itiraflarda ciddi olurken şaşırıyorum. Partide onunla tanıştığımda felç olmuş bir genç kız gibi hareket ediyordum (annem bir partide "hiçbir şey yapmama" oyununu oynayabilirsin, ama bir yerde dikilip durma ki insanlar bunun farkına varmasın, derdi). Böylece Karl sizin konunuzu açtıktan sonra ve Madeline onu cesaretlendirirken ona sizi üç yıldır gördüğümü, bu yıl sizin için yazdığımı söyledim. Bunu söylemek zorunda değildim ve istemiyordum, ama söyleyecek bir şey bulamayınca o kişiyi ilgilendiren herhangi bir şeyi söyleyiveriyorum.

Dün insanın kendi hakkını savunmak için konuşmasıyla ilgili söyledikleriniz doğruydu, ama duygusal bir etkisi olmadı, bir dergi makalesinden öteye geçemedi. Siz ve ben, benimle bağlantı kuramadık. Kendimi çok kötü hissetmedim.

İstasyona yürürken iyimser olduğumu hissettim. Karl'la konuştuğumu ve her şeyin yolunda olduğunu hayal ediyordum. Sonra fantazilerimde siz bir iş gezisine çıktınız ve sonraki seansı iptal ettiniz ve ben de sizi arayıp her şeyin yolunda olduğunu anlattım.

Zihnimin ciddi işleri ve problemleri nasıl oyaladığını ya da kısa kestiğini görüyorsunuz ya.

"Varlığım" hakkında konuşmak çok dışarıda da olsam hoşuma gitti. Ama doğal hissetmem için etrafımda özel bir çerçeve olması gerektiğini biliyorum. Diğer insanları sessizliğimle rahatsız ederken bile kendimi konuşmaya zorlayamıyorum. Onlar bana vermek zorunda. Bunun önemli olmadığını biliyorum, ama yine de sıradan durumlarda en azı veremeyecek kadar şımarık hissediyorum kendimi.

16 Kasım

DR.YALOM

Oldukça sade ve benim için çok rahatsız edici bir görüşmeydi. Kendimi bir amigo ya da boks ringinde Ginny'yi kışkırtan bir yardımcı gibi hissediyordum. Geçen hafta önerdiğim şeyi yapmadığını söyledi –Karl'a evlilik konusunu açamamıştı– ve bunu yapabilme fırsatının tesadüfen karşısına çıkması oldukça ironikti. Arkadaşlarından biri Karl ve Ginny'yi bir partide bir köşeye sıkıştırmış ve şakacı bir tarzda, "Siz ikiniz ne zaman evleneceksiniz?" diye sormuştu. Karl hemen evlilikle ilgilenmediğini, Ginny ile ikisinin sahip olduğu şeye "evlilik" adını vermediğini söylemişti. Bu konuda gece konuşma fırsatları, Ginny hiç düşünmeden arkadaşlarını sabahın dördüne kadar süren bir televizyon filmini seyretmek için eve çağırınca suya düşmüştü. Karl Ginny'nin bunu yapmasına o kadar sinirlenmişti ki, tersi olacak yerde Ginny'nin Karl'ın öfkesini yatıştırmak için özür dilemek zorunda kalmasıyla sona ermişti akşam.

Birkaç rahatsız edici durum daha ortaya çıkmıştı; örneğin, geçen gece Karl akşam yemeğini hazırlarken hata yaptığı için Ginny'yi azarlamaya ve pek çok zayıflığı konusunda söylenmeye başlamıştı. Ginny onun söylediği her şeyi uysal bir şekilde kabul etmiş ve bunları söylediği için ona neredeyse teşekkür etmişti. Söyleyebileceği alternatiflerin üzerinde geçmeye çalıştım, özellikle nasıl olup da ilişkilerinde Ginny aynı haklara sahip olmazken Karl'ın onu eleştirme hakkını kendinde bulduğunu merak ediyordum. Ginny ona yanlış yaptığı bazı şeyleri söyleyebildiğini, fakat bunun anlamsız olduğunu söyledi, çünkü gerçek şuydu ki Karl eleştirilerinde haklıydı. Tekrar tekrar söylemek zorunda kalıyordum: haklı olup olmadığı değil, ilişkilerinin nasıl bu şekilde belirlendiği önemliydi? Onunla biraz rol yaptık, Karl'ın söylediklerini tekrarladım ve onun farklı şekilde tepki vermesini istedim. Ginny özürler dilemeye, sadece ona özel bir akşam yemeği hazırlamaya çalıştığını söylemeye başladı, yoksa hamburger yemeyi mi tercih ederdi, bunu hiç hatasız başarabilirdi. Ona çok dolaylı konuştuğunu söyledim, daha kişisel bir şey söyleyemez miydi? Ofisimin güvenliği içinde rol yaptı. Karl'a kendisini incittiğini söyledi; neden yatmadan hemen önce onu bu şekilde incitmek zorundaydı? Sonra komik bir ifade kullanarak bu rahatsız ortamdan sıyrıldı. Sanki ona Samuray eğitimi verdiğimi hissetmişti. Ayağını nasıl doğru yere yerleştireceği ve kılıcı nasıl kullanacağını öğretiyor gibiydim ona.

Bir başka olayı daha anlattı. Hafta içi bir ara Karl'a onu sevdiğini söylemişti, ama Karl sessiz kalmıştı. Neden bu sessizliği sorgulama hakkını kendinde bulmadığını sordum. Cevabı zaten bildiğini söyledi – onu sevmiyordu ve onunla evlenmekle ilgilenmiyordu. O zaman ben iki gözlemimi ifade ettim. Birincisi, kendisi Karl'la birlikte kalmayla ilgileniyor muydu? Hayatta bütün istediği bu "aşksız" ilişki miydi? İkincisi, onun veri toplama yeteneğine hiç inancım olmadığı şeklindeydi. Örneğin, uzun bir süre için benden seans saatlerini değiştirmeyi isteyememişti, çünkü beni kızdıracağını sanıyordu. Sonunda cesaretini toparlayıp bunu istediğinde algılarında tamamen yanıldığını fark etti – aynı şey Karl için de geçerli olabilirdi. Karl'ın yetişkin hayatının büyük bir bölümünü kendisiyle geçirdiği gerçeği gibi birçok şeyi dikkate almıyordu, bu yüzden onu Karl'a "kişisel bir şey" söylemesi konusunda zorlamaya, zorlamaya ve zorlamaya devam ettim. Bu işin nereye varacağı konusunda bazı korkularım vardı ve belki de ondan yapamayacağı bir şey istiyordum. Belki Karl'la ilişkisi hiç ilişkisi olmamasından iyiydi. Sanırım düşüncelerimin arka planında Madeline'in bana tanıştıklarında Karl'ın ne kadar düşmanca tavırları olduğunu düşündüğünü söylemesi var. Belki Ginny'yi aşırı derecede koruma altına alıyorum, ama Karl Ginny'nin üzerine pisliyordu ve ben bir şekilde onu bu adamdan kurtarmaya ya da en azından ilişkisini yaşanabilir hale gelecek şekilde değiştirmesine yardımcı olmaya çalışıyordum.

~

16 Kasım

GINNY

Dün olanları çok iyi hatırlayamamam belki de iyiye işarettir. Oturmuş sizi beklerken gözleri yaşlı bir kızın terapistinin odasından çıktığını gördüm. Benim eski güzel günlerimi, "ıslak mendiller, önemli konular" anlamına gelen geçmişimi hatırladım.

Her neyse biz başlayana kadar içimi kaygıyla doldurmayı başarmıştım, tabii ki konuşacak bir şeyim yoktu, tabii ki tuvalete gitmek zorundaydım. Ve yapabileceğim tek şey, olup biten, değiştirilemeyecek şeyleri anlatmaktı. Konuşmaya başladıktan sonra ağlayacağımı biliyordum, özellikle de Bud'ın evlilikle ilgili fikirlerimizi sorduğu akşam hakkında konuşurken. Anlatmaya devam ederken titriyor, fakat yoğunlaşıyor, of çekiyordum. Sonunda kıvılcımları gözyaşlarımla söndürene dek bu konuşmaya uzun süre devam ettim. Görüyorsunuz ya, tartışmalarla, ortaya çıkardıkları duygular kadar ilgili değilim. Gözyaşı dökmek, arkasındaki bilgiye sahip olmaktan çok daha kolay.

Ve sonra yine o eski hikâyeye geri döndük, "Neden kendim için konuşamıyorum?" Siz şu ana kadar Karl'ın rolünü oynuyordunuz, ama ben hiç benimkini oynamadım. (Ama sizden bunu isteyip durduğumu hatırlıyorum, yani yapacağım şeyi göstermem için bana bir şans vermenizi.) Ofisin içinde güvenli bir ortam olduğunu biliyorum, ama kendimi zorlamıyorum. En azından benim asla dışarı atılmayacağımı hissetmemi sağlıyorsunuz. "İçinde bulunduğun durumdan kendin tek başına kurtulabileceğini, söyleyeceğin bir şey olduğunu görmedikçe kendini asla savunmuyorsun," dediğinizde bunun önemli olduğunu, bunu hatırlamam ve üzerinde düşünmem gerektiğini biliyordum, ama "başka bir gün"e ait işler arasına yerleştirdim bu konuyu da.

Nedense başlama çizgisine yakın birkaç adım attığımı hissettim. O gün bile başlayabilecek olmama rağmen başlamadım. Belirli bir noktaya eriştikten sonra sadece konuştuğumu biliyordum. Her zamanki gibi tepkilerimi ve duyularımı mantıklı hale getirdim. Belki de yoğunlaşamıyordum. Belki de yoldan saptığım an bunu size söylemeliydim ve bu konuda konuşmalıydık. Ama ben bunun yerine beni harekete geçirmek için kışkırtmanızı izledim. Ama ben kendimi sanki bir beşiğe yatırılmış gibi rahat ve çok ıslak hissediyordum.

"Kendimi ölü gibi hissediyorum" dediğimde ölü gibi hissediyordum. Bütün bunlar sizi kızdırıyordu ve bu sözün bu kadar sık bir şekilde bir bahane olarak ortaya çıkmasından utanıyordum. Ve eğer ölü olduğumu düşünmeyi kesersem altındaki düşüncelere karşı daha açık olacağımı biliyorum. Geçen haftanın seansında kesinlikle bu düşünceye sahip olduğumu düşünüyorum.

Sizin ifadenizle "geçmişe ait özürlerime" karşı çok sabırsız görünüyordunuz.

~

23 Kasım

DR. YALOM

Ginny'yle geçen korkunç bir seanstı, fakat durumu daha da kötüleştiren şey bu seansın başka bir hastayla geçirdiğim kötü bir seansın hemen arkasından gelmesi oldu. Diğer hastam çok düşmanca tavırlı, dirençli, sessiz ve bana güvenmeyen bir hastaydı ve ben onu harekete geçirmek için uğraşıp durmuştum.

Ginny ile birlikteyken elle tutulacak ya da üzerinde çalışılacak hiçbir şey yoktu. Ginny'ye değişmesi için yardım etme konusunda yavaş yavaş bir boşunalık hissine kapılıyordum; kendisi hiçbir değişiklik yapmak istemiyordu. Seansın sonunda dümdüz yüzeyi olan sarp bir kayalıkla karşı karşıya olduğumu hissettim. Bu kayalığın üzerinde ayak basacak minicik tek girinti Ginny'ye Karl'ın kendisiyle evlenip evlenmeyeceğini bilmediği için mutsuz olduğunu bir kez daha söylemek ve bunu ona neden sormadığını sormaktı. Bu tek olası terapötik dayanak noktasıydı ve zaten oldukça incelmişti.

İçeri girdi. İlk cümlesi ofise gelene dek kendini harika hissettiğiydi. Sonra hikâyesini bitirmekte olduğunu ve çeşitli dergilere gönderdiğini söyledi. Karl'la kişisel bir konuda konuşması talimatıma uymadığı için utandığı çok açıktı. Onu azarlamama engel olmak için hikâye şeklinde bir ödül sunuyordu bana. Doğal olarak bunu ona gösterebilirdim, ama sonra ne olacaktı? Saatin geri kalanı Ginny'nin, "ciddi" olmadığı, doğru dürüst konuşamayıp sadece gevezelik ettiği, hiçbir şey üzerinde gerçekten çaba göstermediği şeklindeki ağlamalarıyla geçti. Bütün bunları konuşurken Ginny ve ben üçüncü şahıslardan söz eder gibiydik, sonunda ona bana doğrudan bir şey sormasını istedim. "Beni görmeye, buraya gelip gevezelik etmeme ve kendimi iyi hissettiğimi söylememe izin vermeye ne kadar süre devam edecek-siniz?" diye sordu. Bu işin bittiğini göreceğimi, hayatında önemli tatminsizlik alanları varken her şeyin iyi olduğu şeklindeki iddialarını ciddiye almadığımı söyleyerek sorusunu açık ve dürüst bir şekilde cevaplamaya çalıştım. Bu haber onu küçük bir çocuk gibi neşelendirmişti. Daha sonra kendisinden tiksindiğini, bana "doğruyu söylemediğini," kendini bir sahtekâr gibi hissettiğini, gülümsemelerinin ardında bile sahtelik olduğunu söyledi. Ona yardım etmek için hiçbir şey yapamıyordum. Sadece bu soruyu tekrar tekrar soruyordum: "Değişmek istiyor musun?" Belki bu durum çok rahattı. Değişmek için bütün sorumluluğun benim kucağıma bırakıldığını hissediyordum. Onun adına hedefler belirlememi bile istiyordu. Aynı şeyi beş altı şekilde söylemem gerekti, ama hiçbir işe yaramadı. Bugün ilk kez terapiyi çok fazla açık uçlu bıraktığım düşüncesine kapıldım. Belki bir bitiş zamanı belirlemeliyim, dört ay, altı ay. Bu durumda çalışmamız kesinlikle hızlanırdı. Ara sıra bunu yapmamı isteyip istemediğini merak ediyorum. Belki bugün istediği şey buydu.

~

23 Kasım

GINNY

İçeri girmeden önce konuşacak bir şey olmadığı için korkuyordum, ama sonra birden bu durumun kendi başına işe yarayacağını düşündüm. Eğer bu kadar konuşkan ve katı olmasaydım işe yarardı. Baştan itibaren özür dilemeye başladım. Doğal olamıyor ve kötü bir durumu değiştiremiyor ya da çıkış yolunu bulamıyordum. Belki seansta yaptığım şey burada yaptığım şeydir – sadece bencil bir tarzda kendi kendime konuşuyorum. En rahatsız zamanlardan biriydi.

Beni düzeltmenizi ve bana hedefler belirlemenizi istediğimde haftamı doldurmak için ev işlerini kastetmiyordum – bu çok hazır ve önemsiz olurdu; ofisteyken yapacak bir şeyler istiyordum. Meydana gelen her şey sizin önemli olduğunu düşündüğünüz şey hakkında konuşma içgüdüsünden kaynaklanıyor. Siz tören sorumlususunuz. Bu yüzden, sürekli olarak aynı eski kabukları, aynı eski çok önemli apaçıklıkları kaldırmamızdan sizi sorumlu tutuyorum – beni seviyor mu ya da hatta benden hoşlanıyor mu, Karl beni bırakacak mı? Aynı pandomim cümlesinin üzerinde aynı şekilde geçmek gibi bir şey bu.

Dün içimde bir boşluktum. Hayatım bir çalı gibi çitlere takılıp kalmış ve ben bir sonraki rüzgâr ve kargaşaya kadar soluğumu düzenlemeye çalışıyorum. Şimdi evde sizin verdiğiniz rahatlık olmadan otururken söyleyecek birçok şey düşünebiliyorum. Bu varoluşun sıkıntısı ve baskısı hakkında bir şeyler söyleyebilirim. Karl'ın nasıl gece yatağa yatmadan önce duvarlara bakıp evimizi gözden geçirdikten sonra, "Buradan nefret ediyorum. Nefret ediyorum," dediğini anlatabilirim. Gerçekte beni inceleyip evi bana karşı günah keçisi gibi kullanmadığına inanamıyorum. Bu bana aşk ve kendini bırakma hissi vermiyor. Ona uzanıp alaycı bir tarzla bu ifadesinin tam yatmadan önce hiç de aşk doğuracak sözler olmadığını, zalimce olduğunu ve bu sözler yüzünden huzursuzluk ve tatminsizlik duyduğumu söylediğimde bile böyle cümleler kullanmaya devam ediyor, bıraktığı etkiyi biliyor. Sadece bizim için hassasiyet ya da ilgi duymuyor. Ve sonra ben onun kötü zaman geçirmekte olduğunu, öfkesini kustuğunu düşünebiliyorum. Ya da belki dün çözecek problemim yoktu. İkimizin de zamanını harcadığımı düşünüyorum.

Hedeflerim hakkında soru sorduğunuzda hissettiğim bütün benlerin ne kadar dışarıda olduğunu fark ettim. Yurttaşlığa ilişkin cevaplar verdim. Bir lisenin rehber öğretmeniyle konuşuyor da olabilirdim.

Fikirlerinizle ilgilendiğimde sizi dinleme zahmetine katlanmadım, tıpkı tasarruf hesabım hakkında konuşurken olduğu gibi. Tasarruf hesabımı bir yetenek gibi kullanıyorum. Orada durup faiz toplanmasını bekliyorum, ruhuma ve paraya ihtiyaç duyacağım acil durumları beklerken çok az miktarlar dışında harcamaya korkuyorum. Bir kez daha erteliyorum. Kendimi kriz dönemi ya da felaketler için saklıyorum.

Sonraki raporları düşünürken kendimi iki katı kötü hissettim. Konuştuğumuz şey, yapılan fakat ters giden işler yerine yapılmayan işler olduğunda üzerinde çalışılacak çok az şey oluyor. Ama Karl'la konuşmadığım için bütün seansın boşa gitmesine biraz kızdım. Sanırım çocuksu davranarak ve sizi memnun etmek için yazı yazdığımdan söz ederek seansı bu hale ben getirdim. Ama neden siz değiştiremediniz?

Eskiden işler yolunda gitmediğinde beni rahatlatır ve farklı yollar denerdiniz. Seans istemediğim bir işe başvuru görüşmesi gibiydi.

Bu tür seanslar hep bulaşıcı oluyor ve sonunda kendimi cezalandırıyorum, ki bunu yaptım. Ve beni depresyona sokan da bu – yani bunu durduramamam, bana yardım etmenizi isteyememem, o zaman bırakın devam edeyim.

Belki bu durumdan mutlu olduğumu söyleyerek bana yem atmanıza kızmalıyım. Sanırım o noktada ayağa fırlayıp, "hayır, hayır, durumum berbat," demeliyim. Ama yapmıyorum ve bu da hiçbir şeyin kötü olmadığı anlamına geliyor. Siz kendiniz bunun başarılı bir durum olmadığını, ama belki benim aldırmadığımı söylediniz.

Gerçekte Karl'la olan hayatımdan vazgeçmek istemiyorum, sizin ve benim kendi sözlerim beni buna doğru itse bile. Size hiç iyi zamanlardan söz etmiyorum, çünkü bu zamanlar kolayca ve doğal bir şekilde gelip gidiyor. Ve her taraftan sessizliğimizle, birbirimize ihtiyacımız olduğu ve birbirimizi sevdiğimizi söyleyemememiz gerçeğiyle kuşatılıyorlar....

O sandalyede oturup duygu ve şekil gibi görünmeye çalışan bir macundum sadece.

~

30 Kasım

DR. YALOM

Çok üzücü bir saat. Her şey gittikçe daha fazla sıkıcı hale geliyor. Hangi yöne döneceğim konusunda kendimi cesareti kırılmış, yetersiz, şaşkın hissediyorum. Arada sırada kısa bir ümit ışığı görünüyor, ama bu beni çok uzağa taşımıyor. Bazen bir yanılsamayı paylaştığımızı hissediyorum; ikimiz de bunun ümitsiz olduğunu biliyor, ama sözcüklere dökmeye cesaret edemiyoruz.

Son seanstan birkaç gün sonra en iyi arkadaşlarından birinin onun kendisi hakkında hiçbir şey söylemediğinden şikayet ettiğini söyleyerek söze başladı Ginny. Arkadaşı Ginny'nin ne hissettiğini ya da düşündüğünü hiçbir şekilde bilemiyordu. O zamandan beri Ginny daha açık olmaya çalışıyordu, arkadaşı herhangi bir ültimatom vermemiş olsa da kendini baskı altında hissediyordu. Arkadaşının söyledikleri benim aylardır Ginny'ye söylediklerime paraleldi. Bu biraz ümit vericiydi, çünkü değişmesini isteyen benden başka biri daha vardı.

Sonra son seanstan beri kendini ne kadar kötü hissettiğini söyledi, ki bu ikimiz için de çok kötüydü. Hemen sonra da nihai bir yıkıcı oluş duygusu yaşamıştı, sanki alnına silinmez bir mürekkeple bir işaret konmuştu ve bunu asla değiştiremeyecekti. "Neden kendine, 'Ne olmuş yani? Seans berbattı! Bunun neresi nihai?' diye sormuyorsun?"

Ama ilginç bir şey zeki bir uyarıcı için iştahımı açıyordu. Son seanstan beri çoğu gelecekteki hayatına ait fantazilere aşırı derecede kafayı takmış durumdaydı. Otuz, belki otuzbeş yaşlarında, tek başına perişan ve mutsuz bir şekilde yaşıyor, basit bir işte, örneğin bir mağazada çalışıyor olacaktı. Ara sıra insanlar onu görüyordu, belki ben ya da anne babası onu görüyordu. Fantazisi uzun bir ağlama krizine girmesiyle sona eriyor, o zaman da kendisi için büyük acıma hissediyordu. Bu fantaziyi anlatırken kendi kendime bu fantazinin amacının ne olabileceğini sorup durdum. Fantazi bir dilek olmalıydı. Onun dileği neydi? Benim tahminimce, mutsuz olup, beni, anne babasını ve Karl'ı mutsuz ediyordu. Bu fantazide büyük bir düşmanlık olduğu açıktı. Beckett'in bir oyunundaki bir sahneden söz ettim ona. Burada kahraman, anne babasının cennete gitmelerini diliyor, ama aynı zamanda da kendisinin cehennemde azap çektiğini görmelerini ümit ediyordu. Düşmanlıkla ilgili yaptığım hiçbir yorum Ginny üzerinde etkili olmadı. Görüşme sırasında yorumlarımı biraz daha ileri götürdüğümde son seansta farklı bir şey yapmış olmam gerektiğini hissettiğini kabul etti, yani bazı rahatlama teknikleri kullanmalıydım ya da belki de davranışçı terapiye devam ediyor olması gerekiyordu. Bu sözler eleştirinin kıyısındaydı. Bunu ifade ettim, ama bunu yapar yapmaz yok oldu.

Seansı Karl'la kişisel konularda konuşamaması gibi bildik bir temayla bitirdik. Şu anda önem taşıyan bir şey Karl'ın iş bulamamasıydı. Arka arkaya işlere başvuruyor, ama hep geri çevriliyor ve depresyona giriyordu. Ginny bu hafta bir kez Karl yatağında uzanmışken ona ne olduğunu sorduğu için kendisiyle gurur duyuyordu. Karl sadece üzgün olduğunu, ama bunun kendisiyle ilgili bir şey olduğunu söylemişti, Ginny'yle ilgili bir şey değildi. Bütün bu süre içinde Ginny'nin Karl'ın hissettiği acı hakkında konuşması için neden daha fazla fırsat vermediğini merak ettim. Bana göre Ginny babası işsiz kalan ve yetişkin konularına dahil edilmeyen bir çocuk gibiydi. Ginny de aynı bu şekilde hissettiğini söyledi. Herhangi bir değişiklik onu mahvederdi. Beş yaşındayken babasının Sears'daki işinden çıktığını hatırlıyordu, bu haberle histeri krizine girmişti. Yoksa sadece Karl'la ilişkisindeki herhangi bir değişiklik fikriyle yüzleşmeye mi korkuyor? Bir krize doğru hızla yaklaştıklarının farkında. Karl işsiz kalmaya devam edemezdi ve kısa bir süre içinde iş bulamazsa bir şey olacaktı ve ya şehri ya da Ginny'yi terk edecekti. Ama Ginny bunu sormaya cesaret edemiyordu.

Ginny, tüm gün çalıştığı üç haftalık bir Noel işi bulmuştu ve bu süre zarfında benimle görüşmemesi olasıydı. Bu konuda öyle ya da böyle güçlü bir hissim yoktu. Onu göremeyeceğime biraz üzülüyordum, ama aynı zamanda öylesine cesaretim kırılmıştı ve kendimi kötümser hissediyordum ki, bu ertelemeyi memnuniyetle karşıladım. Bana dosdoğru bakarak ve en azından bunu yapabileceğini söyleyerek bana biraz daha yakın olma çabası gösteriyordu.

~

18 Ocak

DR. YALOM

Ginny'yi bir aydır görmüyordum. Noel tatili süresince bir kitapçıda çalışmıştı. Birkaç dakika içinde aynı bildik kasvetli bataklığın içine girdik. Ginny ile birlikte olmak eşsiz dramatik bir deneyim. Sanki kendi gri sahnesini kuruyor ve seansın ilk dakikaları içinde becerikli bir şekilde yerleştiriyor sahneyi. Çok kısa süre içinde ben de dramaya katılıyorum. Dünyayı onun gördüğü şekilde yaşantılıyorum: yabancı, tekin olmayan, döngüsel umutsuzluk. Ümitsizliğini paylaşmaya başlıyorum. Bugünün seansında, bu umutsuzluk, "Karl'la hiçbir zaman mutlu olamam, çünkü artık orgazm olamıyorum ve orgazm olamıyorum, çünkü, ben orgazm olmaya çalışırken bu sesler benimle alay edip duruyor," şeklini aldı. Bu "sesler" sadece kendine karşı duyduğu nefretin çığlıkları ve orgazm olmakta ya da başka bir konuda başarısız oldukça bu çığlıklar daha ısrarcı ve yüksek sesli oluyor. Ve yılan kuyruğunu titretir. Ve artık kaçış yoktur. Ve on onbeş dakika sonra benim başım dönmeye başlar. Ve ümitsiz ve rahatsız hissederim kendimi.

Ona büyük bir olasılıkla hiçbir zaman orgazm olmayacağını, dünyadaki kadınların yüzde ellisinin orgazm olmadığını ve bütün seksi sihirli orgazmı bulup bulamayacağı düşüncesine odakladığını söyledim. Bunun için hazır bir savunması vardı ve bunu hemen ifade etti: orgazm olmayan kadınlar geçen kuşak kadınlarıydı ve gazetelerde okuduğu her şey kadınların artık orgazm olduğunu österiyordu. Bu kulağa komik geliyordu, ama bir bakıma haklıydı. Kendimi savunamayacağım bir pozisyona sokmuştum. Vurgulamak istediğim şey hayatının olumlu yönleriydi: çalışıyordu ve para kazanıyordu, Karl'la olan ilişkisi gelişiyordu, Karl olağanüstü derecede şefkatli ve ilgili hale gelmişti, ama Ginny onunla evlenmeyi hayal edemeyeceğini söylüyordu, çünkü onunla orgazm olamıyordu. Bunu aklım almıyordu. "Geçimsizlik" nedeniyle boşananların sayısını vererek durumunu destekliyordu. Geçimsizliğin mutlaka orgazm olamamak anlamına gelmediğini göstermek istiyorum, ama bunun ne faydası olur, bu şekilde bir yere varamıyoruz.

Dün gece nedenini açıklayamadığı bir ağlama krizine tutulmuştu. Bugün başı ağrıyordu. Geçen hafta beni aradığında bu haftaya kadar randevu veremediğime memnun olduğunu söyledi. Görünüşe göre beni görmeye gelmek konusunda karmaşık duyguları vardı, ama bu konuyu daha fazla sürdürmedik.

Sonra Karl ve kız arkadaşıyla ilgili tekrarlayan bir fantazisini anlattı; kız arkadaşının kendisini evine davet ettiğini, ama Karl'ı getirmemesini söylediğini düşlüyordu. Arkadaşına ne kadar kızacağını ve ona söyleyeceği öfkeli şeyleri hayal ediyordu. Sonra Karl bilardo salonundayken kendisinin evde tek başına üzgün bir şekilde oturduğu fartazisini kuruyordu. (Bu tür fantazilerin tek nedeni kendisine karşı gösterilen agresyonun, fantazide bile olsa, kendisinin duyduğu agresyonu haklı çıkarmasıydı.) Ona basit bir yorumda bulundum, davranışları ifade edilemeyen öfkeyle açıklanabilirdi. Fantazilerinin, kendisine hiçbir şekilde ilgi gösterememesinin, aşırı çekingenliğinin, bana karşı olan saygısının, hiç kimseyi incitmemesinin, Karl'ın gelecek için ne düşündüğünü araştırmayı reddetmesinin – bunların hepsinin biriken öfkesinden kaynaklandığını söyledim. Bunun harika bir biçimde uzun bir görüşme olduğunu söyleyerek cevap verdi. Söyleyebileceği onca şey varken iltifatı seçtiğini söyledim. Ginny bunu anladı ve büyük ilgi gösterdi, ben de çok ilgiliydim. Ama ikimiz de bunun yeni bir şey olmadığını, aslında onun ifade edilmemiş öfkesi konusunda sayısız kereler konuştuğumuzu fark ettik. Yine "sikloterapi" sözcüğü geldi aklıma. Ancak Ginny öfkesinin yüzeye çıkmaya başladığını, için için yanan öfkesinin geçmişte olduğundan daha gerçek olduğunu hissediyor gibi görünüyordu. Durumun gerçekten böyle mi olduğunu, yoksa Ginny'nin benim genel cesaretsizliğimi yatıştırmak için mi öfkesini sunduğunu bilmiyorum.

~

18 Ocak

GINNY

Seans sırasında kendime karşı alaycı değildim. Söylediğim ya da düşündüğüm şeylere yoğunlaştım ve bu da bana enerji verdi. Böylece seans uzayıp gitmiş hissi vermedi. Birçok şey anlattım – tatil, işim, yeni ayakkabılarım, yatak zamanı, Eve. Sonunda Dr. Yalom hepsini birbirine bağladı. (Bundan sonra size Dr. Yalom diyeceğim. Size "siz" dediğim zaman karşımda oturuyormuşsunuz hissine kapılıyorum ve sizi memnun etmeye çalışıyorum ve eğer sizi eleştirirsem bunu yüzümde yapmacık bir gülümseme ile yapıyorum.) Dr. Yalom'a iltifat etmeye çalıştığımı fark ediyorum, seansın sonunda, "Bu seans harika bir biçimde uzun oldu," dediğim zaman olduğu gibi. O zaman kafama dank etmemişti, ama şimdi fark ediyorum ki, Dr. Yalom'un sanki her şey sona ermiş gibi önüme tepki vermem için koyduğu şeylerden kaçınıyordum.

Seansta yine öfke ortaya çıktı. Öfkeyi düşünürken onunla daha güçlü bir bağ kurabiliyorum ve bu da, deliliğimi, işteki gergin çocuksu davranışımı anlamama yardım ediyor. İnsanlara hep çok fazla soru sorar ve herkesi yumuşak bir şekilde çileden çıkaracak pozisyona sokarım kendimi. Sadece normal bir alışverişte bulunamazdım, hayır, birkaç vuruş ileride olmak zorundaydım. Tehlike yolunda aptalca sırıtan bir beden bırakan bir gölge gibiyim. Buharla doldurulmuş yumruk torbası.

Hep yanlış yaptığımı, potlar kırdığımı biliyordum, ama kendimi durduramıyor gibiydim. Galiba bu kendimden nefret etme duygusundan hoşlanıyorum.

Seansta da yapıyorum bunu, ama bazıları sizin için çok masumca olmalı, çünkü sizi öfkelendiriyor gibi görünmüyorlar. Örneğin, iyi soda hazırlayan bir yer ve indirimli satış yapan bir eczane bulduğum için terapiye gelmeyi sevdiğimi söylediğim zamanki gibi. Dr. Yalom kendisini savunmuyor, benim gevezeliğime karşı onun zamanı. Kendimi açıyorum, ne kadar küçülebileceğimi görmek için kendimi açığa bırakıyorum. Hiçbir içsel planım ya da *kendimi* koruma çabam yok, ya da korumaya çalıştığım benliğim zaten bir fosil. İşte çizgim dışına çıkmaktan hep korktum ve aynen söyleneni yaptım – kendimi güdülemek için hiçbir sorumluluk almadım. Galiba seanslarda da her şeyi sizin başlatmanızı bekliyorum. Gerçekte bunu yapıyorum.

Seanstan hemen sonra bir sembol olarak size vermek istediğim bir resmimi düşündüm. Sanırım seansın en sonunda sizi memnun etmeyi ve size kendimi sevdirmeyi düşünüyordum, çünkü çok hoş bir resim bu.

Zihin karışıklığı, yani sevişme sırasında beni bombardımana tutan karmakarışık sesler hakkında tekrar konuştuğum için mennunum. Umarım o kadar önemli olan konunun orgazm ya da orgazm eksikliği değil, içimde biriktirdiğim nefret ve şaşkınlık olduğunu açıklamaya çalıştığım da o da benim gibi anlamıştır. Hoşuma gittiğinde ve sonrasında, Karl hâlâ içimdeyken yeniden heyecanlandığım zaman olduğu gibi büyük zevk aldığımda bile bu sanki gizli bir zevk – Karl'ın bunu onaylayacağını ya da anlayacağını sanmıyorum, neden onunla boşalamadığımı, neden böyle oyalandığımı merak edecektir. O bunun ikinci en iyi olduğunu, ki öyle, kendimi sınırladığım bir ortam olduğunu düşünecektir. Özellikle de karmaşık olmadığı için.

"Geçimsiz" sözcüğünden söz ettiğimde sanırım Dr. Yalom şaka yaptığımı düşündü, ama yapmıyordum. Söylediğim şeye inanıyordum, teknik açıdan ne kadar çocuk olduğumu ya da olmaya çalıştığımı fark etmiyor. Ama hayatın *o* bölümünün –seksin– en önemli şeylerden biri olmadığına beni asla ikna edemeyecek. Bunu ortadan kaldırıp mutfak masasına yoğunlaşamam. Karl birçok öğretmenvari alışkanlığında hatalıyken yatakta çoğu zaman özgür ve unutkan, hatta belki de affedici olmayı başarıyor. O zaman, eğer kendimi ona bir kadın taklidi yaptığımı hissetmeksizin saf bir şekilde ve tamamen veremezsem kaç tane akşam yemeği, kitap ya da sözcük sunduğumun bir önemi kalmıyor.

Konuyu seksten genel ilişkiye getirene kadar Dr. Yalom'la birlikteydim. Sonra bu baş edemeyeceğim kadar büyük ve geniş kapsamlı bir konu gibi göründü ve daha fazla düşünemedim. Ama bu hafta deneyeceğim. Eğer gerekirse prova yapacağım, çünkü o bu konuyu tekrar tekrar getirecek ortaya. Sanırım sansürlü konularımla Dr. Yalom'a çok fazla hareket alanı bırakmıyorum. Anne babamın sahip olabileceği her türlü kusur hakkında konuşmaktan kaçınıyorum. Ne zaman bana yem atsa ya da ben, "çirkin kadınlar arkamdan alaycı ifadelerde bulunuyorlar," diyerek kendi kendime yem atsam, "Bu çirkin kadınlar kimler? Onları tanıyor musun?" diye soruyor ve konu bulanıklaşıyor, uzaklaşıyoruz. İkimiz de şeffafız. Psikiyatriste hiç rahat vermiyorum.

Hep diğerlerine karşı güvenli davranıştan söz ediyor, ama ben kendi içimde güvenli olmayı düşünerek kendimi daha güvende hissediyorum. Kendi düşüncelerimi kontrol etmek için. (Bu şekilde iç kısımlarım hariç kimse saldırıya uğramaz). Düşüncelerimi kontrol etme ve onları bir araya getirme hedefimi ifade edip aynı zamanda marihuana içmemi Dr. Yalom'un onaylamadığını biliyorum. Marihuana içtiğimde taşıdığım yavan düşünceler ve cümlelerin bir tadı ve hissi oluyor. Serbest bırakılan düşünceler zaten oradalar ve sadece gevşetilip canlandırılıyorlar, karışmalarına izin veriliyor ve büyüleyici ve gerçek bir hal alıyor. Bunlar zaten tavada pişen malzemeler, onlara neden aldırış edeyim ki?

Siz sadece değişmeyen bir görüngüye mi bakıyorsunuz, yoksa değişeceğimi mi düşünüyorsunuz? Evet dediğinizi biliyorum, "ama sadece küçük biçimlerde." Ve ben de bunun iyi olacağını görmeye geliyorum, çünkü benim iyi duygularıma engel olan ve ölene dek beni hayal kırıklığına uğratacak şeyler bu küçük şeyler.

18 Ocağa Ek

Hayal kırıklığı ve sıkıntılı bir ruh hali içindeyken yazdığım türde bir şeyi göstereceğimi söylemiştim size. İşte son zamanlarda yazdığım bir şey.

Garajların arkasındaki güvenli bir sokakta yürüyorum, yabani otların bürüdüğü bir sokak bu. Sessizliği bozan trafik yok. Duyulan tek ses yakındaki kuşlardan ve uzaktaki hiçbir şeye aldırmayan sis sirenlerinden geliyor. Yol yukarı doğru gidiyor. Özel bir şekilde kaldırım döşenmiş ve böğürtlen çalıları onu gözlerden gizliyor. Ayrıca yeşil ve sarı renkli çimenler yabani otları içinde saklıyor. Ve ben de saklanıyorum. Buraya sığındım. Sis şehrin kaba kenarlarını içine alıp geride çocukların oynadığı kum oyuncağına benzer beyaz bir kule bırakırken, şehrin koyun yanındaki bölümü, yükselen denizle hafifçe kaplanmış midye kabukları gibi görünüyor. Sessiz gece iniyor.

Adetimden önceki birkaç gün hep çıldırırım. Belki çalışmakla çalışmamak arasındaki yeni fark bu. (Şu anda işsizim.) Bedenim çok hızlı ve yorulmak bilmiyor, ama üç oda içinde çöküp oyalanmaya başlıyor. Bugün içimde en az iki tenis seti var, ama partnerim yok ve yürüyüşler, bu yürüyüş, amaç eksikliğiyle sınırlı. Karl bir bilmece. Onu daha kötü şeyler kurmaya yönelten benim kötü ruh halim mi, yoksa onun kendi iğneli sözleri mi bilmiyorum. Pokerde onbeş dolar harcayabiliyor, ama ben yemeğe çıkmak istediğimde, hem de ödeme yapması için değil, sadece bana eşlik etmesi için, yüzü hemen olumsuz bir ifadeye bürünüyor. Sonra kendime kızıyorum, o işsizken yemek konusunu açmak benim hatamdı. Bu benim boş vakit kaçışlarına şiddetli yoğunlaşmam. Hayatımı geçmişle doldurmak, diğer insanlara dayanmak için orantısız bir istek bu ve her zaman bir hava akımı.

Daha sonra bana yeniden güzel olma ve sevilme üzerine eksik bir senaryo veren Larry'yi (eski sevgili) görmem var. Yanında kaskatı durup ona gülümsedim, kendime sadece bebek adımlarıyla ilerleme ve hemen arkasından tekrarlama izni verdim. Diğer insanlara karşı öfkemin cinsel bir heyecan gibi içimde büyümesine izin veriyorum. Gücenme ve nefretin de. Kendimi bu şekilde uykuya bırakıyorum. Zihnimi ve ruhumu bu kadar çok iddia ve hayalden temizlemesini dileyerek Tanrıya yakarıyorum. Davranışım en kötü sahneleri hatırlatan bir rüya.

Bu girişgenlik ve kişisel inanç eksikliği, bana iyi davranıldığında kendimi daha çok kurban gibi hissetmeme neden oluyor, çünkü o zaman şöyle düşünüyorum: "Ne kadar naziksin, ne kadar merhametli, bu olmasaydı, bu film ya da yemek ya da telefon ya da elbise ve ben fırlayıp ısırmaya hazır bir şekilde kıvrılmış olurdum."

Ama bu fazla olgunlaşmış duyguların etrafını çeviriyorum. Yunan patates-domates tava yapıyorum ve küçük Bayan'ı oynayarak vitaminler tarafından kurtulup şefkat görüyorum.

~

25 Ocak

DR. YALOM

Ginny'yle geçen ilginç ve doğal bir saat. Seanstan önce aşırı derecede üzgün olduğum için böyle oluşu beni şaşırttı. Ginny gelmeden üç saat önce başka bir hastamla aşırı derecede rahatsız edici bir seans geçirmiştim, öyle ki sonunda hiç yapmamaya çalıştığım bir şeyi yaptım – sorumsuz ve hatta yıkıcı bir şekilde davrandım ve çok hiddetlendim. Hasta ofisimden kaçarak çıktı. Sonra kendimi suçlu hissettim, çünkü bu hastam depresyondaydı ve uykusuzdu ve yeni bir rahatsızlık kaynağına hiç ihtiyacı yoktu. Şüphesiz davranışımı birçok yönden haklı gösterebilirim: öfkelenmem ona yardımcı olabilir, saygısızlığı ve öfkesi St. Francis'in sabrını bile tüketebilirdi, terapist sadece bir insandır. Yine de o gittikten sonra oldukça sarsıldım ve korkunç bir şey yapacağı, hatta intihara teşebbüs edeceği konusunda ciddi endişeye kapıldım.

O ve Ginny'nin seansı arasındaki iki saatte bir psikiyatristle randevum vardı, bu olay üzerinde biraz konuşma fırsatım oldu. Bu yüzden Ginny'yi görmeye gelirken bu konuyu düşünüyordum ve dikkatim son derece dağınıktı. Yine de Ginny'yi görmek çok rahatlatıcıydı ve diğer hastamı, Ann'i unutmayı başarabildim. Sanırım Ginny, Ann'e hiç benzemiyor, tehditkâr değil, ona verdiğim en ufak bir şey için bile mütüşekkir ve bu kendimi onun yanında çok rahat hissetmemi sağlıyor. "Rosencrantz ve Guildenstern" dramasını oynuyorum; sahne arkasında bir başka oyun, yan odada diğer aktörler var. Ann için Ginny'nin çok az bölümde oynadığı bir oyun yazıyor olabilirdim. Bu bir psikoterapistin en son ve korkunç sırrıdır – yani diğer sahnelerdeki dramalar.

Bunları ertesi gün yazıyorum ve olaylar dizisini zihnimde açık hale kavuşturmak biraz zor. Geriye dönüp baktığımda en fazla hatırladığım şey Ginny'yi daha yetişkin, daha canlı, daha çekici ve daha az sırıtkan algıladığımdı. Dahası bütün bunları ona söyledim. Sanki bu birlikte olmamızın daha yetişkince bir şekliymiş gibi bana bazı sorular sorması için onu yüreklendirdim. Bana ters gidenin ne olduğunu sorarak hemen başladı görüşmeye. Ters giden bir şey olmadığını söyleyerek inkar ettim, ama daha sonra başka bir hasta yüzünden sinirli olduğumu söyledim. Tepkisi garipti. Neredeyse üzgün gibiydi, çünkü benim ona öfkelendiğimi hayal edemiyordu, bunun doğru olduğunu söyledim. Sonra bütün hafta boyunca kurduğu fantazilerini anlattı, bunlar da bir önce haftanın fantazileriyle aynıydı – diğer insanlara karşı öfke duyabileceği ortamlar hazırlamak. Saklı öfkesine ilişkin içgörümüzün faydalı olduğuna inanıyorum, çünkü bu fantazi tufanının ne anlama geldiği konusunda artık daha açık bir fikrimiz var.

Bu duygunun, küçük bir kız gibi davrandığının ve sürekli sırıttığının farkındaydı. Bugün neredeyse bir saat boyunca sırıtmadı. Ve ben onun için belirgin biçimde farklı şeyler hissettim. Çok kilo aldığını söyledi ve tabii ki kilosunun annesi gibi olacağı şeklindeki mantıksız bir inançla bunu kendini yıkıcı bir şeye dönüştürmeyi başardı. Annesinin hiçbir iyi özelliğini almadan kötü özelliklerini almış olması düşüncesi onu çok kızdırıyordu. Bu Ginny'nin sihirli düşüncesine tipik bir örnek. Ben sadece bunun ne kadar mantıksız olduğunu ve her şeyi nasıl da kendisi için olumsuz bir hale dönüştürdüğünü söyleyerek cevap verdim. Aslında böyle çok daha iyi göründüğü konusunda ısrar ettim. Onu neredeyse baştançıkarıcı bulduğumu fark ettim. Ofisimden çıktıktan sonra arkasından biraz laflamak için içeri giren bir arkadaşımın kapıdan çıkan "çekici kız" hakkındaki yorumu ilginçti.

Sorduğu bir diğer soru yirmi yaş daha gençmiş gibi yapıp yapamayacağımdı. Bunu büyük bir mahcubiyet içine girmeden yapamayacağımı söyledim. Sonra benden yarı ciddi bir şekilde haftasını planlamamı ve tam olarak neler yapması gerektiğini söylememi istedi. Ben de aynı şekilde cevap verip birkaç öneride bulundum: Karl'la açıkça konuş, günde iki saat yazı yaz, sırıtmayı bırak. Ortaya getirdiği bir diğer konu, Karl'la olan ilişkisine bakmanın garip bir yolu olarak düşündüğüm şeye neden oldu. Karl ciddi bir depresyon içindeydi, işsizdi ve Ginny bunun için Karl'ın kendisini suçladığını hissediyordu, sanki kendisi onu aşağıya doğru çekiyordu. Bana göre ise, Karl Ginny'yi tamamen aksi bir şekilde görüyor olmalıydı, yani şu anda başka her şey kötü gittiğine göre elinde bir tek Ginny vardı. Aslında bu durum için bazı kanıtlar vardı, çünkü Karl son zamanlarda Ginny'ye karşı daha sevecen davranıyordu. Seansın sonunda son raporlarımı okumak isteğinden söz etti ve ben gelecek haftaya hazırlamış olacağımı söyledim. Ginny'yle geçen ferahlatıcı, gevşek, özgür bir saatti.

~

25 Ocak

GINNY

Sanırım terapiyi dört gözle beklemiyordum, çünkü aklımda belirli bir şey yoktu ve ne söyleyeceğimi bilmiyordum. Seanstan önce kendimi transtaymışım gibi hissettiğimi söyledim size, sanki saatlerce gözümü bir yere dikip bakabilirdim. Fakat sadece on dakika sonra seans başladı.

Dr. Yalom garip bir şekilde davranıyordu. Koltuğuna iyice gömülmüş gülümsüyordu, duraklamalarımda eliyle ağzını örtüyordu. Daha sonra neden sinirli olduğunu söyledi, bu bana ilginç geldi. Olayı kısaca gözümün önünde canlandırdım. Bir kız sürekli olarak Dr. Yalom'a karşı iğneleyici bir tavır takınıyor ve sonunda onu kızdırıyor. Neden ikimiz arasında böyle bir şey olmadığını merak ettim – kısırdöngüler içindeki ağır ilerleyişim düşünülürse. Ve Tanrım ben de iğneleyiciyim, ona karşı değil ama kendime karşı. Benim öfkemi bulmanın zor olacağını söyledi (kulağa harika bir cümle gibi geliyor). Başka bir deyişle, ben de o kız gibi sürekli olarak ona öfkelenmedikçe bana kızamazdı. Bu düşünce heyecan vericiydi. Sonra benim ve terapinin sonucu olarak senaryomuzun ne kadar sınırlı olduğunu fark ettim – yumuşak duygular, imalar ve mizah hariç kimsenin bana dokunamadığı yüksek bir yere tünemiştim. Belki bu yüzden içimde bu kadar gürültülü şirret bir kadın var, çünkü kendime bütün kötü şeyleri sağlamalıyım. Diğer insanlar gibi duygu spektrumunun onuncusuna maruz kalmıyorum. Psikiyatristlerin odasından kaçan ya da fırlatılıp atılan kızları ve duyguları kıskanıyorum.

Konuştum, konuştum. Nasıl bir izlenim bıraktığım konusunda bir fikrim yoktu, bu yüzden en kötüsünü düşündüm. Hiçbir yeni duyguyu çıkarmıyordum ortaya. Ama Dr. Yalom sessizce oturdu, fakat yüzünde birçok ifade vardı. Bu yüzden benim vızıltım ve bir konu arama çabalarımdan başının döndüğünü düşündüm. Ne düşündüğünü sorduğumda daha iyi göründüğümü söyledi. Bu şekilde diğer zamanlar olduğundan daha fazla cevap veriyor bana. Eğer korkunç olduğumu ve saçmaladığımı söyleseydi buna da memnuniyetle inanırdım. Benim yargılarım yoktu. Neden daha iyi göründüğümü sorduğumda hiçbir art düşüncem yoktu. Daha iyi göründüğümü söyledi, "Daha ciddisin. On yaş daha büyük davranıyorsun, daha çekici görünüyorsun." Son seanstan beri aldığım beş kilodan söz etmiştim az önce. Aynen tekrarlayabilmeyi dilediğim bir cümle söyledi, ama o zaman bile yanlış olduğuna inanmıştım zaten "daha iyi görünüyorsun, daha çekicisin, daha kadınsısın ve artık sırıtmıyorsun," gibi bir şeydi.

Biraz zaman geçene dek herhangi bir duyusal tepkide bulunma ya da aklıma bir şey gelmesi iznini vermedim kendime. Öfkeli kızdan ve Dr. Yalom'un öfkeli tepkisini nasıl aldığından söz ediyorduk. Bu şekilde en azından tepki aldığını söyledim ve o da, evet, ama sana o şekilde tepki vermek zorunda değilim, dedi. Başka yollar da var. (duraklama) Bir parçam bu harika ima ve iltifattan etkilendi, memnun oldu ve heyecanlandı. Diğer parçam ise iğneleyici ve komikti. İşitilebilir düzeyde bir şey söylemedi, ama kendi şakalarına o kadar alışıktı ki, "Oh, evet dostum. Hepsi böyle der zaten," demek zorunda kalmadı. Daha sonra bunların etkisi iyi oldu ve kendimi daha iyi, daha ciddi, bütün ve neşeli hissettim. Ormanda yürüyüp Stanford'un mezarından geçerken her zaman olduğum dahi kızdan farklıydım. Ordövr yiyip bir elindeki kristal kadehten içki içen kadınsı bir tiptim. Dr. Yalom ve karısı ve bazı arkadaşlar (diğer elimde mi?) ve konuşuyor ve daha olgun. Ama dünya daha berrak görünüyordu, yoğunlaşıyordum, canlıydım. Standart saat yavaş yavaş geçiyordu, bu yüzden 5.15'te ortalık daha aydınlıktı. Dünya aydınlıktı. Eve döndüğümde neşe ve keyif içindeydim. Karl koca göbeğime dokununca bir espri yaptım ve Karl, psikiyatristimin bugün ne söylediğini sordu. (O ana dek kırıta kırıta dolaşıyordum ortalıkta) Ne kadar kadınsı olduğumu söylediğini söyledim. "Yani bu tür şeyler söylüyor," dedi en az benim kadar keyifli bir şekilde.

Not: Seansın anahtar sözcükleri - iyi diplomasi, iyi zamanlama. Açıklık idealleri, sevgi, sezgisel tepki, evrenimizin şu büyük katı gerçekleri (benim hayalini kurduğum ve uzaktan düşlediğim gibi) ve elde edilebilir terapi hedefleri (belki de diğerleri dinin alanına girmekte) arasında hep bir çatışma olacaktır, ama ben birincisine inanıyorum, belki küçük şeyler üzerinde çalışmaya bir kalkan olarak ve herhangi bir başarıyı kabule karşı bir yol olarak. Ve Dr. Yalom her zaman bütün insanların saklandığını göstermeye çalışıyor bana. Tamam, belki öyleler. Ama hepsi korkak değil. Ben saklanmamdan korkuyorum. Ben yerimde hop oturup hop kalkarken Dr. Yalom beni rahatlatmaya çalışıyor.

1 Şubat

DR. YALOM

Geçen haftadan farklı bir seans. Seansa dair neşe dolu baştançıkarıcı dayanaklar yoktu, ama oldukça rahattık ve işimizi yetişkin tarzıyla yaptık. İyi bir hafta geçirdiğini söyledi (sürprizlerin sürprizi). Hayır, bir daha düşününce seansa cesareti kırık bir ses tonuyla başladığını söyleyebilirim. Söylediği ilk şey Karl'la konuşmaya çalıştığı ve başarısız olduğuydu. Olayı tarif etmeye çalıştığında Karl'la gerçekten kişisel olarak konuştuğu anlaşılıyordu, ama bu olumsuz ve eleştirel bir tarzda olmuştu ve çok kötü gitmişti. Karl'ın kısa hikâyelerinden birini okurken onun da hikâyedeki karakter gibi otoriter bir şekilde konuştuğu şeklinde bir yorum getirmişti. Karl savunmacı bir şekilde cevap vermiş, bazı somut örnekler istemiş ve bu konuda konuşamayacak kadar sinirli olduğunu söylemişti. Bu yüzden Ginny de, bu konuda bile konuşamayacak kadar kızgın olduğuna göre daha önemli konularda hiç konuşamaz, sonucuna varmıştı. Ancak, hafta için söylediği diğer şeyler genelde cesaret vericiydi. Bir başka çiftle Yosemite'e gitmiş ve harika bir hafta sonu geçirmişti. Karl gitmek istememişti, çünkü biraz yazmak istiyordu. Ginny eve geldiğinde Karl kendisine onsuz bir hayatının ne kadar boş olduğunu söylemişti. İlişkilerinin değişme hızı Ginny ve benim için oldukça açıktı. Artık Karl'ın birdenbire kendisini terk edeceğini bildireceği korkusuyla yaşamıyordu; işler tersine dönmüştü, artık Ginny'nin yıldızı parlıyordu ve Karl'ın ona en az onun Karl'a duyduğu kadar ihtiyaç duyduğu açıktı.

Daha sonra artık yoluna çıkan tek şeyin gecelerden ve seksten korkusu olduğunu söyledi. Başlangıçta rasyonel bir yaklaşım deneyerek bunun aslında hayatının küçük bir bölümünü oluşturduğunu, birkaç dakikalık, en fazla bir iki saatlik bir şey olduğunu söyledim. Bana karşı olağandışı bir cesaretle karşı koydu, bunun benim açımdan çok yanlış bir görüş olduğunu ve bütün popüler dergilerin benden farklı düşündüklerini söyledi. Beni çok zekice durdurmuştu. Eh, ben de yatakta Karl'la olan şeyler konusunu daha büyük bir ciddiyetle (ve artık Ginny'yi de daha fazla ciddiye alıyorum) incelemeye başladım. Bu konuyu birkaç kez konuşmuştuk, ama bu kez daha açık bir şekilde anlıyordum. Cinsel korkuları daha önceki erkek arkadaşıyla ortaya çıkmıyordu, çünkü arkadaşı ona mastürbasyon yapıyordu. Başlangıçta Karl'la cinsel anlamda yaptığı her şey iyiydi, çok doğaldı. Ondan kendisine mastürbasyon yapmasını istemesi gerekmemişti. Sonra gerilmeye başlamış ve kısırdöngü başlamıştı: gerilim doğallığını engelliyordu, doğallığını yitirdiği için korkuyor ve kendisini azarlıyordu ve böylece daha fazla gerilim ortaya çıkıyordu. Karl'la olan esas problem Karl'dan yardım istemekten korkmaya devam etmesiydi. Nedense Karl'ın bazı şeyleri yapmayı reddedeceğini, bunun bir yenilgi ya da ucuz bir kaçış olduğunu düşüneceğini düşünüyordu. İki adam arasındaki farkı anlatırken önceki erkek arkadaşının bir Yahudi olduğunu ve Yahudi gençlerin seks hakkında daha hassas ve çatışmalı olduklarını ve kendi anneleriyle olan belirli çatışmaları yüzünden kızları memnun etmeye çalıştıklarını söyledi. Böyle bir mantık silsilesine ne diyebilirdim? Kendi annemle ilgili düşüncelere daldım.

Yüzeye çıkıp Ginny'yi korkularını incelemeye zorladım; tam olarak neden korkuyordu? Karl'ın ona zarar verecek bir şey yapmayacağı açıktı; Karl'a yaklaşmaktan onu alıkoyan şey neydi? Geceleri olan şeyleri anlattı. El ele tutuşup yatıyorlardı. Öylece uzanıyorlar, Ginny bir şey söylemeye korkuyordu. Eğer ne istediğini söylerse, bu Karl'dan adını söylemesini ya da ona bakmasını ya da kendisine sarılmasını istemek olurdu. Ona doğru bir hareket yapması ya da onu öpmesi ya da korktuğunu ve kendisine sarılmasını istediğini söylemesi için onu zorladım. En korktuğu şey tam olarak böyle bir hareketti. Sonra şakayla karışık olarak ben iki haftalığına şehir dışındayken böyle bir şey denemeyeceğini söyledi. Ben şehir dışında olacağımı unutmuştum. Ginny'nin söylediği şeylerden bunun terapide son adımı olmasından korktuğu hissine kapılmıştım. Karl'la yakın bir şekilde konuşursa bize ne olacağını sordum. O ve ben ne konuşurduk o zaman? Bunu yarı şaka yarı ciddi bir şekilde sordum, çünkü bunun önemli olduğunu düşünüyordum. İyileşip benden vazgeçmek yerine terapide kalmayı tercih ediyor olabilirdi. Ama o oldukça ilginç bir şekilde cevap verdi. Arkadaşı Eve'e benzer bir şey olacağını düşünüyordu. Eğer bunu atlatırsa dışarıdaki pozisyonunu ciddi şekilde düşünmeye başlamak, dünyaya yumruklarını göstermek, bir kariyer edinmek, hayatta kendine bir yer bulmak zorunda kalacaktı. Cevabına şaşırmıştım, çünkü Ginny'nin bu konuları yakından düşünmeye başladığını gösteriyordu. Onu gördüğüm süre içinde gerçekten değişmiş olduğunu hiç bu kadar güçlü hissetmemiştim. Birdenbire çok hızlı bir şekilde hareket etmeye başlamıştı.

Ve tüm bunların ardından geçen haftanın "çekici" seansı geliyordu. Birdenbire Londra'da geçirdiğim yıl içinde meydana gelen bir olay geldi aklıma. Dr. R.— ile olan analizimde en fazla hatırladığım şey, bana doğal bir tavırla oldukça zeki olduğumu söylediği zamandı. Nedense bu sözcük bütün diğer bilgili içgörülerden daha fazla şey ifade etmişti benim için. Bunun Ginny için de doğru olup olmadığını düşündüm. Onunla yaptığım onca çalışmanın içinden en fazla hatırlayacağı şey bir gün ona çekici ve kadınsı olduğunu söylediğim olacaktı! Ginny onunla yaptığım son seanstan önce bağırdığım hastanın tamamen farklı yönüne doğru hareket etmişti. Ann beni arayarak en azından şu an için terapiye devam etmeyeceğini söylemişti. Onunla gerçekten başarısız olduğumu hissettim, fakat onu bir süre için görmeyecek olmamın verdiği rahatlık da vardı. Ama Ginny söz konusu olunca gelecek haftayı kaçıracağım için üzgündüm. Birden geçen yıl Ginny hakkındaki raporlarımın bir kısmını okuyan bir meslektaşımın söyledikleri geldi aklıma. İlk yorumu, "Biliyor musun, Ginny'ye aşık olduğunu düşünüyorum," olmuştu.

~

1 Şubat

GINNY

Bu raporu yazmak çok zor. Karl'la konuşma çabam ve nasıl geri teperek beni endişeye yönelttiği hakkında konuştuk. Ve meydana gelen bütün yenilgilerden söz ettik. Onun güçlü ve sarsılmaz olduğunu düşünme bahanelerim ve bunların kendi zayıflığımın arkasında saklanmamın nedeni olması. Şimdi aynı düzlem üzerinde olduğumuz, yani o da en az benim kadar endişeli olduğu halde onunla hâlâ açık olarak konuşamıyorum ve hâlâ gerginlik ve baskı hissediyorum. Belki Karl'ın endişeleri işsiz olduğu için şu anki durumuna doğal bir tepki gibi görünebilir, benimki ise doğuştan geliyor. Konu bazı işleri yapmak olduğunda Karl sağlıklı bir insandır. Bulmacalar, yarış ve kumar sağlıklı mı – diyerek beni azarlıyorsunuz. Hayatı bir oyuna çevirip sıkıntıyla mücadele etmeye çalışma konusunda bence öyleler. Sadece Karl'ın çok yavaş geçen fiziksel hastalığı bir şeyle savaştığının işareti. Ben çok nadir hasta olurum ve Karl'ın nekahat devresindeki benliği için hemşireyi oynamak zorunda kalıyorum. Psikolojik ya da fizyolojik kökenli olsun hastalığı hayatımızı bloke ediyor ve her türlü planımızın üzerine bir gölge düşürüyor.

Dünkü görüşmemizden sonra hissettiğim büyük duygu, geleceğim hakkında düşünemediğim ya da düşünmek istemediğim ve sorularınıza cevap veremediğim ve kendime sorular sormadığım şeklindeydi.

Bu hafta küçük şeyler üzerinde çalışmamı söylediniz. Deneyeceğim. Fakat seansın belirsizliği beni sarhoş ve uyuşuk bir hale getirdi. (Bu belki de işsizlik sigortası almaya çalışmak ve günlerce kuyrukta beklemekle ilgili bir şeydir.)

Size arkadaşımın araba kullanırken marihuana çektiğini söylemek canımı sıktı. Bu düşünce içimde bir rahatsızlık yarattı ve kendimi kirlenmiş ve hain gibi hissettim. Bunun sizin için biraz merak uyandıran bir şey olduğunu ve onaylamadığınızı fark ettim. Bu ne zaman olsa aramızda büyük bir kuşak farkı olduğunu hissediyorum ve siz bir ebeveyn haline geliyorsunuz. Üstelik bu fırlatılıp atılacak bir konuydu. Sadece çıkmaza ulaşan bir sohbete girme çabasıydı.

Hiçbir yere gitmeyen ve hatta bu konuda oyalanan birisinin hayali var zihnimde. Ben bu şekilde hareket ediyorum. Kaderin bir oyunu, ama seks hakkında da konuşmaktan hoşlanmıyorum. Ve dünkü gevezeliğimin büyük bir bölümünü bu oluşturduğu için beni rahatsız etmesine şaşmamak gerek. Sanki bu konuda sözcükleri kullanmak yanlış bir araç gibi geliyor. Konu sıkışıyor ve küçülüyor ve aslında öyle olmadığı halde halledilmiş gibi oluyor. İçinde sahip olduğumuz bütün izlenimler ve iyi şeyler yerine sadece siyah beyaz porno konusu haline geliyor. Karl ve ben harika şekilde akıcı konuşmayı başarabiliyoruz; aslında birbirimizi çok güzel bir biçimde meşgul edebiliyoruz, komik şeyler söyleyip gerçekten gülüyor ve mutlu olabiliyoruz. Ve sonra ışıklar söndüğünde, Karl'ın beni istemediğini ve nedense yabancı olduğumuzu düşündüğümde akşam sohbeti, dağılan hayaller ve sevişmek arasında bir köprü, bir şafak kalmıyor.

Bir başlangıca her zamankinden daha yakın olduğumu söylemeniz rahatlatıcıydı.

Sanırım bu hafta da geçen hafta aldığım tepkiyi bekledim sizden, hoş ve çekici olma konusu yani, ve bu tepkiyi almadığımda geriye kaydığımı, mecazi anlamda düz göğüslü olduğumu hissettim.

21 Şubat

DR. YALOM

Tam bir rezalet. Ginny'yle şimdiye kadar geçirdiğim en garip, gergin, cansız saatlerden biriydi. Benim bir haftalığına şehir dışında oluşumun ve Ginny'nin geçen cuma günkü seansı iptalinin ardından geldi bu seans. Kötü geçen iki hafta olmadığını söyleyerek söze başladı. Hatta tamamen iyi olduğu birkaç gün bile geçirmişti. Bu günlerin nasıl başladıklarını ya da nasıl bittiklerini bilmiyordu, ama artık bu süre zarfında yabancılaştırıcı utangaçlığını kaybettiğinin ve daha büyük bir rahatlıkla yazıp yaşayabildiğinin farkında. Bu sabah birkaç saat önceden kendini çok kötü hissederek uyanmış. Bütün gün endişeli, canı sıkkın, şaşkın ve dalgınmış. Kendini toparlayamadığı, insanların otobüste kendisine baktığı ve çok dağınık göründüğü hissine kapılmış. Nedense söylediği çok sayıda şeye rağmen üzerinde çalışacağım çok az şey olduğunu hissettim. Doğal olarak erken kalkması ve bütün gün kendini kötü hissetmesi konusunu seçtim. Bunun beni görmeye gelmesiyle ne gibi bir ilgisi olduğunu sordum ve çok az bilgi aldım. Aslında, o kadar az bilgi vardı ki bunun incelenmesi gereken en önemli konu olduğuna ikna olmuştum.

Ben uzaktayken iyi zaman geçiren ve sonra (önemsiz bir neden göstererek) beni görmeye gelmesi mümkünken randevusunu iptal eden Ginny görüntüsünü sundum ona. Bugün gözle görülür şekilde üzüntülüydü. Burada olmamayı tercih edip etmediğini sordum. Bu noktadan itibaren seans içinde durum çok daha kötüleşti. Seansın sonunda beni yanlış anlayarak artık buraya gelmemesini istediğimi sandığını öğrendim. Onu çalıştırmak için gösterdiğim bütün çabalar boşa gidince neden terapiye devam ettiği sorusuyla yüzleşmesini sağladım. Kendisi hakkında neyi değiştirmek istiyordu? Bu soruyu sormaktan daha çok bunaltı uyandıracak sonucu garantili yöntem yoktu artık. Baltimore'daki tatlı küçük, yaşlı bayan analistim terapiye sürüklenerek gittiğimde bu soruyu sorardı bana. Ginny birkaç hafta içinde neden geldiğine dair 250 kelimelik bir ödevle geleceğini söyledi. Öfkeli olduğu ve aramızdakilerin daha önce olduğundan daha az sıcak ve daha gergin olduğu belliydi. Gözlüklerimi çıkarıp ona baktığımda yüzümün otobüste gördüğü diğer insanların yüzüyle aynı olduğunu söyledi. Bu sözlerden oldukça fazla çaba göstererek anladığım şey artık o kadar Dr. Yalom olmadığım ve bir arkadaştan daha aşağı seviyede olduğumdu. Daha önce benim niteliksel özelliklerimi arkadaşlarından ayırmayarak beni özel bir arkadaş olarak görüyordu.

Bana karşı tutum değişikliğinin tetiğini benim son görüşmemizdeki önerim çekmişti. Kendisine eğer orgazm olamamayı hayatının en büyük problemi olarak görüyorsa, özel bir hipnoz ya da Masters ve Johnson cinsel terapisine katılmasını önermiştim. Bu öneriyi bugün tekrarladığımda bunu hiç düşünmeden aklından çıkardığını fark ederek şaşırdı; belki terapötik değişmeyle gerçekten ilgilenmiyordu.

Bir ara cinsel terapisti olmasını istemediğini, çünkü bunun başka birisiyle her şeye yeniden başlamak anlamına geldiğini ve bunu benimle de yapmak istemediğini, çünkü özel olarak bu konuyla uğraşmanın çok utandırıcı olacağını söyledi (oysa sürekli olarak bu konu üzerinde çalışıyorduk zaten). Cinsel açıdan her şeyin tıpkı yıllar önceki gibi olduğunu ve bu alanda hiç ilerleme kaydetmemiş gibi göründüğünü söyledi, ki bu da terapide çaba göstermediği için kendisini çok kötü hissetmesine neden oluyordu. Bunun benim yüzümden hayal kırıklığına uğramasına neden olduğunu düşündüğümü söyledim, çünkü ona yardımcı olmam gerekiyordu, ama bunu inkar etti.

Belki biraz da kötü niyetle, bu sabah beni görmeye gelirken bir semptomu olduğu için bu sabah kendisini kötü hissetmiş olabileceğini söyledim. Beni belki de bilerek kızdırmaya çalıştığını itiraf etti. Onun konuştuğu şekilde bir saat boyunca konuşan birine herkesin kızacağını biliyordu. Nedense bu pek inandırıcı değildi. Seans sırasında olanlar yüzünden şaşkındım ve bunu kendisine birkaç kez söyledim, ama çok az ilerledik. Daha da kötüleşti. Gelecek seans için bana ilginç materyal getirmek için iyi bir hafta geçireceği şeklinde birkaç anlamsız ifadeyle cevap verdi. Her şey döne döne aşağı doğru gidiyordu ve ben kendimi son derece yetersiz ve cesareti kırılmış hissediyordum.

Bu sıkıcı seans için bu kadar yeter. Ginny bu sıkıntıyı seansa kendisiyle birlikte getirdiğine inanıyordu, çünkü bütün gün boyunca kendini dikkati dağınık hissetmişti. Belki de öyleydi. Ancak ben bütün seans boyunca çok dalgındım ve sadece birkaç saat önce böyle bir seansı yaşadığımı hatırlamadan edemiyorum; bu yüzden bu faydasız seansın en azından kısmi sorumluluğunu üzerime almalıyım.

Seansın sonunda Ginny'ye son altı aya ait raporları verdim, önümüzdeki hafta için bunları okuyacağız.

~

21 Şubat

GINNY

Son seansı yazmadan önce raporlarınızın bir kısmını okudum. Bu raporumun kasvetini renklendirecektir.

Geriye bakıp seansı düşündüğümde ikimize de kızıyorum. Cansız endişeli ruh durumumu araştırmayı bu kadar uzun süre denediğiniz için kızgınım size. Sanırım oldukça doğal bir şekilde çeşitli akıl yürütmelerle ağrıyan ayağıma uyan ayakkabıyı bulmaya çalıştınız: iki haftayı kaçırdığımız için mi üzgündüm? Kız kardeşim mi? Karl mı? Sizin gönüllü işbirlikçinizdim. Daha sonra ortaya çıktığı üzere, ruhsal durumum ve duygularım nadiren yakalandığım nezlelerimden birinin habercisiydi. Bir Bayer çalışanı bize bunu söyleyebilir ve bizi bu konudan kurtarabilirdi.

Zaten yenilmiş bir şekilde geldiğim için siz terapinin bir yere varmadığından söz ettiniz. Artık bu işi terapi olarak görüp görmediğimi sordunuz. Sanırım "Hayır" dedim, ama bunu düşünmeden söyledim. Ve hedeflerime yönelik 250 kelimelik bir şey yazmayı önerdim. Bir arkadaştan daha öte biri miydiniz ve eğer sizi bir arkadaş olarak görseydim bir yere varabilir miydik?

O gece sadece birkaç rapor okudum, ama beni kurşun gibi ağırlaştırmaya yetti bu kadarı. Kendimi o kadar ağır hissediyordum ki yatmak zorunda kaldım. Her şeyin açığa çıkması çok komik, sizin raporlarınıza bakınca bir tehlike hissediyorum. Benimkine göre ise her şey neşeli, esrarengiz ve hiçbir şey basit bir şekilde ifade edilmiyor. Haftanın yarısında raporları okurken hakkımdaki her şey bana kasvetli göründü. Utanma hissettim. Geçen hafta sizi kibarca terapiyi bitirmek istemekle suçladım. Söylemediğiniz şeyleri size yüklediğimi söylediniz, ama raporları okuduğumda sıkıldığınızı, depresyona girdiğinizi ve benim durağan batışıma kapıldığınızı hissediyorum.

Bunun üzerine çok fazla yoğunlaşamadım. Sonra karşılaşma grubu lideri M. J. ile olan bir sahne geldi aklıma. Benden çok daha perişan bir hayatı olan bir kızla konuşuyordu. Kız hayatını o kadar güzel dramatize etmişti ki, hepimiz neredeyse aynı şeyleri yaşamış ve anlamıştık. Sonra M. J. kıza berbat bir yirmi yıl yaşamış olduğunu ve onu bekleyen berbat bir yirmi yılın daha olduğunu söyledi. Kıza dans etmeyi önerdi ve onu güldürmeye çalıştı, ama kız o kutsal mutsuzluk hayaline ve eski alışkanlıklarına sıkı sıkıya sarılmıştı. Kızın etrafında bir kurbağa gibi sıçrayıp acılardan ve hatıralardan uzak bir şekilde dans etmelerini önerdi. Kız her nasılsa ne yapmakta olduğunu anladı ve yüzünde isteksiz bir gülümsemenin izleri belirdi ve ondan sonra hayatı gerçekten değişti. Kendisi değiştirdi. Ben ise hiçbir zaman acımaya doymayan bir süngerdim. Benim bir delikte olduğumu ve hiçbir zaman çıkmayacağımı söylediler. Ve ben aynı sizin ofisinizde yaptığım gibi oturdum sadece. Hiçbir şaka uygun değildi. Ve siz benim hızıma uyuyorsunuz ve birlikte sürükleniyoruz. Hatta bir paket kart getirip sıkıştığımızda oyunla bitirmemiz eğlenceli olabilir.

Yani bu hafta mekanik olarak değişeceğimi söyledim, kendimi zorlayacaktım. Değişmedim. Ama nedense kendimi daha canlı hissediyorum.

Seks terapisine gelince. Son iki haftadır bunun ne kadar güzel olabileceğini düşünüyorum, fakat seansta sorumluluğu alıp ne demek istediğinizi ve nasıl ele alacağınızı soramadım. Bu yüzden yanaklarım kızardı. Üç yaşındaki birine seks terapisi önermek gibi bir şeydi bu.

Yoğunlaşmaya çalıştığımda içimdeki komplo duygusu beni yanıltan küçük hayaller koyuyor ortaya. Sorularınızı cevaplamak yerine yüzünüze baktım, sakallı ve çekici olup çok az tanıdığım o adamla karşılaştırdım sizi. Ve siz o koltuğa kardeşlik kulübü üyesi bir çocuk ya da rahatça kitabını okuyan ya da bira içen birisi gibi yığıldığınız için konu dışına çok kolay çıktım. Eğer sesli bir şekilde fantezi kursaydım bir şey olabilirdi, ama hayır, birçok tavır ve duyguyu incelerim, ama hiçbirini satın almam. Ve böylece sizin ve benim önümde hiçbir şey kalmadı. Çorabınızı gördüğüm zamanki gibi. Kendimi bir yavru köpek gibi hissettim, patilerim üzerine çöküp ters giyilmiş çorabınızı ısırabilirdim ve bu baş döndürücü düşünceler her saniye yetişkin patikamdan geçiyor.

V

Son İlkbahar

(29 Şubat-3 Mayıs)

29 Şubat

DR. YALOM

Hafta boyunca Ginny ve ben birbirimizin raporlarını okuduk. Seansa girerken biraz huzursuzdum, çünkü günün büyük bir bölümünü raporlara ayırmış olmama rağmen bazı kaçınılmaz durumlar (şehir dışından gelen insanlar gibi) zamanımı oldukça sınırlamış ve raporların çoğunu, özellikle de benimkileri sadece şöyle bir tarama fırsatı bulmuştum. Bu oldukça talihsiz bir durumdu, çünkü Ginny benimkileri büyük bir dikkatle okumuştu. Son okumanın tersine bu kez üzerlerinden birkaç kez geçmiş ve hatta bazı sözleri satır satır söyleyebilecek duruma gelmişti.

Benim için hareketli ve yoğun bir saatti ve Ginny için de öyle olduğunu sanıyorum. Seansta yaptığı en çarpıcı şeylerden biri Karl'la ilişkisinde yaptığı şeydi; dans ederek yani gerçek duygu sahnesinden uzaklaşmaktı. Ben onu zorlayana dek bana karşı olan duygularının hem olumlu hem de olumsuz yanlarından kaçındı. Olumsuz olanlar ilk önce ortaya çıktı; daha önceki raporlarını, Karl'ı tanıyan sosyal hizmet uzmanı Madeline Greer'a göstermiş olmam gerçeğiyle başladı. Şüphesiz Ginny'ye, Madeline'in bir yılı aşkın bir süredir raporları görmediğini anlatmaya çalıştım hemen; Madeline'in Karl'ı tanıdığını öğrendikten sonra raporları Madeline'e göstermem düşünülemezdi bile ve Madeline de okumazdı zaten. Ginny'nin son derece kuşkulu olduğu çok açıktı ve ona ait "vaka materyalini" başka bir meslektaşımla paylaşmama izin veren mesleki özgürlüğüme derin bir öfke duymaya hakkı vardı. Sanırım eğer bu durum benim başıma gelseydi çok incinir ve öfkelenirdim. Ama o sadece hafif bir öfke kıvılcımından söz etti. İfadesinde daha çok güvensizlik belirtileri vardı, öyle ki bir arkadaşının (sosyoloji öğrencisi) her sabah marihuana içtiğini bana söylediği için çok üzgündü, çünkü bunu ona karşı kullanabilirdim.

Seanslarımızda ortaya çıkan değişiklik onu çok etkilemişti – iyi bir seanstan sonra kaçınılmaz bir şekilde beni "hayal kırıklığına" uğratıyordu. Ayrıca birkaç seansa yönelik değerlendirmelerimiz arasındaki uyuşmazlık da dikkatini çekmişti, benim kötü gittiğini düşündüğüm seanslar için o iyi şeyler hissetmişti. Beni, onun inanmasını sağladığımdan daha fazla hayal kırıklığına uğratıp depresyona soktuğunu görmek onu gerilime sokmuştu. Söylediğim bazı olumlu şeylere uyum sağlayıp sağlamadığını sorunca bazı yorumlarımın kendisini çok iyi hissetmesini sağladığını kabul etti. Notlarımın tamamen pozitif olduğu bölüme çok ağır bir şekilde yaklaşıyorduk ve bunu benim kendimi onun açtığından daha fazla açtığım –arkadaşımın Ginny'ye aşık olduğumu söylediği bölümden söz ediyordu– fikrini ortaya atarak yapıyordu. Bunu söyleyenin kim olduğunu merak ettiğini söyleyerek ve açık olma cesaretim konusunda yorumda bulunarak yumuşak bir şekilde konuya girdi. Fakat konunun özünden kaçıyordu: "aşk" sözcüğü. Özellikle bu sözcüğe karşı tepkisini sorduğumda, açık bir heyecanla değersizlik duyguları hissettiğini ve benim için gerçekten değişmek istediğini söyledi. Raporları evde okuması konusuna girdik. Karl'ın ayak seslerini duyduğunda hepsini çekmeceye tıkmak zorunda kalmıştı. Aylar önce olduğu gibi bu kez de bu durumun okuduğum bir romandakine benzediğini gördüm. Yazarın kahramanı, kocasının yaklaşan ayak seslerini duyunca aşk mektuplarını çekmeceye atıyordu.

Notların terapötik kullanımının bir başka örneği, Ginny'nin raporları yayımlama konusundaki duygularına dayanıyordu. Bu konuda konuştu, ama bana doğrudan onları yayımlama niyetimin olup olmadığını sormadı. Bana neden sormadığını sorduğumda, bu soruyu sorabilmek için büyük çaba sarfetmesi gerekti, ben de onun izni olmadan bunu yapmayacağımı söyledim. Daha sonra raporların üzerine gaz döküp yakma konusundaki fantazilerinden söz etti, ama korkusunun kendisini açığa çıkarmaktan çok Karl'ı incitmeye yönelik olduğunu ekledi hemen. Ayrıca benim raporları yazış tarzımın son seferkinden daha iyi bir hale geldiğini de belirtti. Terapiye gerçekten bir sınır koymak isteyip istemediğimi sordu, böylece birkaç ay için kendisini çok yoğun bir çalışma içine sokabilirdi. Emin olmadığımı, ama normal sürenin haziran ayının sonu olabileceğini söyledim, çünkü yaz için üç aylığına bir yere gidiyordum. Nereye gittiğimi sorarak sona erdirme konusunu baştan savdı ve dört ay sonra terapiyi bitiriyor olmayla ilgili duyguları hakkında fazla bir şey açığa çıkaramadık. Onun kaçamak tavrı ve benim kendime ait ikili duygularımın arkamızdan iş çeviren ortaklar haline geldiğinden şüpheleniyordum.

Söz ettiği son konu bekleme odasında gördüğü, üzerinde ismim olan *Sports Illustrated* dergisiydi; okuyup okumadığımı sordu, çünkü Karl da okuyordu. Sporla ilgilendiğimi, ama derginin benden çok oğullarımın olduğunu söyledim. Yine de bana soru sorabildiği için memnun olmuştum. Aslında, bu seans da Ginny'nin yetişkin bir kadın olduğunu hissettiğimi bir seanstı. Sırıtma ortadan kaybolmuştu, onu uzun süredir gördüğümden daha az utangaçtı ve aramız çok daha iyiydi. Küçük problemlerin nasıl yok olduğundan söz etti; benzin parası konusunu aşmıştı, poker huysuzlukları, kötü yemek pişirme ve masayı temizleme konusu geride kalmıştı. Artık daha büyük konular – hayatı, hakları, Karl'la geleceği söz konusuydu. Hatta, bugün otobüste gelirken ilk kez gelecekte o ve Karl'ın ayrı evlerde oturdukları ve yalnızca randevularında birbirlerini gördükleri fantazisini kurmuştu. Kendisine öfkelenme hakkı vermek için diğer insanların kendisine haksız davrandığı fantazilerini kurma ihtiyacı konusundaki yorumumun, bu fantazileri ortadan kaldırmada işe yaradığını görmek çok ilginçti. O zamandan beri fantazi kurmuyordu.

İyi ve çok çalışılan bir seanstı. Bu seansı rahatlama duygusuyla sona erdirdim, çünkü gerçeği söylemek gerekirse okuduğu raporlarda yazmadığım çok az şey kalmıştı. Onunla da herkesle olabileceğim kadar dürüsttüm.

~

29 Şubat

GINNY

Ne pahasına olursa olsun son seans gibi bir seans istemiyordum ve kendimi içten içe sakin ve istekli olmak için hazırladım. Bu hazırlığa bir gece önce TV seyretmek yerine raporları tekrar okuyarak başladım. İlk seferinden daha az duygusal bir okumaydı bu. Beni harekete geçiren bölümleri not aldım. Madeline konusunun açılacağını biliyordum ve raporları ona gösterdiğinizi okuduğum ilk anda hissettiğim yakıcı hissi hatırlamaya çalıştım. Ayrıca size yazdığım raporu da kaybetmiştim. Daha sonra raporu iç çamaşırlarımın bulunduğu çekmeceye sakladığımı fark ettim, ama bu çekmece o kadar doluydu ki rapor alttaki çekmeceye düşmüş, ki o çekmece Karl'ın iç çamaşırı çekmecesi oluyor. Yani raporunuz benim iç çamaşırımdan Karl'ın iç çamaşırına geçmiş. Bunu bugün fark ettim. Thomas Hardy bu ironi karşısında kıkır kıkır gülerdi.

Her neyse, seans biraz geç başladı, çünkü kapınızda insiyatifi ele almak yerine çağrılmayı bekledim. Kendime göre her zamankinden daha iyi giyinmiştim. Bu beni biraz çekingenleştiriyordu, çünkü size yaranmaya çalıştığımı düşünebileceğinizi düşünüyordum. Ama bu konu açılmadı. Size raporları sorarak erken davranmaya çalıştım. Ama siz kazandınız. İyi ve kötü seansların sürekli art arda gelmesi konusunda aynı gözlemde bulunmuştuk. Hem seansta hem de raporlarda bazı şeyleri sakladığım için hayal kırıklığına uğradığınızı söylediniz bana. Buna cevap vermemin bir yolu yok. Sadece konuşma kaslarım var; nasıl kullanacağımı bildiğim tek şey bunlar. Birinci katman. Aramızdaki çelişki bu, çünkü gözyaşı ya da duygusallık olmadan daha derine inemeyeceğimi biliyorum. Size verebileceğimden daha fazlasını beklediğinizde direnç hissediyorum. Bütün bunların konuşma için bir tuzak olduğunu ve ikimizin de deri koltuklarımızda oturup rahat bir şekilde arkadaşlık ettiğimiz terapi ortamının paniğimi bulmamı çok zorlaştırdığını hissediyorum. Çok derine gömülü sözcükleri bulmaya alışkın değilim – bunlar çoğunlukla yüzey enerjisi ve doğaçlama. Sadece konuşup soruları cevaplayarak buradan çıkamayacağım biçiminde bir ümitsizlik duygusuna kapılıyorum.

Sonra Madeline konusu açıldı. Size karşı güvensizliğim yüzünden hayal kırıklığına uğradınız. Bu benim için bir anlam ifade etmiyor; olumsuz bir duygu başlatmak ve bunun sizi gerçekten incitebileceğini düşünme sorumluluğunu alamam. Bu yüzden size güvensizlik duymam gerektiğini söylediğinizde bu sırtımdan su gibi akıp gidiyor. Sizin için hissettiğim şeyleri değiştirmiyor. Güvensizliğimde hoşnutsuzluk yok. Bitmiş bir şey bu. Cesaretimin kırıldığını hissediyorum. Çünkü size karşı güvensizlik hissetmiyorum.

Seansta size bakabildiğimi hissetsem de bu bir işe yaramadı, çünkü söyleyecek yeni bir şeyim yoktu. Terapiyi dört ayla sınırlama konusu gündeme geldi. Siz Avrupa'ya gittiğinizde bitireceğiz. Bu o kadar uzak görünüyor ki beni korkutmuyor. Kendimi aynı anda o kadar gergin ve o kadar gevşemiş hissediyorum ki, bu dört ayı en fazla yoğunlaştığım, en önemli dört ay haline getirip boşluktaki uçları birbirine bağlamaya zorlayamıyorum kendimi. Kendimi bir iniltiyle çekip giderken görüyorum.

Meslektaşınızdan söz etiğiniz ve aşk konusunu açtığımız zaman ne kadar uzakta olduğumu fark ettim, çünkü bu sözcüklerle geri geldiğimi ve yeniden kolayca incinebileceğimi hissettim. Biraz heyecan, biraz duygu ile tatlı tatlı heyecanlandım ve sonra durdum.

7 Mart

DR. YALOM

Tuhaf bir saat. Boş ve terk edilmiş, ama garip bir şekilde hoş kokan bir çölde tatsız bir yürüyüşle başladı. Sonunda yürüyüş mekânı değişti, ama kokusu kaldı ve sonunda birbirimize çok yakın ve derinden bağlandık. Ginny, bir paradoksla başladı. Birincisi, birkaç dakika önce kusmuştu, çünkü ofisime çıkan merdivenleri tırmanırken midesi bulanmıştı. İkincisi, oldukça iyi bir hafta geçirmişti. Mide bulantısını elimden geldiğince takip ettim, birbiri ardına çıkmaz sokaklara girdim. Sonunda öylesine yorgun düştüm ki, Palo Alto'daki bir kozmetik mağazasında ücretsiz yüz bakımına varan yetersiz bir açıklamayı kabul etmeye bile hazırdım. Neden hayatının ilk yüz bakımını bugün bana gelirken yaptırdığını sormak için bir teşebbüste bulundum (külyutmaz birisi olarak benim için yaptırmış olup olamayacağını merak ettim). Hayır, sorulmamış soruma zarif bir şekilde itiraz etti ve bir süredir almayı düşündüğü yüz kozmetiklerindeki özel fiyat indirimini anlatmaya başladı. Yazın terapiyi sona erdirme konusundaki duygularına giden izi bulmaya çalıştım, ama bir süre için bu konuya giremedik, ama bu nokta zengin bir malzemenin anahtarıydı.

Bir sürü, ama çok yumuşak direnç. Ginny kendini ne kadar iyi, sıcak ve hoş hissettiğini söyledi. Endişeli değildi, ama konuşacak pek fazla bir şey yoktu. Karl yarım gün çalışacağı bir iş bulmuştu. İkisi adına işler yolunda gidiyordu, bunu neredeyse tesadüfen söylemişti. Önemsiz bir şey söylüyormuş gibi ikisi arasındaki seksin artık daha iyi olduğunu ve daha yakın psikolojik konuşmalar içine girdiklerini ifade etti. Bazen hastalarımın bunu yapış tarzı beni çok şaşırtıyor. Bu noktaya ulaşmak için aylarca yaptığımız çalışmaları unutup sanki sırf bir kapris uğruna gösterdikleri ilerlemeyi bana anlatmaya karar veriyorlar.

Sonra söyleyecek bir şeyi olmasa da dört ay boyunca terapiye gelip gelemeyeceğini sordu. Haziranda sona erdirmeyle ilgili duygularını ortaya çıkarmaya çalıştım ve bunu yaparken "sadece dört ay" sözcüğünü kullanarak daha güçlü bir hale getirmeye çalıştım. Güçlü bir duygu hissettiğini inkar ediyordu. Gelecekte bana mektup yazmanın ne kadar eğlenceli olacağını hayal ediyor ve ünlü bir kadın olarak şehre döndüğünde beni görmeye geldiği fantazisinin tadını çıkarıyor. Bu fantaziyle ilişkili birçok duygu vardı ve gözleri yaşla doldu; onu gözyaşlarına geri gitmeye zorladım. "Onu görmek için zaman ayırır mıydım?" Bana gelme fantazisinin içini mutlulukla doldurduğunu söyledi. Bu gerçekten olabilir miydi? "Seni durduran ne?" diye sordum. Bütün notlarımı okuduktan sonra ve beni de bu kadar iyi tanırken cevabımın ne olacağını tahmin edebilmeliydi. Evet, bunu fark etmişti.

Yazı yazması hakkında konuştuk biraz. Birkaç haftadır gerçekten bloke olduğunu hissettiğini söyledi, neredeyse hiçbir şey yazmamıştı, ama aynı zamanda yazmayı özlemiyordu, çünkü günleri oldukça dolu geçiyordu. Yazmayı yalnızca yapacak bir şeyi olmadığını ve zaman kaybettiğini hissettiğinde istiyordu, ama Karl'la her şey yolunda gidiyordu ve hayatının kendisini hoş bir şekilde meşgul ettiğini düşünüyordu. Yazmayı kendisinin değil de benim olarak görmesine neden olacak kadar çok desteklemiş olup olmadığımı merak ettim. Belki beni tatmin etmekten kaçınmak için yazmıyordu. Ama içimden gelen sese aldırmayarak, bir Hollywood çocuk yıldızının ebeveyni gibi her gününü planlayıp yarın sabah için iki saatlik yazı programı koymayı önerdim. Ginny yeni fikirlere hazır görünüyordu. Saati olağandışı bir şekilde doğrudan bir soruyla bitirdi. Beni haftada birden daha sık görseydi nasıl olurdu? Belki de konuşmalar arasındaki süre çok uzundu (önceki terapisti kendisini haftada üçten az görürse terapiye gelmesine değmeyeceğini söylemişti). Terapiyi tamamen bitirmenin onun için ne kadar acı olduğu benim için açık hale gelmişti. Terapiyi gerçekten bitireceğine inanma izni vermiyordu kendisine ve yaz tatilinden döndükten sonra beni görmeye devam edeceğini hayal ediyordu. Sanırım ben de aynı şekilde davranıyordum, çünkü onu gelecekte görmeyeceğimi düşünemiyordum.

~

7 Mart

GINNY

Seans hâlâ devam ederken yaptığımız yorumlardan farklı bir şeyler yazmak çok zor.

Önemli olan bölüm, gelişi güzel fikirler yerine duygularımı tartışmamızdı. Bir an için cezalandırıldığımı hissettim. Sizden ayrılacağımı düşündüğümde çok üzülüyorum. Ama bir yandan da seansı hemen bitirip sadece söyleyecek yeni bir şeyim olduğunda sizi görmeye gelme fikrini de ortaya attım. Neden aynı anda hem bunu hem de haftada iki kez gelsem terapinin işe yarayıp yaramayacağını sorduğumu bilmiyorum. Bunlar terapiye karşı kurduğum kaleyi parçalamak ve bozmanın iki yolu. Bir şey yapmadığınız takdirde kocanızın sizi terk edecek olması gibi bir şey bu.

Bir kez bana belirli bir konuda konuşmak isteyip istemediğimi sordunuz, mide bulantım konusunda yani. Bazen ümitsiz konulara devam etmeniz konusunda sizi nasıl suçladığımı öğrenmiş olmalısınız.

Yüz bakımı yaptırdım, çünkü ofisinize gelirken Macy's'de dolaşıyordum ve orada yüz bakımı yapıyorlardı. Ve bütün o kokular, göz makyajı ve ruj midemi bulandırmıştı.

Size sadece bir şeyleri söylememle –çocuğun bana sarılması, kozmetikçi bayan, saç kesimi gibi– ve bir şeyi gerçekten hissetmem arasında büyük fark var. Sanki oradaymışım, ama söylenenleri, içeri gireni çıkanı çeviren bir başkası da varmış gibi. Ve çevirmediğinde rahat bir şekilde durabiliyorum (gerginmiş gibi yapıyor olsam da). Belki terapi bittikten sonra her şeyin daha vahim hale geleceğini hissediyorum. Ve mazoşistik bir şekilde sakin olabilir, kendi yaramazlıklarım ve fantazilerim konusunda baygınlık geçirebilirim. Şu anda terapiyle çok fazla şımartıldığım ve hareketsiz duruşum ve esnemenize neden oluşum konusunda kendimi ümitsiz hissettiğimde bile sizin tarafınızdan rahatlatıldığım için, yanınızda olmaktan, izleyicim olmanızdan duyduğum canlılık ve mutluluk hissiyle bitiriyorum, Papa Yalom. Kendimi içebakışa ve kötümser tahminlere zorlayacağım rapor yazımına dek. Ama neden bir an için coşkulu olduğumu hissediyorum ve bir an sonra sanki gerçekdışı bir şeymiş gibi dışlıyorum bu duyguyu?

~

15 Mart

DR. YALOM

Ginny dün yazmaya bir süre ayırdığını söyleyerek söze girdi, ama hemen bunların sadece sönük birkaç karalama olduğu konusunda beni bilgilendirerek "sunduğu şeyi" hemen geri aldı. Yeter! Bu utanmaz aktarım, karşıaktarım, bu dans yeter artık. Bu son dans. O benim için her zaman olmayı istediğim yazar olamaz. Ben onun için kızı aracılığıyla yaşayan anne olmamalıyım. Bu yüzden ikimiz için bunları ortaya serdim. "Neden bana yazı yeteneğinle boşuna ümit veriyorsun? (Neden kendi kendime ümitlenme izni veriyorum?) Neden hafta içi hiç yazmadan beni görmeye gelmeden bir gün önceye kadar bekliyorsun? (Neden yazmasını bu kadar çok istiyorum?) Artık sadece benim için mi yazıyorsun? (Neden olmasın? Bunun beni memnun ettiğini çok açık anlattım!) Cevap vermedi, ama bu fark etmezdi, çünkü daha çok kendi kendime konuşuyordum.

Yine tesadüfen çok olumlu bazı hareketlerden söz etti. Örneğin, Karl ona öfkelenmiş ve artık kendisiyle yemeğe çıkmak istemediğini söylemişti; bu para israfıydı ve hiçbir şey için para harcamayı uygun görmüyordu (bu olay kumarda 25 dolar kaybettikten bir gün sonra oluyordu). Görünüşe göre Ginny ısrar etmiş ve yemeğe çıkmak istediğini söylemişti. İstediği şeyleri yapamayacaksa çalışmasının ne anlamı vardı? Sonra evden çıkıp köpeği yürüyüşe çıkarmıştı. Geri döndüğünde Karl'ın kendisini tamamen terk edeceği fantazisini kuruyordu. Ama durumun tam tersi olması onu şaşırtmıştı (beni değil), Karl endişeli ve hatta özür diler bir tavır içindeydi. Ginny buna şaşırmış görünüyordu. Ona karşı çıktıkça ayrı bir insan olarak daha fazla takdir edileceğini söyledim. Günün psikiyatrik vecizesi olarak, "kimse ürkekleri sevmez," dedim. İkimiz de güldük. İkinci olay seks hayatlarıyla ilgiliydi. Bir akşam Ginny cinsel açıdan uyarılarak hoş bir şekilde giyinmişti, fakat Karl'ın o gece seksle ilgili olmadığı açıktı ve bu durum onu gece uykudan uyandıracak kadar rahatsız etmişti. Karl'a kendisini neyin rahatsız ettiğini söylemiş ve Karl da bunu çok ciddiye alıp konuyu Ginny'yle enine boyuna tartışmıştı.

Bu olaydan sonra Ginny gevşeyerek konuşacak şeyler aramaya başlamıştı. Sonunda Ginny'ye gerçekten iyileşmiş göründüğünü söyledim ve ilk kez benimle aynı fikirde olduğunu söylemek zorunda kaldı. Kendisiyle gittikçe daha rahat olduğu gerçeği konusunda bir sorun yoktu. Terapinin bu şekilde gitmek zorunda olmasından hayal kırıklığına uğradığını söyledi – ses ve öfke dolu mucizevi bir gelişme bekliyordu. Daha tatmin edici olmaya başlayan hayatında hiç "gizem" yoktu. Diğer insanların gizli hayatları vardı, aldatıyorlar, ilişki ya da maceralara atılıyorlar, dramatik bir şekilde yaşıyorlardı. Kendisinin hayatında ise hiç heyecan yoktu ve yaptığı her işte farklı seçeneği yoktu, sadece tek bir seçeneği vardı. Bu noktayı onunla tartışmaya çalıştım. Yaptığı her şeyde seçenekleri olduğu oldukça açıktı. Yalnızca kendisinin seçeneği olmadığını düşünüyordu. Ama bu bizi bir yere götürmedi.

Sonra annesinin kendisi yüzünden duyduğu hayal kırıklığından söz etti. Annesinin gözünde bir kariyeri yoktu, evli değildi ve çocuğu da yoktu: yani o bir sıfırdı. Evlilik ve çocuk konusuna girdim ve bir kez daha, evlenip çocuk isteyip istemediği konusunda onu zorlamaya başladım. Eğer çocuk istiyorsa bu konuda ne yapacaktı? Eğer bu istediklerini kendisine vermeyeceğinden eminse Karl'la birlikteliğini sürdürecek miydi? Birkaç dakikamız daha olmasına rağmen çantasını alıp gitmeye hazırlandı. Onu çok zorladığım açıktı, ama yine de gelecekle ilgili ümitlerini Karl'la paylaşmadığı için onu azarladım, çünkü Karl'ın kendisiyle paylaşmasını istiyordu. Karl'a hiçbir zaman ciddi olarak çocuk istediğini söymememiş ve evlilik konusunda onu zorlamaya çalışmamıştı. Belki evlilik ve çocuk konusunda Karl'la yüzleşmesini beklerken akılsız ve hayalci davranıyorum. Belki Ginny çok daha uygun bir hız ve tarzda yapıyor bunu. Ama o yirmiyedi yaşında ve çocuk sahibi olma yıllarının neredeyse yarısı sona eriyor. Onu bu konuda kışkırtarak biraz daha kaygı doğurmayı düşündüm. Gelecek hafta göreceğiz.

Bugün bana sormak istediği bir şey olup olmadığını sordum, sadece daha güvenli olmasına yardım etmeye çalışıyordum. Bana seansın nasıl gittiğini düşündüğümü sordu. Her şeyin yolunda ve rahat göründüğünü, onun konuşacak konu aradığını düşündüğümü söyledim. Bunu hemen bir azarlama olarak algıladı ve gelecek hafta üzerinde çalışılacak bir şeyler bulacağına söz verdi. Dün kendini çok depresif hissettiğini söyleyerek terapinin sona ermesi konusunu açtı (normalde salı günleri buluşuyorduk, ama dün komite toplantım olduğu için bu hafta çarşamba günü buluşmuştuk). Onu görmememin hayatımda büyük bir boşluk yaratıp yaratmayacağını sordu.

~

15 Mart

GINNY

Seans tatsızlaştıkça raporları yazmak zorlaşıyor. Uzun bir süre için konuştuğumuz şeyler hoşuma gitti – o hafta Karl'a söylediklerim ve yaptıklarım. Derken saat beşe birkaç dakika varken ve ben gitmeye hazırlanırken bize birkaç dakika ek süre verdiniz. Bana olanları farklı bir ışık altında anlattığınızda ve ben de bunu kabul ettiğimde bütün iyi şeylerin kanalizasyondan akıp gittiğini hissettim. Örneğin, taşınma konusunda söyleyecek hiçbir şeyimin olmaması, özgürlüğümün ya da gizli bir benliğimin olmaması hissi, yazılarımın sıkıcılığı vs. Kendimi ucuza sattım. Kötü şeylerin üzerinde durdum.

Eve gittiğimde annemi kınamanız için size malzeme verdiğimi fark ettim (mektuplarımın onun parçalanmış varlığını canlandırdığını yazıyor). Karl ve benim sıkıcı olduğumu söylediğimde ("her zaman birinci" diyorsunuz) ilişkimize ihanet ediyormuş gibi hissettim kendimi. Terapideki bu iyi adamlardan ve kötü adamlardan nefret ediyorum. Aklımda bu şekilde kalıyorlar. Ve aptalca olan şey benim de mektupları sevmem, mektupların benim varlığımı canlandırması ve Karl ve benim sıkıcı oluşum, tıpkı siz ve benim sıkıcı oluşum gibi. Neden her şey olduğu gibi olamıyor, iyi ya da kötü görünmek zorunda olmadan?

İşte benim yapılacak işler listem:

kariyer
evlilik
çocuklar

Bu küçük test benim zihnimde ortaya çıksa da bu konuda ailemi suçluyorsunuz. Annem bu tür şeyleri hiçbir zaman söylemedi. Bu daha çok "anne" sözcüğünü verdiğim kendimi dışardan değerlendirmeme benziyor. Ama bu haksızlık. Anneyi oynayan benim. Gün-be-gün gerçekliğimi azaltan benim. Şüphesiz, kuş yirmiyedisine varana dek aile ikide bir ya da üçte ikiyi ister.

Her neyse tüm bunlar ben demiri çamura sapladığım son beş dakika içinde gerçekleşmiş gibi göründü.

Ama dün çok iyi bir gün geçirdiğimi hissettim. Terapinin itibarı zedelenmedi. Eve dönene dek hoşuma gitti.

~

4 Nisan

DR. YALOM

Son iki hafta içinde Ginny'yi görmedim. Bir hafta ben şehir dışındaydım ve ikinci hafta çalıştığı için o seansı iptal etti. Birkaç dakika geç geldi, benim koltuğumda oturduğumu görünce uysal bir tavırla dışarda beklemesi gerekip gerekmediğini sordu. Daha sonra ne kadar hayal kırıklığına uğradığını ve kendini güçsüz hissettiğini söyledi, çünkü odama dalıp heyecanla, "Sizi gördüğüme ne kadar sevindim," ya da buna benzer bir şey söylemek istemişti. O gün birkaç kez beni aramış, ama bana ulaşamamıştı ve sekreterim onu beklediğimden emin olmadığını söylemişti; bu yüzden beni göreceğinden emin olmayarak otobüse binmişti. Anlattıklarından yolda gelirken büyük oranda öfke ve bu öfkeden dolayı da biraz suçluluk hissettiğini çıkardım, böylece odama ilk girdiğinde beni görmekten neredeyse korkuyordu.

Ama hemen Karl'la olan ve büyük bir kargaşa yaşadıkları ilişkisiyle girdi söze. Görünüşe göre Karl, yakın arkadaşı Steve'le yaptığı tartışmalı bir yüzleşme sonucunda birdenbire ve çarpıcı şekilde değişmişti. Steve, Karl'a oldukça fazla yüklenen tehditkâr ve yargılayıcı bir kişi gibi geldi bana. Şiddetli bir tartışmaya girmişlerdi. Karl o kadar öfkelenmişti ki sakinleşmek için dışarı çıkmak zorunda kalmıştı. Alttan almaya karar verip Steve'le yatıştırıcı bir tonda konuşmak için geri dönmüş, ama Steve hararetle aşağılamaya devam etmişti onu. Steve gittikten sonra Karl olduğu yere çöküp bir süre ağlamış ve daha sonra da duygularını daha fazla tahlil etmeye istekli hale gelmişti. Ginny ile birlikte Berkeley'deki bir karşılaşma grubuna katılmasını öneren bir arkadaşıyla konuşmuştu bir süre. Karl, Ginny'yi şaşırtarak bu fikre çok sıcak bakmıştı. Bunun sonucu olarak da Ginny'ye karşı da çok daha açık olmaya başlamıştı; sevecen, yumuşak ve nazikti ve daha önce hiç söylemediği şeyleri söyleyebiliyordu. Örneğin, geçmişte Ginny'ye çok kızdığı günler olduğunu söylüyordu; ilişkinin konuşulmamış temeli ağır ağır incelenmeye uygun hale geliyordu. Ginny nedense bunun için Karl'ı yüreklendiriyor, fakat, genel olarak daha önce söylemediği çok fazla şey söylemiyordu. En azından bana öyle söylüyor.

Bu oldukça yeni haberlere rağmen bugünkü seansta enerji yoktu. Biraz gergin, içe kapanık, daha yakın olmadığı için biraz cesaretsizdi ve ben de ortalığı hareketlendirecek hiçbir şey bulamadım. Sanırım bende insanların saflığı bozulmamış neşe ve coşkuyu ifade etmelerine izin vermeyen bir şey var.

Son bir aydır yazıyor ve çalışıyordu, çok iyi bir hafta, fena olmayan iki hafta ve ruhsal bir bunalım içinde olduğu korkunç bir hafta geçirmişti, çünkü yanağındaki bir şişlik yüzünden kanser fantazileri kurmuş ve ancak doktor bunun iyi huylu olduğunu söyleyince rahatlamıştı.

Bir ara onun durumunun ümitsiz olduğunu düşünüp düşünmediğimi sordu. Kesinlikle böyle bir şey düşünmediğimi söyledim, ama aramızdaki cansızlık yüzünden endişelenip huzursuz olduğum için tamamen dürüst değildim. O kendini ümitsiz hissettiğini, çünkü birçok güzel şeyin gerçekleştiğini, ama bunlara duygusal açıdan olması gerektiği şekilde tepki vermediğini söyledi. Değişiklik çarkı yavaş yavaş, kaçınılmaz bir şekilde dönüyordu; bir şekilde ben de bunda rol oynuyorum, bazen bunun nasıl olduğunu bilmiyorum, ama Ginny yavaş yavaş değişiyor, gelişip büyüyordu. Bunu güvenilmez bir kişiden duymuş olsam da Karl'la olan ilişkisi derinleşiyor ve daha anlamlı bir hale geliyordu.

Sonra hep M. J.'in karşılaşma grubunda olduğu gibi olabilmeyi dilediğini söyledi, çünkü orada coşkulu bir rol oynayabiliyordu. Bir tatil gezintisinde rol yapmanın çok kolay olduğunu kabul ettiğimi söyledim. Eleştirimi hemen yakaladı. Ama karşılaşma grubundaki rol yapmasının dışarıya doğru genelleştirilemediğini o da benim kadar biliyordu; başlangıçta gerçek duyguyu hissettiği birkaç sihirli gün dışında diğer insanlarla olan ilişkilerinde dokunulmadan kalıyordu.

Nasıl tepki vereceğimi bilmediğim bazı aktarım materyali ortaya çıktı. Pipomu almak için kalktığımda ayartıcı bir şekilde, "Bayana bir tiparillo sunar mıydınız?" diye sordu. Daha sonra Almanya'daki bir arkadaşından mektup aldığını anlattı. Arkadaşı Almanya'daki bürokratik sistemden ve genel hayattan söz ediyordu. Bu hikâye ilişkimizdeki mesafeyle ve bu yaz Avrupa'ya gitmememi dilemesiyle ilişkili görünüyordu, ama sorularımı takip etmeye hevesli değil gibiydi.

Sonuç olarak benim için hayal kırıklığı yaratıcı bir seanstı, çünkü mesafeli ve bağlantısız kalmıştık. Ama aynı zamanda da memnundum, çünkü dışarda yaptığı değişikliklerle ilgili güzel haberler vermişti bana.

4 Nisan

GINNY

Bu raporu yazmayı geciktirdim, bu yüzden yaklaşık altı gün uzaktan bakıyorum seansa. Seansın başında farklı göründüğünüzü düşündüm, öfkeliydiniz ya da arkadaş gibi değildiniz. Son seansımızdan bu yana üç hafta geçmişti, ama bu kez bunun üzerinde durmadınız.

Orada *olmayacağınızı* düşünerek bana haksızlık yapacağınıza kendimi iyice hazırlamıştım. Bütün öğleden sonra küçük fantazilerimle siyah beyaz sodamı karıştırıp durdum (Üniversite Süthanesi'nde). Orada olmayacağınız şeklindeki bütün olasılıkların uçuk zihnimde dolanıp durmasına izin verdim, çünkü terapi günü ertelenmişti. Ayrıca otobüste Sylvia Plath'ın beni duygulandıran *Cam Fanus*'unu okumaya başlamıştım. Kitabın kadın kahramanıyla birlikte acı çekmeye oldukça istekliydim. Onunla kendimle olduğumdan daha fazla ilgiliydim.

Neler olduğunu çok fazla hatırlamıyorum. Sadece sonunda her zaman olduğu gibi bana yakın olanları aldattığımı hissettim.

Geçen haftayı ve özellikle Karl ve Steve arasındaki kavganın gerçekleştiği hafta sonunu ve bu kavganın hayatımızı nasıl değiştirdiğini anlattım size. Ama işte yine kafama fikirler doldurmaktan daha fazlasını yaptığıma ve bunları heyecanla dışarı çıkardığıma ya da olanlara tepki gösterdiğime inanamıyorum. Eğer bir tek neşeli olma fırsatım olduysa, bu nihayet bir şeylerin gerçekleşmeye başladığı geçen hafta olmalıydı. Ama bunun tadını çıkarmak yerine sorunları düşünmeye ve olanlar bitmiş gibi davranmaya başladım. Artık dürüstlük ve acı kapıları (Karl tarafından) açıldığına göre, eski varlığımıza geri dönmemizin zor olacağı ve artık sadece dinlemek değil Karl'la konuşma zamanı geldiği konusunda ısrar ettiniz, bu iyi bir tavsiyeydi – ve sonra beni şaşırtan, "Eee, ona ne söylemek isterdin?" sorusunu soruyorsunuz. Hatalar ve zayıflıklarla dolu bir depom var ve onları ortaya çıkarmadan konuşamayacağımı düşünüyorum, bu yüzden her zaman olduğu gibi size cevap veremedim. Karl için çok değişmem gerektiğini düşünüyorum, ama şu anda onun için yapmam gereken şey onun yanında olmak ve onu dinlemek. Duygularının kendisini sarmasına izin verme şekline hayranım. Sanırım başka bir şey üzerinde çalışıyor, ilişkimizden daha büyük bir nehir bu. Belki oldukça garip olan ve içine gömdüğü ailesi ve diğer başlangıçlar. Benim bunlar hakkında şu anda soru sormam ters ve bencilce olurdu; üstelik düşüncelerinin bize yöneleceğini düşünüyorum. Kavga ilişkimizi açtı ve Karl'da sadece şüphelendiğim yeni şeyleri görmemi sağladı.

Ayrıca yüzümdeki şişliği de ortaya koydum (şişlik, yumrudan daha kararsız bir hava veriyor). Bu şişlik en iyi günlerimi berbat edip içbükey olana dek bastırmama yardımcı oluyor. Sanırım sizinle biraz hastalık hastası bir şey yaptım. Kendimi hep saklıyorum. En kötü endişelerimi ortaya döksem bu bile işe yarardı. Yüzümün o bölümünde endişe edecek bir şey olmadığını söyleyerek beni biraz rahatlattınız.

~

11 Nisan

DR. YALOM

Ginny seansa olağandışı bir şekilde başladı. Beni beklerken yazdığı bazı şeyleri okudu bana. Genel olarak o günkü duygularına, alışveriş turunda aklından geçenlere dair bir hikâyeydi ve parlak metaforların aydınlattığı çok dokunaklı küçük bir vinyetti bu. Yazdıklarını bana okumasından büyük keyif aldım ve yeteneğine bir kez daha inandım. Ama hissettiğim diğer şey, yazdıklarının boş şeyler olduğuydu. Bu nedenle daha zorlayıcı, daha büyük konularda yazıp yazamayacağını merak ediyordum. İşte ben, kendi köşemdeyim, "Ginny yolculuğuma başlıyorum" ve eseri yalnızca karşı karşıya geldiği meselenin derinliğiyle yargılıyorum. Son birkaç aydır Heidegger okumakla meşgulüm, çünkü en temel konuyla –varlığın anlamıyla– uğraşıyor, fakat bu benim için kendimi cezalandırıcı nitelikte bir cüret, çünkü dili ve düşüncesini anlamak acı verecek derecede zor. Neden diğerlerinin de aynı ezici konularla uğraşmasını bekliyorum ki?

Yazdıklarını bana okumasının paylaşma isteğinin yanında başka nedenleri de vardı. Hikâyede bazı işlere başvurduğundan söz ediyordu, ki bu durumda terapiyi daha da erken bırakması gerekebilirdi. Ayrıca Karl'ın terapiye başlamayı ciddi şekilde düşündüğünden de söz ediyordu. Doğal olarak, bu raporların bir kısmını okuyan tek insan olan Madeline Greer'i aramayı düşünmesi büyük ironiydi. Karl'la paylaşamayacağı bir sırrı olduğu için Madeline'in Karl'ı tedavi etmesinin çok garip olacağını düşünüyorum. Bu korkularımdan Ginny'ye söz ettiğimde Karl'ın terapisinin yolunu kestiğini hissettiğini söyledi. Bu bir abartıydı, dünyadaki onca insanın arasından neden Madeline'i görmek zorundaydı? Daha saçma olanı da Madeline'in Palo Alto'da olmasıydı, oysa San Francisco'da yüzlerce iyi terapist vardı.

Ginny bugün çok hoş görünüyor. Çekici blüzü ve uzun eteğiyle çok iyi giyinmiş. Ayrıca koltuklarımızın temizlikçi tarafından birbirine çok yakın konduğunu da fark ettim.

Dün bir erkek hastaya bu kadar yakın oturduğum için rahatsız olup koltukların arasını açmama rağmen bugün Ginny'ye yakın otururken rahatlık ve sıcaklık hissettim. Yanağındaki şişlikten bahsetti biraz. Bu kez bütün bu telaşın nedenini görmek için kalktım, çünkü doktoru yanağında bir büyüme olabileceğinden bahsetmişti ve ben de sinüs tümörünü düşünerek biraz endişelenmeye başlamıştım. Önemli bir şey gibi görünmüyordu, belki lakrimal bezenin iltihaplanması olabilirdi. Ancak, Ginny her zamanki gibi abartıyor ve kanserin yüzünü kemirmekte olduğu fantazisini kuruyordu.

Canlılık hali hâlâ devam ediyor. Kötü dönemleri olsa da Karl'la işler yolunda gidiyor. Aralarında konuşulabilen veya konuşulamayan şeyler konusundaki kuralları değiştirdiği için Karl'la iyi bir dönem geçirdiği ve bunun ona güç vermesi gerektiği gerçeğini anlamasını sağlamak için çok çaba harcamam gerekti. İşler yolunda gitmediğinde, "Aramızdakiler birkaç gün önce olduğu gibi iyi değil – bu konuda konuşalım," deme hakkı olduğunu da ifade ettim. "Sırf dehşete kapılmak" yerine bunu Karl'a söylemesine engel olan şeyin ne olduğunu merak ettiğimi söyledim. İşte burada oturmuş Ginny'ye karşı hoş ve zekice davranıp onu güldürmenin tadını çıkarıyorum.

Karl'ın tedaviye başlaması ve buradaki tedaviyi bitirmek üzereyken onun bu konuda neler hissettiği hakkında konuştuk. Karl'ın tam şu anda terapiye başlamasına biraz kızgındı ve belki de kendisinden bulunabileceği yeni talepler konusunda da biraz endişeliydi. Hatta Karl'ın şu anda tam kapının önünde durduğu fantazisini bile kurmuştu, ki fısıltıyla konuşmasının nedeni buydu. Karl'ın ne duyabileceğini merak ettiğimi söyledim. "Eğer benim durağan olduğumu ve birkaç ay önce olduğu gibi değişmeyeceğimi söylediğimi duysa her şeyin bittiğini düşünürdüm," dedi. İşte Ginny yine ilişkiye karşı olan güvensizliğini ifade ediyordu, sanki derinden bağlı olduğunuz birisinden kulak misafiri olarak duyduğunuz bir ifade o ilişkinin bozulmasına neden olabilirmiş gibi. Bu düşüncemi sözcüklere döktüğümde kendi söylediklerinin saçmalığını fark etti, ama yine de tam olarak ikna olmuş değildi.

Karl'ın terapiye başlamasının ilginç bir anlamı üzerinde durduk. Bu da terapistin Karl'a, Ginny'nin bütün olumsuz yönlerini görmesi için yardım edeceği gerçeğiydi, tıpkı benim terapi sürecinde Karl'a çok fazla yüklenmiş olmam gibi. Bu konuyu düşününce Ginny'nin haklı olabileceği sonucuna vardım. Karl'ın olumsuz yönleri üzerinde durmuştuk, çünkü Ginny bunları problem olarak ortaya koymuştu ve ben Ginny'e hiçbir zaman Karl'ın olumlu yanlarını sormamıştım. Bugün sorduğumda Ginny bazılarından bahsetti. Biraz daha ileri giderek en başından beri onun Karl'dan ayrılmasını istediğimi hissettiğini belirtti. Bu, bir süredir, hatta aylardır, Karl'la birlikte yaşamaya devam ederek bir bakıma bana karşı meydan okuma duygusu hissetmiş olabileceği anlamına geliyordu. Bu bana önemli geldi ve kendime dönüp bu konuyu uzunca bir süre düşündüm. Hiçbir zaman belirgin bir şekilde onun Karl'dan ayrılmasını istemediğime, ama ilişkisini daha iyi bir hale getirmesini ümit ettiğime dürüstçe inanıyordum ve bunu ona da söyledim. (Bunu ona söylememiş olsam da parantez içinde ekleyebilirim; eğer ilişkilerine şu anda olduğu gibi devam edecek olurlarsa Karl'dan ayrılmasına çok üzülmezdim, çünkü Ginny o kadar büyüdü ki artık başka, büyük bir olasılıkla daha derin ilişkiler yaşayabilecek duruma geldi.) Benim Karl'dan ayrılması için ısrar etmemle, ondan ayrılmaya hakkı olduğu gerçeğini anlaması için çaba harcamam arasındaki ayrımı görmesini istiyordum. Ayrılma ya da onunla kalma kararının Karl'a olduğu kadar kendisine de ait olduğunu bir kez fark ederse Karl'ın tek bir yanlış sözcük ya da hareket sonucu inip aralarındaki bağı koparacak olan kılıcı altında çaresizce yaşaması gerekmeyecekti.

Konuştuğumuz son konu tekrar tekrar ortaya gelen konuydu ve ben bununla nasıl başedeceğimi bilmiyordum. Ne kadar heyecansız olduğunu söylüyordu Ginny. Buraya gelip oldukça canlı bir şekilde Karl'ın terapiye başlayacağını söylemek istiyordu. Bana karşı bu kadar az heyecan gösterdiği için kendi kendine söylenip duruyordu. Ben ne yapacaktım şimdi? Sanırım, bu sızlanmasında bir dereceye kadar haklı, çünkü bana karşı hâlâ çok yumuşak ve uysal. Hiçbir zaman aşırı derecede öfkelenmiyor ve sıklıkla biraz çocuksu davranıyor. Ancak, diğer taraftan Ginny'den çok hoşlanıyorum ve başka şeyler yapıyor olsaydı rol yapıyor olurdu diye düşünüyorum. Aramızda birçok heyecan yaşanıyor ve kendisine karşı sert davrandığını ve haksızlık ettiğini hissediyorum. "Peki başka şekilde söyleseydin ne anlama gelirdi? Benim için, olduğundan farklı bir şekilde davranmaya çalıştığın anlamına gelirdi," diyip duruyorum. O ise kendisinden tatmin olmadığını, yeterince doğal olmadığını söylüyor tekrar tekrar. Hatta sanki kendisini cezalandırmak istercesine, eski karşılaşma gruplarında doğallık konusunda yaşadığı başarısızlıklarından bile bahsediyor. Bunca aydır Karl ve benimle gerçekleştirdiği değişikliklerin yanında bunun ne kadar önemsiz olduğunu fark etmesini saglamaya çalışıyorum. Tüm bunların döngüsel bir özelliği var, çünkü çok uzun süredir aynı şeylerin üzerinde duruyoruz. Bir ara bir buçuk yaşında bir çocuğu olan bir arkadaşının ziyaretinden bahsetti. Çocuk, Ginny'den aynı şeyi yapmasını tekrar tekrar istemiş ve bu Ginny'yi çok etkilemişti. Terapide de aynı şeyleri hissediyordu Ginny. Söylemekten hoşlandığı ve benim tekrar tekrar yapmamdan zevk aldığı bazı şeyler vardı (Psikoterapi ve sikloterapi).

Son olarak, birkaç ay içinde terapiye gerçekten son vermemiz gerektiği konusunu anlamasını sağlamaya çalıştım. Bunu hiçbir zaman tam olarak kabul etmedi; bana uzun mektuplar yazma fantazisi, terapinin ve bizin "biz" olarak bitişini inkâr etmenin bir yoluydu. Sanırım sonraki seanslarda, Ginny'nin terapinin bitişiyle ilgili duyguları, bana karşı olan olumlu duyguları ve bazen Karl'ın kıskançlığını arttırmak için kullanıldığım ilişkilerindeki birbirine dolanmış duyguları üzerinde çok fazla zaman geçirmem gerekecek. Ginny bir iki seans için ikisini birlikte görebileceğimi söyleyerek beni şaşırttı. Sanırım bunu yapacağım – bitişe yapıcı bir yardım olabilir bu.

~

11 Nisan

GINNY

Geçen hafta size Karl'ın da yardım almak istediğini söylediğimde çok şaşırdığınızı düşündüm. Onun düzenli aralarla Madeline'i görmeye gelmesi konusunda neden bu kadar sert olduğunuzu düşünerek şüpheye kapılabilirdim. "Çok uzak ... tek terapist o değil...." Sanki bir tek ben prima donna olabilirdim ve bu yanlıştı – çünkü şu anda benim durumum sabit, acı çeken ve yardıma ihtiyacı olan ise Karl. Ben de kendimi suçlu hissediyorum, çünkü Karl'ın güvendiği tek insan –yani Madeline– bir bakıma uygun değil onun için. Biraz korksam da Karl'ın terapiye gitmesini çok istiyorum. İkimiz de terapide olunca hayatımızın daha az belirsiz olacağını düşünüyorum. Karl'ın mücadele edeceğini ve sadece beni suçlamayacağını umuyorum.

Benim nasıl değiştiğimden söz ettik – bu eski beni ortaya çıkarıp duruyorum, bu sizin için cesaret kırıcı olmalı. Siz benim nasıl değiştiğim hakkında konuşurken ben neden mutlu olamıyorum, neden geçmişe dönüp nasıl battığımı göstermek için karşılaşma grubunu ortaya çıkarmak amacıyla "her çareye başvurmak" zorundayım, diye düşünüyordum. K ve benimle ilgili fikriniz –bizi ayırmaya değil, ama eğer istersem ondan ayrılma özgürlüğüne sahip olduğumu, bir seçim yapabileceğimi ve sadece onun yaptığı bir şeye tepki olmayacağımı fark etmemi sağlamaya çalışmanız– hoşunuza gidiyor. Eh, ben de kendi fikrimi seviyorum. Kendimi o kadar sınırlı hissediyorum ki, davrandığım şekilde davranmama özgürlüğü istiyorum – sırlarım olmasını, yankı odaları olmaksızın hayat dolu olmak, her zaman kendi kendime konuşmamak ve daima kendimi duymamak istiyorum.

Yazdıklarımı sizi etkilemek, beğeninizi kazanmak, kolayca ve neşeli bir şekilde neyi yapabildiğimi göstermek için okudum. Alışverişimden beş dakika aldı sadece.

~

19 Nisan

DR. YALOM

Garip, vodvil tarzı bir seans. Çok tuhaf, çok şaşırtıcı. Ginny geldi ve oldukça coşkulu bir şekilde bana yazdığı bir taşlamayı okumak istediğini söyledi. Sonra bana hafta içinde yazdığı son seansa ait bir şakayı okudu. Kesinlikle insanı kahkahalara boğan bir şeydi. O okurken ben kahkahalar içinde kalmıştım. Ama benimle ilgili cinsel duygulara, beni memnun etme ihtiyacına, ondan öğrenmemi sağlama ihtiyacına yönelik atıflarla doluydu. Seansın geri kalanındaki analizde bize yardımcı olması için bunu kullanmamın doğru olup olmayacağını sordum. Bunu oldukça sersemletici, kaçamaklı bir şekilde karşıladı. Sersemletici sözcüğünü birçok kez kullandık ve gerçekten sersemletici, hızlı bir yapısı vardı seansın. Bir ara benim için geriye doğru parende atmak ya da masamda step dansı yapmak istediğini söyledi. Onu hiç bu kadar neşeli görmemiştim.

Aslında birçok iyi şey olmuştu hayatında – yarım gün çalışacağı bir iş bulmuştu, önümüzdeki dört ay için geçerli olan yüksek maaşlı bir araştırma işiydi bu ve çocuklarla çalışacaktı; bir kliniğe gitmiş, baştan aşağı kontrolden geçmiş ve iyi bir sonuç almıştı (yüzündeki şişliğin bir önemi yoktu); rahatça yazı yazıyordu ve genel olarak işler yolunda gidiyordu.

Ancak karanlık bir taraf da vardı. Karl gitgide daha stresli bir hal alıyordu. Ginny'den kendini çekiyor, ağlama krizlerine giriyor ve kimseyle konuşmak istemediği ümitsizlik duygusuna kapılıyordu. Yavaş yavaş terapiye girme olasılığını araştırmaya başlamıştı. Diğer taraftan anne babası da kötü durumdaydı, çünkü kız kardeşinin ciddi bir hastalığı tekrarlamıştı.

Yani neşe ve sevinç hali saf değildi. İçimden bir ses, "Suçlu olmalıyım" şeklindeki yüzeysel duyguları kabul etmesine rağmen, kendisi en üstteyken diğerlerinin acı çekmesinden hoşlandığını söylüyordu. Bir ara kendisini bir suböceğine benzetti. Kendisi suyun yüzeyinde kolayca hareket ederken Karl ve ailesi suya yarı yarıya batmış ve boyaları sıyrılan teneke kutular, hatta belki de suyun altında yüzen kirlilikten etkilenmiş balıklar gibiydiler. Bu ona neler olduğunu açıkça gördüğüm anlardan biriydi, ama herhangi bir yorumda bulunmamayı tercih ettim. Suçluluk duygularını kolayca harekete geçirebileceğimi ve depresyon felaketini başlatabileceğimi hissettim. Başkaları kötü durumdayken kendini iyi hissetmek çok fazla insani bir duyguydu. O ve Karl'ın tahterevallide olduklarını ve aynı zamanda ikisinin de kendisini yukarıda hissetmesinin mümkün olmadığını düşünüyordum. Karl, Ginny'yle hâlâ tartışıyor ve ona takılıyordu, ama artık Ginny bu eleştirileri ciddiye alma ihtiyacını duymuyordu; bir bakıma çok uzun süredir istediği bir şeyi almıştı – Karl'ın depresyonu kendisini terk etmeyeceğinin garantisiydi. Mutluluğu taşıyordu: işten eve gelince radyoyu açıyor, kendini hayat dolu hissediyor, arkadaşlarını görüyor ve bir sürü komik mektup yazıyordu. Onu bir düşüşün beklediğinden ve bu görüşmeden sonra depresyona gireceğinden korkuyorum. Ama bence uzun vadede yükseliş eğiliminde.

Seansta ne yapmam gerektiğine karar vermekte zorlandım; neşesini analiz etmek çözülmesiyle sonuçlanırdı. Taşlamada açığa çıkan, bana karşı olan bazı cinsel duygularını keşfetmeye çalıştım. İşe yaramadı. Bunların sadece fantaziler olduğunu, yazmaya başladığında kendini serbest bıraktığını ve yazdıklarının bir anlamı olmadığını söyleyerek kaçtı. Yazıyı sadece duygularını ve kendisini küçültmek için yazmıştı. Sonra benimle ilgili gerçekten hoş fantazileri olduğunu söyledi – eğer benimle sosyal anlamda görüşüyor olsaydı kolunu bana dolayarak ve kendini bana yakın hissederek yürümek isterdi.

Yine Karl hakkında ve ona yardım edebilmek için ne yapabileceği konusunda konuştuk. Yumuşak bir şekilde bunun Karl'a yardımcı olabileceği bir zaman olduğunu fark etmesini sağlamaya çalıştım. Belki Karl'a karşı, bazı olumsuz duygularını göstermek dahil, daha açık ve doğrudan olmak ona gerçek ilgiyi göstermenin bir yolu olabilirdi. Uyuşturucu bağımlıları için düzenlenen grup toplantılarını, en kötü saldırıların "dayanıklı sevgi" olarak kabul edildiği Synanon Oyunu'nu düşünüyorum. Bunu anlayabiliyordu, çünkü arkadaşlarından biri kocasına aynı bu şekilde davranıyordu.

Hatta cinsel olarak bile işler onun adına biraz daha yolunda gitmeye başlamıştı, çünkü kısa bir süre önce bir sabah Karl'a neredeyse orgazma ulaştığını, eğer Karl kendisine biraz daha dokunsaydı orgazmı yakalayabileceğini söyleyebilmişti. Karl da doğal bir tavırla, "Senin zihnini okuyamam, neden bana söylemedin?" diyerek karşılık vermişti. Zor olan ilk adımı attığının altını çizmeye çalıştım. Artık gelecekte ihtiyacı olan şeyi Karl'a daha kolay söyleyebilirdi, hatta daha da iyisi elini yönlendirerek istediği yere koyabilirdi. Bu konuda konuşmanın uğursuzluk getireceğini düşündüğü için bu konuyu benimle konuşmuyordu; bu yüzden ben de konuyu öylece bıraktım. Seansın sonuna doğru kendimi huzursuz hissediyor, ama ona yardımı olacak ne yöne doğru gideceğimi bilmiyordum. Karmaşık duygular içindeydim. Onu daha mutlu, daha iyi görmek hoşuma gidiyordu ve üstelik bunların çoğunun sağlam temellere dayandığını hissediyordum. Ama tüm bunların çok kolayca yıkılabileceği gibi huzursuzluk verici bir duygu taşıyordum, çünkü diğerlerinin talihsizliğine dayanan iyi duygular çabuk kaybolurdu. Göreceğiz.

Ginny'nin Taşlaması
UYUMSUZ

Seansın bir taşlamasını yazmayı düşündüm, bu hakkında kafanızı şişirdiğim hayal edilmiş benliğim olacaktı.

Fıkır fıkır sarışın kadın, soluk soluğa ve konuşmak için sabırsızlanarak, sunulmaya hazır bir kahve gibi her yerinden sözcükler taşarak gelir. Dr. macerayı bekleyerek derin bir nefes alır. Gözlerinde şeytani bir bakış vardır. Kız doktora yüzündeki şişliği gösterir. Şişlik çok küçük olduğu için doktor dokunmak üzere yanına gelir – kızın yüzüne, sonra boynuna ve saçına dokunur. Kız şaha kalkar, sırtı yay gibi gerilir, korkunç bir çığlıkla nasıl hayatının ikinci olgunluk devresinde olduğunu anlatır, kokteyl barlarındaki mutlu saatlerde doktorla birbirlerini okşamalarına dair birçok fantazisinden söz eder. Doktor sorular ve yorumlarla araya girmek ister, ama kız ağzından baklayı çıkarmaya kararlıdır. Seans boyunca, aşk ve ölüm aklına geldikçe, kızın yüzü kadınsı kırmızılıktan (Elizabeth Arden) ölümcül beyaza doğru değişir. Sonunda erkek arkadaşının ne kadar sevecen hale geldiğini, nasıl kendisiyle birlikte bir masaj salonu açmak istediğini (vergi indirimi için) ve kendisinin bunları nasıl hiç hak etmediğini söyledikten sonra gözyaşlarıyla çöker. Doktor onun geçen haftadan bile daha canlı göründüğünü söyler. Kız ona terapi raporunu verir – beş sayfa, tek aralıklı– her.hareket, ağlama, düşünce, rüya kaydedilmiş. Kız yüzlerce yüz bakımından daha güçlü bir şekilde dışarı çıktığında kendini rahatlamış ve genç hissetmektedir. Tek bir hareketle bütün ev işlerini bitirebilecektir. Bu hafta mutfak zeminine hapsolmayacak ve masası St. Vincent de Paul's gibi karışık olmayacaktır. Bütün sessizliği saf olacaktı. Dünyada ilerleyecekti.

Doktor onu kucaklayıp kapıya götürür. Evde bekleyen rostosuna gitmek ister, ama cesaret edemez. Yazacak çok şey var. Hafızası ateşlenmiştir. Kızdan çok fazla şey öğrenmiştir.

Kız Stanford'un mezarını geçerken bahar güneşi her ağaçtan ona yansımaktadır. Kaktüse ve palmiyeye dokunduğunda bunu tek tek hisseder. Greyhound otobüsündeyken güçlü yüzü otobüste seyahat eden bütün Üçüncü Dünya insanlarından uzaktır. Greyhound'a gidip bütün azınlıkları bize bırak. Bütün kanepeyi kaplayıp uykuya dalar. Rüyaları diktafon makineleri gibi doktorun sesini ve dokunuşunu tekrarlar. Otobüs hızla uzaklaşırken kız bütün kitaplarını "doktoruna" ithaf etmeye yemin eder. Daha sonra insanlar bu doktorun jinekoloğu ya da ortopedi doktoru olduğunu sanmamaları için, "bana ağlamak için özgürlük, uçmak için azim ve ölmemek için on neden veren Dr. Y.'a," diye imzalar.

Yazan

Ms. Fits*

Bayan Uyumlu anlamına gelen Ms. Fits'in okunuşu Uyumsuzlar demektir, – y.n.

19 Nisan

GINNY

Dün bir araya gelen iki arkadaş gibi olduğumuzu düşündüm. Sadece ben problemlerimden söz ediyordum. Gerçekten çok mutluydum ve eğer terapide olmasaydık daha da rahat olurdum. Yazdığım şeye gülme tarzınız çok hoşuma gitti. Sonra şüphesiz bunu kanıt olarak, seansı harekete geçirici bir şey olarak kullanmanın adil olup olmayacağını sordunuz. Ve ben sizi bu isteğinizden alıkoydum. Yazdığım şey canlı karikatürden daha büyüktü ve bu şekilde kendimi hem ifşa ettim hem de korudum. Ayrıca korkunç derecede alaycıydım, çünkü bu benim için olması en kolay şey. Sadece daha sonra otobüste giderken, önce bununla size ümit verip daha sonra da tartışmayı kestiğim için sizi hayal kırıklığına uğratmış olabileceğimi düşündüm.

Karl'ı düşünüp kendimi suçlu hissederek seansdaki enerjimin bir kısmını boşaltmaya çalıştım. Ama bunların hiçbiri duygusal değildi. Belki bunun nedeni kendimi gerçekten suçlu hissetmememdi; hatta bize yardımcı olması için olanları iyi bile karşılıyorum.

Bir parçam seansı yüzeysel olarak yargılıyor. Ama gülen ve rahatlayan parçam seanstan çok zevk alıyor.

Dün siz ortaya koyana dek kendimi coşkulu olarak düşünmemiştim. Ama seansın sonuna doğru yıpranmaya başladım. Doğru yolu bulmak ve takip etmek için bir şeyin peşinden mücadele edemeyecek kadar tembelim. Bunun yerine kendim sarmak için eski örtülerime teslim oluyorum.

~

23 Nisan

DR. YALOM

Şimdiye kadar geçirdiğim en sıkıcı seanslardan biri. Dakikalar sonu gelmeyecek şekilde uzadı. Birdenbire artık konuşacak hiçbir şeyimiz kalmamış gibiydi. Sanki Ginny geçen yılki bütün görüşmelerimizi taramış, her birinin en sıkıcı bölümlerini almış, büyük bir top haline getirmiş ve bir saat boyunca ofisimde bu topu zıplatmış gibiydi. Kötü bir gece geçirmiştim, kendimi çok iyi hissetmiyordum ve sorunun ben olup olmadığımı düşünüp duruyordum. Ama sanmıyorum. Bugün birçok şey olmuştu ve başka her şeyle uğraşacak güçteydim. Sadece Ginny üzerinde çalışacağımız bir konu getirmemişti ve ben de onun bir şeyleri tartışmasına yardımcı olacak bir yol bulamıyordum. Aslında içeri girmiş ve ne konuşacağını bilmediğini söylemişti. Bir kez daha bu konuyu düşünmüş ve sonunda vazgeçip bir şey planlamamaya karar vermişti. Takvime bakıp programımızı yapmayı teklif ettim; sekiz seansımız kalmış gibiydi. Sadece yazı değerlendirmek için sonbaharda beni tekrar görebileceğine dair güvence istiyordu. Ayrıca Avrupa'dayken bana yazmayı düşünüyordu. Sonra şakayla karışık olarak haziran ayındaki birkaç seans hakkını eylülde kullanıp kullanamayacağını sordu. Onu eylülde görmek istediğimi, ama sadece yazı gözden geçireceğimizi söyledim. Haziranın "bitiş" olduğunu netleştirmek istiyordum.

Sonra Karl'ın terapiye başladığını ve bunun yardımı olacağını düşündüğünü söyledi. Karl'ın gördüğü ilgiyi kıskanıp kıskanmayacağını merak ediyordu; belki bazı inandırıcı şikayetler üretmek zorunda kalacaktı. Ondan sonra, kocaman köpüklü bir hiç. Bir şeyden her söz edişinde ve ben buradan bir şey çıkarmaya çalıştığımda hiçbir şey olmadığını görüyordum. Son seansta hissettiği mutluluk birkaç gün sürmüştü. Geriye kalan zamanımızı faydalı bir şeyler için kullanması gerektiğini biliyordu. Arkadaşları, annesi ve babasıyla bir uzlaşmaya varması gerektiğini söylüyorlardı. Pekâlâ, "uzlaşmaya varmak" teriminin ne anlama geldiğini bulmaya çalıştım. Hiçbir fikri yoktu. Ben onu zorladıkça elde edecek bir şey olmadığını daha çok fark ediyordum. Çeşitli karşılaşma gruplarına giden bir arkadaşı vardı ve gerçekten "kim olduğunu öğreniyordu." Bunu araştırmaya çalıştım, fakat karşılaşma grubu "neşesinin" artık kendisi için faydalı olmayan bir şey olduğunu söyledi. Karl'ın kendisine yönelik bazı aşağılamalarına cevap vermeyişi hakkında konuştu – bayat ve besleyici değeri olmayan materyal. Hayatında daha fazla şey yapması, fırsatları değerlendirmesi, daha dik oturmak ... gerektiğine dair duyguları hakkında konuştu. Artık onun neden söz ettiğini bilmiyordum ve etrafını kuşatan bütün "gerekliliklerle" yüzleştirmeye çalıştım onu, aslında bunların annesinin sesi olup olmadığını sordum.

Sanırım, içimi rahatlatmak için, her şeyin yolunda gittiğini söylemesini istiyorum. Ama benim yargılarıma göre her şey zaten yolunda gidiyor, o kadar iyi ki kendisini hasta olarak sunmada zorluk çekiyor. Sadece birkaç tane hoşnutsuzluk verici alan var, bazı konularda Karl'a karşı koyamaması ve bir tanesinde lezbiyen temaların bulunduğu bazı rahatsız edici rüyalar gibi. Ama ben Ginny'yle rüyalarını çok fazla çalışmamıştım, çünkü o zaman rüyaların arkasına saklanıyordu ve ben onu anlamak yerine bulmaya çalışıyordum. Terapinin bu aşamasında rüyasını olduğu gibi anlayabiliyordum: beni sonu olmayan bir terapiye çağırıyor. Sadece kulaklarımı kapatıp hep böyle rüyalar göreceğini söyledim – bu insan olmanın bir parçasıydı. Ne hakkında konuşmak istediğimden emin değildim. Belki gerçekten bitirmiştik ve ben çok fazla uzatıyordum. Herhalde bu seanstan sonra gerçek bir yatıştırıcı alacaktır. Benim ağzımda şimdiden kötü bir tat var. Ona yardımcı olmak için hiçbir şey yapmadığımı hissediyorum; denediğim her şey isteksizdi, çünkü yardımı olmayacağını önceden görüyordum.

~

23 Nisan

GINNY

Seansı, takip eden geceyle karıştırdım. Seansın zevkini tüketen daha çok gece oldu. Ertesi sabah sizden nefret ederek uyandım. Seanstaki durumum – düşüncesiz, neşeli, tatsız, içimde işlerin nasıl gittiğinden habersiz, sizin bulmanızı istiyorum; yeni şeyler ortaya koymuyorum, razıyım, evet mutluydum diyorum, evet üzgündüm, duygusal olmaktan çok anekdotlara dayanıyorum, kukla durumu.

Her neyse, o gece en kötü rüyalarım ortaya döküldü. K onun yanında neden bu kadar çekingen olduğumu, onunla konuşmaktan neden korktuğumu ve eğer ondan böylesine korkuyorsam bu kadar uzun süre onunla nasıl kaldığımı sordu. Bunlar açık şeylerdi. İçimden bunları hep düşünüyordum, ama siz kendimi bir hiç için azarladığımı söylediniz. Bu son aylarda içimde bulunan korkunç derecedeki durgunluk özelliği seansta fark edilmeden kalmadı. Seansta olduğu gibi, söyleyeceklerimi arka plandaki sesler ve alaylar eşliğinde zihnimde çalmadan hiçbir şey söyleyemiyorum ona. Seansta canlılığımı kaybettiğimde ve siz, "Ne düşünüyorsun?" diye sorduğunuzda başım birden dikleşiyor, sırıtıyorum ve bir şey söylüyorum. Ve bu ilerleme, öyle mi? Başımı tekmelemeli ya da beni dışarı atmalıydınız. Sizin yüzünüzden ıstırap çekmeyi; duygularımı, mobilyalarımı ve yiyeceğimi paylaşmadığım sizinle acımı denemeyi tercih ederdim. Deneme vakası olarak bunu cesaretle karşılamayı ve şu anda, yani geceleyin, kedere gömülmek zorunda kalmayı tercih ederdim. K'nın yönünden ilk sessizlik, eleştiri ve ihtiyaç iması beliriyor ve en bunaltıcı korku patlıyor ve beni dibe çöken bir demir gibi sekiz saat ölü olarak tutuyor. Uyuyamıyorum, kaderimin en kötü köşelerini hayal ediyorum, her şey olurken ve bana bir şey sorulurken bile bol bol fantazi kuruyorum. Günü atlatmamı sağlayan iyi özelliklerden nefret ediyorum. Üniversitedeki yatılı gecelerinin, benden bir şey talep eden her türlü denemelerin en kötü Ginny'siyle el ele verdim.

Neyse, bu raporu yazmayı geciktirdim, çünkü sizinle ya da seansla bir ilgisi yoktu ve bana karşı yöneltilmeli. Siz sadece bizim küçük gevezelik saatimizi paylaşan bir aksesuarsınız.

Seansta neden söz ettiğimizi unuttum. Beni nasıl değiştireceğinizi sordum, bu dolgu maddesiydi. Siz benim daha güvenli olabileceğimi söylediniz. Oh, evet, bir şeyin yanlış olduğunu düşünmenin benim için çok zor olduğunu söylediniz. Ne komik.

~

3 Mayıs

DR. YALOM

Bir yukarı, bir aşağı. Seansların anlamlılıkları bakımından çarpıcı şekilde yer değiştirdikleri konusunda Ginny gerçekten haklı. Oldukça garip bir seanstı. Hem kendimi meşgul hissettim (yani insanlarla yapmam gereken şeyleri yapıyordum: çalışıyordum, çünkü dişlerimi geçirebileceğim bir şeyler vardı) ve diğer taraftan Ginny için samimi şekilde üzülüyordum. Belki de gerçekte hiçbir şeyin değişmediği, her zamanki gibi yine her şeyi berbat ettiği, belki de davranışçıların haklı olduğu ve sadece davranışlarıyla uğraşmam gerektiği, Ginny'ye nasıl değişeceği ve nasıl davranacağı şeklindeki talimatlar vermem gerektiği duygusundan kaçamıyordum. Seansın ilk 15 - 20 dakikasında ısrar eden bunaltıcı bir duyguydu bu, ama sonra her şey daha fazla anlam kazanmaya başladı.

Bugünkü seansın en önemli olayı geçen haftaki son görüşmemizden sonra ortaya çıktı. O gece Ginny ve Karl yataktayken Karl, "Ginny, benden neden korkuyorsun?" diye sormuştu. Görünüşe göre Ginny durumu çok kötü idare etmişti. Karl'a cevap verememiş, Karl onu zorlamıştı. Ginny sonunda korkunç bir başarısızlık duygusu hissetmiş ve işler gitgide kötüleşmişti. Bu konuda pek çok düşüncem vardı, çoğunu da Ginny'yle paylaştım. Birincisi, söz konusu olanın uzun süre beklemiş bir davetiye olduğunu söyledim. Her zaman o ve Karl'ın gerçekten konuşmalarının olanaksız olduğu konusunda sızlanırdı. Korkuları ve duygularını bastırması gerektiğini, çünkü Karl'ın böyle istediğini söylüyordu. Ve şimdi Karl açık sözel konuşma için şüphe götürmez bir davetiye çıkarmıştı. Buna nasıl cevap vereceği konusunda öneriler getirerek bu konuda rol yapma çalışması yaptık; gerçekten korktuğu şeyi dile dökmesine yardımcı olmaya çalıştım. Onu felç eden ve suskunlaştıran bu korku neydi? Karl'ın kendisini terk edeceğinden korktuğunu söyledi; ama yaptığı her şeyi eleştirdiği için onun varlığından da korkuyordu. Rol yapma sırasında söylediği her şeyi destekledim. Söylenen hemen hemen her şey sessizlikten ve Ginny'nin Karl için her zaman olduğunu hayal ettiğim gölge ve damlacık olmasından daha iyiydi. Belki ona çok yüklenmiştim, ama söyleyecek çok şeyi olduğunu ve bunların Karl'ın duymak istediği şeyler olduğunu anlamasını sağlamaya çalışıyordum. Ancak çok fazla destekleyici göründüğümü sanmıyorum. Rol yapmaya devam etmeyi mi istediğini yoksa benden neden korktuğu konusunda konuşmayı mı istediğini sordum, ikinci seçenek gerçek hayat ortamına daha fazla uyuyordu. Bunu yapmayı tercih edeceğini söyledi, böylece ona benden neden korktuğunu sordum; değişmediği için ondan sıkılmış olmam gerektiği için mi korkuyordu ya da geçen hafta olduğu gibi davrandığı için mi korkuyordu? Geçen haftadan sonra kötü bir şey olacağını, hiçbir şeyi ciddiye almadığı için onu cezalandıracağımı mı hissetmişti? Geçen hafta olduğu gibi bazen tiksinti duyduğumu kabul ettim, ama genel olarak duygularım bu yönde değildi.

Sonra onun için bir yorumda bulundum, ki sanırım doğru bir yorumdu; Karl'la başarısız olmaya devam ederek sihirli bir şekilde beni yanında tutmaya çalışıyordu. Büyümeyi, değişmeyi reddediyordu ve bu, yakın olan bitiş tarihine karşı bir tepkiydi. Gülümseyerek, "Böyle söyleyeceğinizi biliyordum," dedi. Ama pek fazla ilerleyemedik. Karl'ı uzaklaştırmak isteyip istemediği konusunu konuştuk. Karl kendisini eleştirdiğinde ona nasıl cevap vereceği konusunda bazı talimatlar verdim Ginny'ye. Neden Ginny'ye karşı genelde bu kadar eleştirel olmak zorundaydı? Neden Ginny Karl'a karşı eleştirel olamıyordu hiç? Karl kendisinin bulaşıkları yıkama tarzını eleştirdiğinde ona ne söylemek istediğini sordum. Bazen, "Cehenneme git," demek istediğini söyledi. Eğer Karl olsaydım hiçbir şey yerine bunu duymayı tercih edeceğimi söyledim. Böylece bir kez daha sikloterapinin sonu gelmez bir biçimde dönüp duran dizisi içinde Ginny'ye moral verici kısa bir konuşma yaptım ve elinde iri yastık gibi boks eldivenleriyle ringe gönderdim. Çok çaresiz olduğunu hissetmeme neden oluyor.

Gelecek hafta Karl'ı seansa getirmeyi ciddi şekilde düşünmesini söyledim. Eğer Karl isterse bunu yapacağını söyledi. Bu büyüleyici bir saat olurdu!

~

3 Mayıs

GINNY

Seans benim için yararlıydı. Daha aktif bir rol aldınız. Karl'ın bana neden ondan korktuğumu sorduğu fiyaskosundan size söz edince rol yaptık. Karl soruyu sorduğunda donup kalmıştım ve her ne düşündüysem bunu söyleyemedim. Uzaktan kumandaya bağlı gibiydim, yardımı olacak bir şey yapamayacak kadar kendimi yemekle meşguldüm.

Ama bu kez siz bana neden korktuğumu sorduğunuzda bu cümlenin bana dokunmasına izin vardı. İçimden gevezelik etmeyi bırakıyorum, başımın içinde bir boşluk oluşuyor ve daha iyi bir şey beni etkisi altına alıyor. Konuştuğum ve içime gömmediğim sürece Karl'ın sorusuna karşılık söyleyeceğim her şeyin bir yanıt olduğu konusunda bana güven verdiniz.

Terapiye ihtiyacım olduğunu göstermek için bu fiyaskoyu hazırladığımı düşüneceğinizi bilmiyordum. Ama biraz düşününce tam düşündüğünüz gibi görünüyor. Sanırım ilk kez yanıldınız. Açık konuşmama gibi kötü bir alışkanlığım var. Ortadan yok olma alışkanlığı. Terapideki bunca zaman, benim gibi doğru yolu bulmak istemeyen biriyle sersemletici bir şekilde dolanmak gibi bir şey. Karl'a cevap veremedim; size de genellikle cevap vermiyorum. Kendimi daha iyi hissediyorum. Üzerime gelinmesinden hoşlanmıyorum. Sizinle daha başarılı olsaydım Karl'la da olurdum ya da tam tersi. İçinde bulunduğumuz hareketsizliği sürdürmek istediğim için bu kadar sık başarısız oluyor değilim.

Seans için daha önce ne hissettiğinizi –"tiksinti" duyduğunuzu– söylediğinizde bunun benim üzerimdeki etkisi çok büyük oldu. O anda değil (sonra bunun hoş olduğunu düşündüm). Ama o zamandan beri bunu düşünüp duruyorum ("tiksinti duymak" kendimi kötü hissetmeme neden oluyor). Sadece kendimi düşünüyorum. Düşündüğüm şey başkalarının ne düşündüğü, keşke tepkinizi hayal etmek yerine gerçekten bilseydim. O zaman ne diyeceğinizi biliyorum: "Sor."

Sizi kuvvet gösterimin hedefi yaptığım için duyduğum suçluluğu azaltmak amacıyla bu yaz sizin için bir yazı yazdığımı hayal ettim hemen. Yazdığım raporlardan daha iyi olacaktı. Ve sonbaharda vererek sizi en az bir kez daha görmüş olacaktım. Fantazi bozuluyor. Diğer insanlar hakkında konuşarak onlara nasıl takıldığımı düşünüyorum. Ve bunu yazmak zorunda olmadığım için memnunum.

Karl'ı getirmenin kimin önerisi olduğunu hatırlamıyorum. Sizin önerdiğinizi söylemek iyi bir tahmin olurdu. Oldukça cömert bir öneri. O sırada bunun harika olacağını düşündüm. Eskiden bundan ne kadar korktuğumu düşününce dün sizden ne kadar esinlendiğimi görebilirsiniz. Sonra en kötü korkularımla ilgili bir espri yaptınız – Karl'a benimle ne zaman evlenme niyetinde olduğunu sorduğunuz oldu bittiye getirme seansı. V. (önceki terapist) anne babam ve benimle bir seans yaptığında benim hiç konuşmamam çok komikti. Resmi duvarda asılı olan küçük bir tanrıça gibiydim. Oradaki bir bilinçtim, ortadaki bana karşı her iki yandan geliyorlar, yüzüm kızarıyor, her şeyi alt üst ederek karıştırıyorlar.

Eve döndüğümde yalnızca dört seans kaldığını düşündüm. Birini bile boşa harcamaya, paylaşmaya, birkaç adım daha ötesine geçmeme karşın lekesiz bir genç kızı oynamaya dayanamazdım. Eğer Karl gelirse çok iyi olmasını istiyordum.

Yapılacak doğru şey bu olduğu için seansını feda eden bir ermiş gibi hissediyordum kendimi. Ama üçümüz birlikte iyi bir seans olacağını hayal ediyorum gerçekten.

VI

Her Gün Biraz Daha Yakın

(10 Mayıs-21 Haziran)

10 Mayıs

DR. YALOM

Dünyaya giriş. Bugün çok farklı bir şey oldu. Ginny, Karl'ı kendisiyle birlikte getirdi. Bütün gün çok yorgundum ve bir gece önce çok az uyumuştum. Bu yüzden Ginny'yi almak için uyuşuk bir şekilde gittim bekleme odasına. Birdenbire Ginny'nin yanında oturan bu adamı gördüm ve onun Karl olması gerektiği kafama dank etti. Geçen seansın sonunda onu getirmesini ciddi şekilde teklif etmiştim Ginny'ye, ama geçmişte bu önerilerime hiç kulak asmamıştı, bu yüzden Karl'ı davet etme cesareti göstereceği ve Karl'ın da bu daveti kabul edeceği hiç aklıma gelmemişti. Daha önce bu öneriyi düşündüğümüzde Ginny Karl'ın bu fikri ciddiye alacağını düşünmediğini söylemişti. Her nasılsa Karl buradaydı işte. Yorgunluğum ve uyuşukluğum hemen kayboldu ve bütün seans boyunca bir ilgi dalgasıyla sürüklendim. Aslında uzun, çok uzun zamandır geçirdiğim en ilginç saatti.

Karl benim beklediğimden çok farklıydı. Neredeyse büyük bir kesinlikle onu siyah saçlı, sert görünümlü, sakallı biri olarak hayal etmiştim, yani bana yakın ya da meydan okuyan ya da düşman olacak biri. Aslında bunların tamamen tersiydi, memnunluk verecek düzeyde açık, serbest, nazik – uzun düz saçlı, aşırı derecede yakışıklı bir adamdı. Ginny güzel bir şekilde giyinmişti ve ben, bu son derece çekici ve söyledikleri her şeye rağmen birbiri için sıcak ve sevecen duygularla dolu iki insanla birlikte olmaktan büyük zevk alıyordum. Görüşme sırasında ara sıra hafif kıskançlık sancıları hissediyordum, çünkü Ginny'yi hep benim olarak düşünmüştüm ve birdenbire bunun nasıl çarpıtılmış bir yanılsama olduğunu gördüm. Benden çok Karl'a aitti o. Karl bütün gün boyunca onunla birlikte yaşıyordu, geceleri onunla uyuyordu ve ben onunla sadece bir saat geçiriyordum. Ama bunlar sadece geçici duygulardı. Karl'la çok ilgileniyordum ve konuşmanın çoğunu da o yapıyordu. Seansın başında, ben kahvemi içerken belirgin bir kendine güvenle kendisinin de kahve alıp alamayacağını sordu. O zaman ona kahve teklif etmeyi ihmal ettiğimi fark ederek kahve odasına götürdüm. Orada büyük bir kendine güvenle kahvesini aldı.

İkisi arasındaki problemleri gözden geçirmemizi teklif ederek başladım ve kısa bir süre içinde zamanı oldukça yapıcı bir şekilde kullanmaya başladık. Canlılık verici bir açıklıkla Karl, Ginny'nin başarısızlıklarına kızgınlığını dile getirdi – kötü yıkanmış tabaklar, kötü pişirilmiş yemekler vs. Ginny'nin daha becerikli ve etkin olmasını istiyordu. Ginny bugün mutfağın kusursuz olduğu iddiasıyla karşılık verdi. Bunun üzerine Karl biraz daha yüksek seviyeli bir talebe geçti – Ginny'nin dış dünyadaki problemlerle baş edebilmesi. Ginny bir süredir benim tam olarak takdir etmediğim bir şey söylüyordu, ki bu Karl'ın ona söylediği bir şeydi: "Olduğundan başka bir şey ol. Farklı ol. Aslında tam benim gibi ol." Zamanı kollayıp sonunda bunu Karl'a ifade ettim. Kendisine saldırılmış gibi hissetmemesi için bunu yumuşak bir şekilde söylemeyi istedim, çünkü Ginny ve ben birlikte uzun süre geçirdiğimiz için kendisini huzursuz bir yabancı gibi hissedeceğini düşünüyordum. Bununla birlikte, yorumumu çok, çok kolay bir şekilde kabul etti. Daha sonra, Ginny için, ayrıntılı bir şekilde açıkladığı ideallere sahip olmasının yanı sıra kendisi için de güçlü ideallere sahip olduğu ve kendisinde hoşlanmadığı belirli özellikleri Ginny'de gördüğünde en güçlü tepkiyi verdiği sonucuna ulaştık. Ginny'nin yumuşak başlılığından ve pasifliğinden hoşlanmıyordu ve bu özellikleri kendisinde gördüğünde tiksiniyordu.

Bugün Ginny'yle gurur duydum. Çekinmeden konuşabildi, Karl'a cevap verdi, hatta onun kendisini terk etmesi konusunu bile ortaya koydu, ama bunu o kadar çabuk söyledi ki neredeyse üstün körü geçildi. Seansın sonuna çok yaklaştığımız için böyle yüklü bir konuyu açmaya isteksizdim. Ginny Karl'dan ne kadar korktuğunu söyledi ve Karl onu korkuttuğunu, belki de bunu bilerek yaptığını itiraf etti. Zekiydi; kendi standartlarını Ginny'ye koymanın bir bedeli olduğunu biliyordu – Ginny, Karl'ın görmeyi istediği yeteneklerini bastıracaktı. Bunun Karl için oldukça önemli bir kavrayış anı olduğunu düşünüyorum – tüm bunları duydu ve inanıyorum ki zihnine kaydetti.

Karl kapalı, savunmacı bir insan değil ve sanırım terapide iyi çalışırdı. Görünüşe göre bazı ciddi kişilik problemleri var ve anne babasının ondan olmasını beklediğini sandığı kişi olmak için amansız bir dürtüye sahip. Önünde uzun bir terapötik çalışma var, ama yeterli ego gücü var.

Ginny'nin bir sonraki raporunu görmek için sabırsızlanıyorum, çünkü bu seansın bana karşı aktarımı ve Karl'ın karşısındaki bana olan duyguları bağlamında ne anlama geldiğini merak ediyorum. Nedense Karl'ı hep küçümsemiş, hiç takdir etmemiş ve Ginny'nin potansiyel olarak ne kadar iyi bir şeye sahip olduğunu hiçbir zaman anlamamıştım. Ve bunun tersine Ginny'nin birçok yönden Karl için ne kadar çekici olduğunu görebiliyorum.

Seansın sonunda başka zamanlarda da bu şekilde özgürce konuşup konuşamayacaklarını sorarak seansın yapıcı bir seans olduğu şeklindeki duygumu doğrulamaya çalıştım. (Alkışa ihtiyaç duymaktan hiç vazgeçmeyecek miyim ben?) Tabii ki hayır, dediler, şu anda çok daha özgürce konuşuyorlardı. Yeni seçenekleri açık tutmak için bunu geleceğe taşımaya çalıştım. Ginny'ye Karl tarafından susturulduğunu hissettiğinde bunu ona söyleyip söyleyemeyeceğini sordum. Ginny yapabileceğini sandığını söyledi.

10 Mayıs

GINNY

Beni karşılamak için hazır bir şekilde gelirken Karl'ı görerek şaşırdığınızı görmek çok komikti.

Doğal olarak ne olacağını düşünmemiştim, kaçınılmaza aldırmıyordum. İkinizle de gurur duyuyordum. Ve sessizliğim bazen bana karşı bir suçlama gibi görünüyor, bu yüzden çabuk çabuk konuştum.

Birçok şey öğrendim. Karl'a karşı davranışımı anladığım bir an vardı. Karl'ın söylediği kadar tatminsiz olduğunu düşünmemiştim hiç. Ve daha sonra ümitsizlik ve öfke duyacak kadar düşündüm bu konuyu. Kendimi nasıl alışveriş, yemek pişirme ve temizlemek ya da temizlememekle ilgili karşılıklı şikayetlerle nasıl sarmaladığımı ve bu tüm gün süren eğlencenin hiç takdir edilmediğini fark ettim. Tabii ki terapide her zaman abarttığımı ve olayı büyütmeye çalıştığımı biliyordum ve belki izleyici lüksüne dayanarak Karl da abartmıştı.

Bütün eleştiriyi bana yönelten Karl'la her şeyin nasıl tek taraflı olduğunu vurgulayıp durdunuz. Bütün duygularım bir zamanlar benim hakkımda düşündüğü bir şeye karşı tepkilerimdi. Onun bütün hedefleri o ve benim bütün hedeflerim bizdik.

Karl'ın beni engelleyeceğini hiç düşünmemiştim, ama belki de doğrudur bu. Ona en acı veren yerden vurmak için bardağı bilerek kirli bıraktığım şeklindeki düşünceniz bence yanlıştı. Tabii ki, her şeyi yarım yaparak, bitirmeyerek insanları hep bıktırmışımdır. Gücümü yitiriyorum, ama bunu istemeden yapıyorum. Yarım soluklar alıyorum, hiçbir zaman tam olarak soluk vermiyorum.

Ortaya konan onca şeyle birlikte seans sonrasında kendimizi canlı hissediyorduk. Konuşulanları düşünürken şamandıralarımın bazıları korkunç bir anafora kapıldı. Karl, beni bırakmasından o kadar korkuyor olmamın kendisini kuşattığını hissetmişti; yani benden ayrılırsa dağılacak oluşum onu etkilemişti. Kendi hayatım olmasını istiyordu. Bu zayıflığın benim en değersiz yanım olduğunu düşünüyordu. Kendi hayatım olmasını istiyordu ve bu cümleyi onun için bitiriyordum neredeyse – böylece benden ayrılmaya korkmayacaktı.

Durum tersine döndü. Sizi hep Karl'ın tacizinden koruduğumu düşünüyordum. Ama o sizin harika, zeki olduğunuzu düşündü. Bir kez daha gelebilmeyi dilediğini söylediğinde neredeyse bayılıyordum. Onu getirmemeyi düşünmenin benim için zayıflık olacağını söyledi.

Seans gerçekten hoşuma gitti ve size müteşekkirim. Benim gerçek dostum gibiydiniz.

~

10 Mayıs

KARL

Ne bekleyeceğim konusunda gerçek bir fikrim yoktu, ama kısa bir süre önce grup terapisine başladığım için büyük bir olasılıkla hissedecek olduğum endişe hali azalmıştı. Ama yine de tam olarak göremediğim, daha önce hiç görmemiş olduğum yeni bir bölgeye girdiğimi hissediyordum ve gerçekten orada olup olmadığını şimdi görecektim. Kahvenizi gördüm ve ben de bir tane istedim; sanırım kahveden çok kendimi toparlamayı istiyordum.

Üçgen şeklinde oturduk, siz tepe noktasındaydınız, yani arkanızı kısa duvara vermiştiniz. Ginny ile yan yana oturmamız gerekip gerekmediğini düşünüyordum, ama kısa süre sonra karşı karşıya oturduğumuza sevindim. Daha serbest bir şekilde konuşabilmemi sağladı bu ve ikinizden de bu kadar uzak oturmaktan çok büyük rahatlık duydum. Hareket edecek bir alanım vardı ve ne söylersem söyleyeyim, daha önce hiç söylenmemiş bir şey de olsa size ya da Ginny'ye yönelik görünmedi. Sanki bir sözcük topunun boşlukta yuvarlanması gibiydi ve bu da Ginny'yi topu yakalamak için hazırlık yapma fırsatı veriyordu.

Başka hatlara gireceğimizden, büyük duygularımızı daha küçük öfke kutularına sokmaya çalışacağımızdan korkuyordum. Grup terapide olan buydu ve bende onlarla bağlantı kuramama duygusu hissetmeme ve küçük şeyler yüzünden kırılgan ve biraz da histerik hale gelmeme neden olmuştu. Ama konuşmaya başladığımda çekirdekten çıktığımı ve söylediklerimin tam olarak hissettiğim şeyler olduğunu hissettim. Ara sıra bunları neden daha önce söyleyemediğimi düşündüm. Bazı yorumlarınız bizi keşfedilmemiş köşelere doğru yöneltti. Sanırım rahatlığımın bir kısmı, Ginny ile sizin bana karşı olmadığınızı fark etmemdi. Siz Ginny'den benim hakkımda, benim Ginny'den kendi hakkımda öğrendiğimden daha fazla şey öğrenmiştiniz. Eğer öyle bir durum ortaya çıkarsa kavga etmemeye karar vermiştim, çünkü son zamanlarda birkaç kez kendime güvenim parçalanmıştı ve bunun sonucu iyi olmuştu; ama şok ve şaşkınlığımızla geçen bir saat ve sonraki birkaç gün, ya da bunu atlatmamız ne kadar sürecekse o kadar günün düşüncesi pek cazip değildi. Bunun olmayacağını gördüğümde devam etmek istedim.

Ara sıra çok fazla konuştuğumu hissettim, ama aynı zamanda bu önemli şeyleri aynı şekilde bir daha söyleyemeyeceğimden de endişeleniyordum. Hâlâ bir zamanlar olduğum gibi bir dinleyici olmadığım için endişeleniyorum. Her zaman, eğer geri çekilir ve insanları dışarda bırakırsam içeri girmek için zorlayacaklarını düşünürdüm; bunun yerine sanırım onlar *sizi* dışarda bırakıyorlar. Ama seans sırasında duyulduğumu hissettim ve bu neredeyse sarhoş etti beni.

Diğer taraftan bu raporu yazarken kendi cevaplarım ve güdülerimle Ginny'nin kendini nasıl hissettiğinden daha fazla ilgili olduğumu fark ettim. Ve sanırım bir gün ve bir şekilde bunun insanlara karşı davranış şeklim mi olduğu, yoksa sevgililerime karşı davranış şeklim mi olduğu, yoksa sadece Ginny'ye mi bu şekilde davrandığım sorusuyla karşı kalacağım. Eğer sonuncusu doğruysa ve bu onu terk etmem gerektiği anlamına gelirse, bu iki paradoksal neden yüzünden çok zor olurdu. Bir taraftan, hayatla tekrar tek başına yüz yüze gelme korkum olurdu, ama diğer taraftan kendimi kapana kısılmış hissederdim, çünkü onu terk edersem Ginny'nin yıkılacağını düşünüyorum, birlikte geçirdiğimiz bunca zamandan ve günlerini benim etrafıma inşa etmesine izin verdikten sonra onu tek başına bırakmak benim için son derece zalimce bir davranış olurdu. Kendi iyiliğim için onu terk etmekten onun iyiliği için korkardım. Bu yüzden gitgide huzursuzlandığım bir odanın içinde bir ileri bir geri gidip geliyorum; aynı zamanda kapının dışında ne bulacağımdan –en azından oda tanıdık ve çoğu kere güven verici– ve ben ayrıldığımda odada ne olacağından korkuyorum. Sizin ofisinizden çıktıktan sonra bu konuyu Ginny'yle bir süre konuştuk, ama ne yapacağımdan emin değilim. Sıklıkla beni kızdırdığında onu yüzeysel değerlerle yargıladığımı ve bunu şimdiye kadar çoktan aşmış olmam gerektiğini düşünüyorum, şu anda da düşüncelerim bu yönde. Kendi kendime bu, onun ve benim değersizliğim gibi görünse de, hissettiğim şeyi, Ginny benim henüz üzerimden atamadığım liseli tarzı sakinliğe uymadığı için hissettiğimi söylüyorum; ve kendimi ve hayatı, gördüğüm şeyin bir elmas mı yoksa bir parça camdan yansıyan gün ışığı mı olduğunu söyleyebilecek kadar iyi tanımıyorum.

~

24 Mayıs

DR. YALOM

Son seanstan sonra Ginny'yi yalnız mı yoksa Karl'la birlikte mi beklemem gerektiğinden emin değildim, ama ikisi yine birlikte geldiler ve ondan istemediğim halde Karl'ın uzun bir rapor getirmesi oldukça şaşırtıcıydı. Ginny özür diler bir tavırla kendisinkinin dağınık bir durumda olduğunu ve henüz temize çekemediğini söyledi. Olağandışı bir huzursuzluk içinde gibi görünüyordu ve bana verip vermemesi gerektiği konusunda kararsızdı. Bu açılış, görüşmenin geri kalanında Ginny'nin davranışlarının doğru bir belirleyicisi oldu.

Seans, Ginny'nin, son seansın çok iyi ve eğlenceli olduğunu ve seanstan sonra da önemli miktarda konuşma yaptıklarını söylemesiyle başladı. Bu görüşmenin başka ne gibi yansımaları olacağından emin değildi, ama artık daha çok konuşup daha çok kavga ettiklerini biliyordu. Bu tartışmaların içeriğini sorduğumda büyük bir hızla önemli malzemenin içine daldık. Konuşmaların büyük bir bölümü Karl ve benim aramdaydı, Ginny büyük ölçüde bir kenarda kaldı. Bir süre sonra kendisini yorgun hissettiğini ve nedense konunun dışında kaldığını söyledi, çünkü o gün gözlerini muayene ettirmiş ve yeni bir işe girmişti. Bütün hikâye bu değildi.

Karl hemen Ginny'nin yıkılmasından korktuğu için ondan ayrılmaya korktuğu konusunu işledi. Bu çift için çekirdek bir konu varsa o da buydu – Ginny ve ben sayısız kereler neden Karl'la ilişkilerinin geleceği konusunda konuşamadığı hakkında tartışmıştık. Orada öylece oturup Ginny'nin aylardır ortaya koymaya cesaret edemediği konuyu son derece doğal bir şekilde tartışmalarını seyretmek çok zorlayıcı bir deneyimdi. Karl eğer onu terk ederse Ginny'nin depresyona girip paramparça olacağından ve ona ne yaptığını fark ettiğinde kendisinin de büyük bir suçluluk duygusu içine gireceğinden korkuyordu. Ayrılığın onun üzerindeki etkilerini sordum ve kendisi için de aynı şeyden korktuğunu söyledi; hiçbir zaman tek başına yaşamaktan hoşlanmamıştı ve bunu yapmak istediğinden emin değildi. Ama mücadele onu çekiyordu, tamamen kendine yeterli olmada başarılı olamamasının bir yetersizlik olduğunu hissediyordu. Benim düşünceme göre ayrılmaktan korktukları için birlikte yaşamaları bir ilişki için eksik bir temeldi ve bunu söyledim. Böylesi zayıf bir temel üzerine inşa edilen bir şeyin dayanıklı olacağını düşünemiyordum.

Seans boyunca Ginny'yi konuşması için zorlayıp durdum, böylece Karl onun ne düşündüğünü bilecek ve zihnini okumaya çalışmak zorunda kalmayacaktı. Bunun iyi bir örneği kısa bir süre önce yaşadıkları uzun bir tartışma konusunda ortaya çıktı. Tartışma burada söz edilemeyecek kadar ayrıntılı, ama Ginny'nin arkadaşlarıyla dışarı çıkmak istemesi ve Karl'ın bunu reddetmesiyle ilgiliydi. Karl daha sonra gitmeyi kabul etmiş, ama Ginny'nin asık yüzünden çok üzgün olduğunu anlamıştı. Sonuçta ikisi de kötü zaman geçirmişlerdi. Olayın birbirleri için ne kadar önemli olduğunu birbirlerinden öğrenip her ikisinin ihtiyacı için de yer açacak ortak bir karar vermeleri mümkün değil miydi? (Söylemek yapmaktan daha kolay, dedim kendi kendime karımla yaptığım tartışmaları düşününce.)

Karl'ı kendisine bağlı tutmanın tek yolu olduğu için Ginny'nin kırılgan görünmeye yatırım yapmış olabileceğini söyledim. Ginny'nin bundan hoşlanmadığı açıktı. Aslında bu benimle ilişkisi hakkında sık sık yaptığım yoruma benziyordu, yani, beni yanında tutmak için hasta kalması gibi. Seansta bir ara Karl'ın iddialarını şiddetli bir şekilde çürütürken o kadar da kırılgan olmayan, hatta yürekli bir Ginny gösterdi bize. Karl yazdığı bir makalenin kendisi için ne kadar önemli olduğunu Ginny'nin anlamadığını söyleyince Ginny neredeyse öfkeyle karşılık verdi, "nereden biliyorsun?" ve sonra onun duygularının tamamen farkında olduğunu gösterip, başarısız olsa da, makale konusundaki kendi endişelerini iletmeye çalıştı. Ginny'yi sahne arkasından bu kadar çok teşvik ettiğim için kendini savunduğunu görmek çok memnuniyet vericiydi.

Karl bu kez Ginny'nin yetersizliği konusuna geldi. Kısa bir süre önce gittikleri bir partiden söz etti. Ginny görünüşe göre herkesin anladığı bir espriyi anlamayarak kendini aptal durumuna düşürmüştü. Ginny ofisimde çok utandı – espriyi neden yanlış anladığını bilmiyordu. Hatta Karl da çok utanmıştı. Aslında üçümüz de bir mahcubiyet örgüsüne dolanmıştık. Bu sıkıntılı sahneyi nasıl yapıcı bir şeye çevireceğimi bilmiyordum, sadece değişiklik için yapılan bütün taleplerin tek yönlü olduğunu gösterebildim; Karl hep Ginny'ye değişmesi yönünde taleplerde bulunuyordu, ama Ginny hiçbir zaman ondan aynı taleplerde bulunmuyordu. Ginny, Karl'da değişmesini gerçekten istediği şeyin, devasa bir Gordion kördüğümüne dönüşmüş olan sürekli kendisini eleştirmesi olduğunu söyledi. Karl utanmış görünüyordu ve gerçekten öyleydi; nedenini anlamaya çalıştım. Sanırım Ginny ile ilgili taleplerinin gerçekdışı ve haksız olduğunu yeni anlamaya başlamıştı. Ama bu konuda da bir yere ulaşamadık.

Ginny'nin Karl'ı eleştirme eksikliği konusunda sorular sordum. İkisi de iki üç ay öncesine kadar Karl'ın doğruluğundan şüphe edilemez olduğunu kabul ettiler. Aslında eğer Ginny onu eleştirseydi Karl mantıkdışı bir şekilde öfkelenirdi. Bu yüzden sadece aşırı derecede itaatkâr, kendini küçümseyen Ginny onunla kalabiliyordu. Bu sözde yetersizliğin, Karl'ı açık bir şekilde eleştirme eksikliğinin bir türevi olup olmadığını ve kendisi için mümkün olan tek karşılık verme yolunun pasif agresif bir davranış şekli –yani Karl'ı sinirlendiren küçük şeyleri yapmaya devam etmesi– olup olmadığını da sordum. Karl hemen bu yoruma daldı, çünkü onun hep inandığı bir şeyi destekliyordu söylediklerim – yani Ginny eğer isteseydi ev işlerini yapabilirdi. Ginny bu yorumu solgun, hastalıklı bir gülümsemeyle karşıladı. Sanırım seans onun sinirlerini bozmuştu. Seansın sonunda iki adam tarafından azarlandığını hissedip hissetmediğini sorarak kontrol etmek istedim. Üçgenin dışında bırakıldığını hissetmiş miydi? Benden ve sorumdan kaçtı ve görüşmenin sonunda ofisten sessizce çekip gitti. Diğer taraftan Karl bana yürekten teşekkür edip elimi sıktı.

Seanstan çok iyi bir hisle ayrılmamış olsam da bu seansların ikisi arasındaki bazı şeyleri iyiye doğru değiştirdiği açık: artık bu kadar kapalı, mesafeli ve birbirinin zihnini okumak ve tahminlerde bulunmak zorunda kalmayacaklar. İlişkinin bazı kuralları artık kalıcı olarak değişti. Sonraki iki seans için yine çift olarak gelmelerine ve en son iki seansı da Ginny'ye ayırmaya karar verdik. İkisini daha önce görmeye başlamış olmayı diliyordum. Artık her şey çok daha hızlı hareket ediyor.

~

24 Mayıs

GINNY

Sanırım konuşmanın çoğunu Karl'ın yapmasına izin verdim. Kendimi çok yorgun hissediyordum, migren öncesi dönemdeydim ve akşama da tam bir migren ağrısı başladı. Söylediklerimden bazılarının hiçbir bağlantısı yok gibiydi (size işe başladığımı söylemek gibi), ama şaşkın durumdaydım ve seansı nasıl paylaşacağımı bilmiyordum.

Bu seanslarda çok daha yönlendiricisiniz, soruları siz başlatıyorsunuz, özetler yapıyorsunuz. Şüphesiz Karl size benim daha önce verdiğimden çok daha fazla bilgi veriyor.

Benim birincil fantazimin (yalnız kalmak, yalnız yaşamak) aynı zamanda Karl'ın fantazisi de olduğunu görmenin çok komik olduğunu düşündüm. Bu kadar çok paylaşılan varlığımızı karşılaştırmak ve birisine ihtiyaç duyma konusundaki zayıflıklarımızı azarlamak biraz gerçekdışı bir iddia. Karl'ı dinlerken, bunun hayal gücünüzün içinde çıldırmasına izin verebileceğiniz kadar kolay bir alan olduğunu görüp anlayabiliyordum.

Karl ayrılacak olanın ben olduğumu düşünmedi, ki bu benim kendi değerlendirmeme denk düşüyor. Sizinle konuştuğumuzda, "Neden ayrılan sen olmayasın?" diye soruyordunuz.

Öyle görünüyor ki, sizinle terapide olduğum sürenin büyük bir bölümünde bütün hayatım sıkışıp kalmıştı ve durağandı, Karl ve ben biraz yaralanmış ve iyişleşmeye çalışır bir şekilde sanki araftaydık.

Karl da terapide benimle aynı yoldan geçiyor gibi, ilişkimizin değerine dair pek çok şüphesi var ve karşı konulmaz kararın çıkacak gibi göründüğü noktada, ama ikimiz de o yöne doğru gitmek istemiyoruz, çünkü temel olarak birbirimizden hoşlanıyoruz. Elmas/süt şişesi ikilemi beni çok etkiledi. Ben hangisiyim? Bütün bu karton kutulara bakılırsa sanırım gerçek süt şişesinin de bir değeri var.

Seans önemli, can alıcı konulara hafifçe dokundu, fakat sanki birbirimize karşı kibar olmaya ve eski yaraları enfeksiyona karşı açmaya çalışmadan sadece bakmaya hazırlanmış gibiydik.

Sizinle on dakika yalnız kalmak istedim. Çünkü son iki haftadır Karl'la seks hakkında konuşmuştuk ve biraz ümit ışığı belirmişti. Ama bu konuyu seansa getiremeyeceğimi düşündüm. Bir komplo kapısındaki gıcırdayan menteşe gibiydim. Kendimizi nasıl hissettiğimizi birbirimize nasıl ilettiğimizi keşfetmemizi istemeniz çok yapıcıydı. Sanırım hepimiz espri anlayışımızı sürdürdük. Karl'ın yazılarıyla ilgilenmediğimi düşündüğünü öğrenmek beni çok şaşırttı. Ben büyük ve yapıcı bir ilgi gösterdiğimi sanıyordum. Belirli bir noktada yazı stilini değiştirdiği, kişisel, çağrışımsal stilin yerine daha profesyonel ve soyut olanı (daha çok reklâm piyasası için yazıyor – *Playboy*) koyduğu doğruydu. Ben birinciyi daha çok seviyordum, çünkü Karl'ın ailesi ve hatıralarından izler görebilmeyi çok istiyordum ve çocukluğu ve ergenliği konusunda daha fazla kişisel yazılar yazmanın hayal gücünü ve ihmal edilmiş mutluluğunu hissetmesine yardımcı olduğunu düşünüyorum. O gece bazı arkadaşlarım aradı, Karl'ın yazma sessizliğini bozdular; Karl'ın gözündeki popüleritemin azaldığının farkında değildim, öfkeden deliye dönmüştü. Telefonu, onun yazı yazmasına aldırmadığımın bir işareti olarak algılamıştı, çünkü arkadaşlarıma beni aramamalarını söylememiştim.

Son iki seanstan beri kendimi daha iyi savunabiliyorum, çünkü Karl'ın her şeyi ciddiye aldığını ve sürekli olarak benimle ilgili hükümler verdiğini; görmezlikten gelmelerimin ve sessizliğimin sadece boşluklar değil, bana karşı büyük kara noktalar olduğunu görüyorum. Sadece buraya birlikte gelmemiz gerçeği kendimizi birbirimize daha yakın hissetmemizi sağlıyor. Her konuda daha seveceniz – kavgalarımızda, konuşmalarımızda, vs.

Keşke bu iş daha önce başlasaydı, böylece ben de tadını çıkarabilirdim. Ve ikinize de yakın olurdum.

~

24 Mayıs

KARL

İkinci kez sanırım kendimi aşırı güvenli hissettim ve çok şeyin başarıldığı bir önceki haftayı ikinci defa oynatmak istedim. Bir varlık olarak sizin çok az farkınızdaydım ve kendimi sahnenin ortasında gibi hissediyordum. Bir ortamda kendimi güvende hissetmeye başladığımda ulaşmaya çalıştığım nokta burasıdır. Ancak, duygularıma çok yakın konuşamadığımı ve tartışmanın hep yoldan çıktığını ve bir terapistle birlikte olduğumuz için konular üretildiğini gördüm; bu,

Ginny'nin hoşlanıp benim hoşlanmadığım bazı arkadaşlarımızla yaptığmız tartışmaların tonuydu. Diğer taraftan seansta ortaya çıkan en iyi şey çok derine gidiyor gibi – özellikle Ginny'nin mutfak, vs. konusundaki dağınıklığını benim onu yargıladığım, ama onun kendisi için sahip çıkmadığı değerlere bir protesto olarak sürdürmesi şeklindeki varsayımınızı düşünüyorum; aynı zamanda benimle doğrudan yüzleşmekten de korkuyor. Bu cümle biraz karmaşık olsa da ne demek istediğinizi anladım.

İnsanlardan ne beklemem gerektiğini öğrendiğimi sanmıyorum. Dün gece eve onbirden sonra geldim, kâğıt oynamıştık. Oyuna gittiğim için kendimden tiksiniyordum, çünkü yapacak işlerim vardı ve Ginny ile geçirebilirdim akşamı. Kötü günlerimize geri dönmekten korkuyordum. Birkaç saat konuştuk ve kendimi daha rahat ve huzurlu hissetmeye başladım ve istediğimi yapabileceğim konusunda güvenim tazelendi. Ginny olmasaydı geceyi amaçsızlığım ve kaçınılmaz başarısızlığıma daha çok inanarak düşünmekle geçirirdim. Bunu ona da söyledim, pastanın üzerindeki krema gibiydi bunu söylemem. Bunca yıldır nerede olduğumu sordum kendi kendime. Neden bu rahatlığın ve paylaşmanın, değer verilecek ve Ginny'siz varolmayacak bir şey olduğunu daha önce görmemiştim? Ginny'nin benim için neler yapabileceğini yeni görmeye başladığım için benim onun için neler yapabileceğimi görmeye de yeni başladım.

Sanırım söyleyebileceklerim hepsi bu, çünkü şu ana kadar anlattıklarım harikaydı. Başka ne ekleyebileceğimi bilmiyorum. Beni yalnızca bir kere ve Ginny'yi yalnızca iki kere daha göreceksiniz. Sanırım görüşmelerimiz arasındaki ilişki ve Ginny ve benim aramda olanlarla ilgileniyorsunuzdur. Henüz olan biten her şeye çok yakın olduğum için gerçekten emin olamıyorum ve bir süre daha bu şekilde kalmak istiyorum. Sanırım sizi o zaman gördüğüm için şanslıydım, çünkü ikimiz için de önemli bir dönemdi o zaman, fakat aynı zamanda daha önce dinlemekten korktuğum şeyleri duymak için de hazır olduğum bir zamandı. Aynı zamanda birinci seansta olanların problemlerin çözülebileceğini görmemi sağladığını ve ikinci görüşmenin bazı problemleri diğerlerinden ayırmaya yardımcı olduğunu düşünüyorum. Bir şey daha var: ikinci seansta konuşma benim sıkıcı bulduğum bir konuya kayınca sizi sıktığımı düşündüm. Sizin de bastırmak için tam olarak o şeyleri –mesela kirli tabaklar– seçmeniz beni çok şaşırttı. Daha sonra sıkıntıyı sürekli bir şekilde savunma olarak kullanıyor olabileceğime karar verdim. Beni gerçekten *sıkan* bazı şeyler var; fakat bu görmem ya da görebilmem gereken şeylere karşı kör olmamı sağlayan kullanışlı bir mekanizma da olabilir.

Kaydedilen bu ilerleme sizinle görüşmeseydik de gerçekleşir miydi? Bilmiyorum. Bu kadar çabuk olacağını sanmıyorum, çünkü siz Ginny'ye güvenecek kadar rahatlamamı sağlayan bir katalizör gibi hareket ettiniz.

Sanırım şu anda söyleyeceklerimin hepsi bu.

~

31 Mayıs

DR. YALOM

Çok uzun zamandır bu işin içindeyim, fakat bugünkü görüşme bir terapist olarak benim en başarılı deneyimimi temsil ediyor. O kadar mutluydum ki, birkaç kez ağlayacağımı hissettim. Uzun ve çok zor bir işin meyvelerini bir kez olsun almak harikaydı. Belki kendimi büyük gösterme havası içinde abartıyor olabilirim, ama sanmıyorum. Ginny'yi görürken harcadığım onca zaman ve çabayı ve Ginny'nin aylar içinde başardığı çalışmaları hatırlayıp duruyorum. Her şey bugünü gösteriyor gibi görünüyor ve bugün her şey yerine oturuyor – Ginny benimle konuştuğu bütün konularla, mantıksız olan bütün korkularıyla, söylemeye, ortaya koymaya, yüzleşmeye korktuğu her şeyle bugün seansta ve son yedi gündür tek başına Karl'la yüzleşti. Aştığımız onca şeyi ve bugün ne kadar çabuk ilerlediğimizi düşününce işime, ağır ağır, hatta bazen dayanılmayacak kadar ağır, ama son derece sağlam inşa etme işime bir kez daha inanmaya başladım.

Birbirleri hakkında çok, çok iyi şeyler hissederek geldiler, hafta sonu daha önce hiç olmadığı kadar iyi vakit geçirdiklerini söylediler. Karl'ın ayrılması, Ginny'nin Karl'dan korkması ve konuşmadıkları diğer birçok önemli konuyla ilgili duygularını birbirlerine açmışlardı, bu da ikisini birbirine çok yaklaştırmıştı. Karl birdenbire evin kendisine farklı göründüğünü ve birisiyle birlikte olmayı ve birisine yakın olmayı hayatında gerçekten ilk kez istediğini söylemişti. Yani seansın ilk yarısı bir tür veda ziyafeti gibiydi. Bunun tadını çıkardım. Bu durumla yetinelim mi yoksa yeni alanlara doğru hareket edelim mi sorusunu sordum. İkisi de konuşmak istedikleri bir şey düşünemiyorlardı. İçimden Ginny'nin Karl'a söylemeye hiç cesaret edemediği bir şeyi ortaya koymasını diliyordum – dehşete kapıldığı ve cinsel ihtiyaçlarını ifade etmeye korktuğu gece panikleri. Gizlilik ilkesini bozma korkusuyla bazı konuları ortaya benim koymamın zor olduğunu ifade ederek yumuşak bir şekilde bu hassas alana girmesini ima ettim. Dilediğim her konuyu açabileceğime dair bana güvence verdi. Hangisini açmayı istediğimi bilmediğimi söyledim. Karl bir kahkaha atarak dışarı çıkmasını isteyip istemediğimi sordu. Ginny bugün çok zeki, esprili ve şirindi. "Pekâlâ, şansımızı deneyip rastgele bir tane seçelim," dediğimde Ginny ciddi bir yüz ifadesiyle eğer doğru soruyu sorarsam bir buzdolabı kazanacağımı söyledi.

Gerçekte seksi tartışmalarını istiyordum, ama daha güvenli bir konuyla başlamayı tercih ettim. Ginny'ye Karl'ın ailesi için şu anda neler hissettiğini sordum; hâlâ kendisinden utandığını ve onlarla tanıştırmayı istemediğini mi düşünüyordu? Bu konuda kısaca konuştular. Geriye dönük olarak bu konuyu bilerek gizleyip gizlemediklerini merak ettim. Daha sonra Ginny'nin kızkardeşinin nişanlanmasıyla ilgili duygularına, oradan da Karl'ın arkadaşlarıyla, Steve'le, arasındaki kötü ilişkiye geçtik. Karl, Steve'le yaptığı kavgayı anlatırken bunu zaten bildiğimi itiraf etmek zorunda kaldım; beni sadece iki kez görmesine rağmen onu ne kadar iyi tanıdığımı fark etmesi garip bir deneyim olmalıydı. Karl'a kendimi yakın hissediyorum ve ondan hoşlanıyorum. Kendimi çöpçatan rolünden çıkarmak için mahmuzlarımı kendime batırmak zorunda kalıyordum. Ginny'yle çalışmam evlenmelerine dayanmıyordu; önemli olan şey ilişkilerinin niteliğiydi. Bir kez deneyim kazandıktan sonra, her birinde sonsuza dek sürecek olan derin ve dürüst bir yakınlık olacaktı, birbirlerini bir daha hiç görmeseler bile. Dönüşüme duyduğum inançla bu karşılaşmanın gelecekteki, henüz tanışılmamış sevgileri zenginleştireceğine inanıyorum.

Derken Ginny laf arasında, son derece doğal bir tavırla dün gece Karl'la seks hakkında konuştuğunu söyledi. Göstermemeye çalışsam da çok şaşırmıştım. Özellikle tam tatmin olabilmesi için "biraz yardıma ihtiyacı" olduğunu söylemişti. Bunun ardından da Karl'ı gerçekten sinirlendirmiş olacağından korkarak iki üç saat uyanık yatmış ve sonra Karl'a ne hissettiğini sormuştu (o da uyanıktı, başka şeyler için endişeleniyordu). Bu olaydan etkilenmediğini söylemişti. Ginny'nin korktuğu şey, bütün gün çok yakın oldukları için bir problem ortaya çıkararak bu yakınlığı "bozmaktı," sanki bu olay harika bir güne zarar verecekti. Karl'ın bunun doğru olmadığını Ginny'ye söylemesini istiyordum. Durum tam tersiydi: bir "problem" ortaya koyduğunda Karl'dan uzaklaşmıyor, onu kendisine doğru çekiyordu. Karl benimle aynı fikirdeydi. Ona bunu tekrar söylemesini dilediğimi söyledim. Ve yavaş yavaş Ginny'nin zaten ortaya sürdüğü şeyi oldukça açık bir şekilde söyledim, ki bu aralarında geriye kalan son sırdı – yani Ginny için günün en kötü zamanının gece olduğu ve ışıklar söndükten sonra olacaklara dair korkusu gününü dehşetle dolduruyordu. Bu çok açık hale getirildikten ve Karl'ın gerçekten anlaması sağlandıktan sonra bunun şimdiye kadar attığım en güçlü terapötik adım olduğunu hissettim. Karl'ın iyice anlaması için birkaç kez tekrar ettim. Ginny'ye de şimdi bu kaygısını Karl'la paylaşabileceğini ve gece paniklerinin artık olması gerekmediğini söyledim.

Buradan hareket ederek Karl'a bu durumun tersinin hiç doğru olup olmadığını sordum – hiç Ginny'nin kendisini eleştirmesinden ya da yargılamasından endişelenmiş miydi, Karl bunun hiç olmadığını söyledi. Bunun üzerine biraz daha bastırdım, Ginny'nin kendisini sevip sevmediğine aldırıyor muydu, evet bu doğruydu, Karl buna çok aldırıyordu. Buradan çok ilginç bir malzemeye geçtik. Karl bilinçli olarak kendisine bunu düşünme izni vermediğini itiraf etti, çünkü böylece herhangi bir şeyi ya da Ginny'yi kaybetme konusunda endişelenmek zorunda kalmıyordu. Ona sahte kayıtsızlığı ve görünüşteki endişe eksikliği için çok yüksek bir bedel ödediğini söyledim – bedel mesafeydi, diğerleri ve diğerlerine olan sevgisiyle arasındaki mesafe. Benimle aynı fikirdeydi, bu nedenle dün gecenin kendisi için olağandışı bir deneyim olduğunu da ekledi; bugün eve gitmek için sabırsızlanıyordu ve Ginny'yle konuşma kousunda kendini çok iyi hissediyordu. Bütün bu işin çok uzun süredir devam ettiğini düşündüğümü söyledim. (Sanırım bunu, kendi terapisine hazırlık amacıyla geçmişini düşünmeye başlamasına yardımcı olmak için söyledim.) Son üç seansı bölerek seansı sona erdirdik. Ginny, Karl'ın gelecek hafta da, hatta belki sonraki hafta da gelmesini istiyor. Başlangıçta en azından birkaç seansı kendine ayırmak istediğini söylüyordu, ama şimdi sadece sonuncusunu istediğini söylüyor. O da benim gibi çok kişili seansların inanılmaz derecede önemli olduğunun farkında.

~

31 Mayıs

GINNY

Son seans üçü içinde en travmatik olanıydı. Sizi memnun edecek konular ortaya koyuyordum – Karl ve ben daha açık konuşuyorduk. Ama siz bize iyi giyimli iki yalancıymışız gibi davrandınız (o kadar güçlü değil). Şüphesiz barut fıçısı üzerinde oturduğumu biliyordum. Siz yeni bir malzeme ararken, daha önce konuşulmamış hangi konu olabileceğini araştırırken sessizliğimin sonunun yakın olduğunu biliyordum. Bir gece önce Karl'a karşı gerçek ve sıcak bir dalga içinde cinsel problemlerim konusunu ortaya koymaya başladım. Bunu yapar yapmaz büyük bir hata olduğunu fark ettim. Çok yaklaşmıştık ve uzun süre tadını çıkaramadan çok büyük, önemli ve sizin her zaman tekrarladığınız gibi başlamak için iyi bir yer olmayan bir problem getirdim ortaya. "Benzin parası gibi küçük şeyler başla," derdiniz, ama biz köprü parası ya da onun gibi şeyleri konuşmak için çok yakındık. Her neyse, o gece seks hakkında bir süre konuştuk ve sonra ikimiz de uyumaya çalıştığımız sırada ben her zamanki işkence saatime geri döndüm. Şafak sökene dek dönüp durmak ve ülser olmak istemediğim için ona ne düşündüğünü sordum. Bu konuların konuşulduğuna memnun olduğunu ve buradan daha ileri geçebileceğimizi düşündüğünü söyledi.

Böylece ertesi gün yeni neler var diye sorduğunuzda nasıl da endişeliydim! Orada neredeyse bayılacak gibi öylece oturup size hiçbir şey olmadığını söylüyordum. Sonra Karl'ın beni ailesine tanıştırma isteksizliği konusunu gündeme getirdiniz. Bu o kadar önemli değildi – bu konuyu ortaya koyup koymamanız umurumda değildi, çünkü Karl sadece beni değil kendisini de onlardan uzak tutuyordu. Sanırım beni onlara götürmeden önce kendisinin eve gitmesi gerekiyor. Ama galiba siz sadece kutsal topraklarda ne kadar ilerleyeceğinizi görmek istiyordunuz.

Kendimi gülünç ve ağır başlı bir kadın gibi hissederek seks konusunu açtım, sanki orta yaşlı bir kadındım. Duygularımı açığa vurmayarak seansı ziyan etmek istemiyordum. Konuştuklarımızdan çok fazla şey hatırlamıyorum, sadece çok şey anlattığımı ve daha sonra hiçbir şeyin aleyhimde kullanılmaması için affedilmemi dilediğimi hatırlıyorum.

Konuyu açarak kendimi en harika umutlara ve en kötü cezalara karşı açık bıraktım. Artık her gün terapi gibi. Hedef değişiklik. Bunun daha önce hedefim olduğunu hatırlamıyorum. Artık Karl'ın rolünü oynamanıza ihtiyacım yok, kendisi her an oynuyor artık ve ben ona bir şeyler anlatmaya çalışıyorum. Sahip olduğumuz sırlar ve gizlilikler ortaya dökülüyor ve onların yerini ne alıyor bilmiyorum. Sezgisel tepkilerle bağlantı kuruyorum. Karl kendisini sizin onu oynadığınızdan daha güçlü oynuyor. Bunun tek nedeni sonuçların olması.

Seanstan sonra Karl'ı her gece yıkımın sınırında öylece yatmadığıma inandırmaya çalışıyorum. Keşke buna uzun zaman önce başlasaydık. Artık çok güçlü bir dip akıntısı var.

Kendi direncimle yüz yüze geliyorum.

~

31 Mayıs

KARL

Seansın kendisiyle ilgili bir yorumda bulunmayacağım. Bu hafta ve ondan önceki hafta makalemle meşguldüm ve iyi çalıştığım için beni devam etmekten alıkoyabilecek olan psikolojik travma konusunda çok fazla endişelenmedim. Ama Ginny'yi ortaya çıkarmaya çalıştım ve bazı şeyleri konuşmayı başardık, ama bu biraz tek taraflı oluyor, çünkü ona bir şey söylemeden önce kendimi tamamen kontrol altına aldığımdan emin oluyorum. Kendi özümün etrafında konuşuyorum; ona en derin, en korkunç korkularım ve saplantılarımdan söz etmiyorum, çünkü büyük bir olasılıkla bunlarla ben de yüzleşmiyorum, ama ayrıca bu beni onun önünde çaresiz bırakan bir içini dökme olur ve ben bunu istediğimden emin değilim. Bu başkasından saklanması gereken bir şey değil mi diye merak ediyorum. Diğer taraftan ben de Ginny gibi mevcut duyuları, özellikle fiziksel olanları, kendim ve ortam hakkında ironi hissetmeden yaşamakta zorlanıyorum, bu yüzden problemin benim olup olmadığımı ya da onun yanlış kadın olup olmadığını ve başka bir kadınla duygu probleminin kendini bu kadar güçlü bir şekilde ortaya koyup koymayacağını bilmiyorum.

~

7 Temmuz

DR. YALOM

Büyük bir olasılıkla Karl'ı son görüşüm olacak bu, son iki seans Ginny için ayrıldı. Bu seans son iki seansla karşılaştırılınca başarısız bir seanstı ve nedense seanstaki şüphe, dikkat, gerginlik ve mesafe yüzünden hayal kırıklığına uğradım. Ginny gözle görülür şekilde gergindi: sıkı bir şekilde bacak bacak üstüne atmıştı ve minik ayağı ileri geri sallanıyordu. Karl aşırı derecede rahat olduğu izlenimini veriyordu. Daha önce ofisimde hiç kimsenin yaptığını görmediğim bir şey yaptı, çizmelerini çıkarıp çoraplarıyla oturdu. Ginny şaşırarak ne yaptığını sordu ve en azından yamalı çoraplarını giymiş olmasını dilediğini söyledi, çünkü bu çorapta delik vardı. Bunun, öyle ya da böyle, Karl'la benim eşitliğim hakkındaki yorumu olduğunu hissettim, ki bu üçümüz arasındaki ilişkideki yerini sürdürebilmesi için önemliydi. (Ve bu yüzden hiçbir şey söylemedim.)

Uğraşıp didinerek bir konu bulabildik. Dün gece seçim sonuçlarını seyrederken Ginny uykuya dalmıştı ve Karl onun hiç değişmeyeceğini söyleyerek azarlamıştı. Bunu Ginny anlattı. Karl bu hikâyeyi anlatınca, "hiç değişmeyeceksin" ifadesinin Karl'ın o gece için cinsel planları olduğu anlamına geldiği ortaya çıktı. Ginny'nin daha canlı olmasını beklerken o uykuya dalmıştı. Ginny'nin hikâyenin cinsel içeriğini atlamış olduğunu fark etmek benim için çok rahatsız ediciydi. Geçmişte olayları anlatırken ne kadar güvenilmez olduğunu ve temelde çok önemsiz olan konularda ne kadar zaman harcamış olabileceğimizi düşününce ürperdim.

Her neyse Ginny'nin Karl tarafından onaylanmadığını hissettiği açıktı; o yargılanan, Karl ise yargılayandı. Seçim gecesi olayı ikisi arasında olanların küçük bir temsiliydi. Ginny'ye son birkaç hafta içinde bile ne kadar değiştiğini gösteren inanılmaz sayıda kanıt bulunduğunu söyledim; o halde nasıl oluyordu da Karl'ın değişmeyen bir insan tanımını kabul edebiliyordu? Bu benim açımdan harika bir denemeydi, ama bir etkisi olmadı.

Bir diğer girişimim çeşitli değişiklik algılamaları arasındaki farkları göstermekti. Karl dışadönük davranış işaretleri bekliyordu, Ginny ise davranışa nakledilmese de onun hakkında hissetme şeklinde birçok değişiklik yapmıştı. O zaman Karl'a, belki Ginny'nin değişiklik duygusunu anlayabilmesi için onun deneysel dünyasına girmesi gerektiğini söyledim. Bu iyi öneri pek kabul görmedi.

Bundan sonra yaptığım şey, ki atmosferde gerçekten garip bir şeyler olduğunda genellikle işe yarar, bugün her şeyin ne kadar zorlayıcı olduğunu söylemek oldu. Karl kendini tuhaf hissettiğini ve bunun grup terapisiyle ilgili bir şey olduğunu söyledi. Oradan da insanlardan üstün olma ve yeni insanlarla bu üstünlük çerçevesinde karşılaşma ihtiyacı içinde olduğunu kabule yöneldi. Eğer insanlardan üstün olursa da onlara karşı olan ilgisini kaybediyor ve onları siliyordu. Ama kendisine meydan okuyan bu insanlar belki de fikirleri gereksiz yere onu ilgilendiren insanlardı. İnsanlara tam tersi konumdan yaklaşan Ginny için bunun ne kadar farklı olduğunu görmesini sağlamaya çalıştım. Aslında Ginny, kendisinden üstün olan insanlar aradığını söylemişti. İnsanları idolleştirmek ve idealleştirmekten hoşlanıyordu.

Kazançlarımızı pekiştirmek için geçen hafta yaptığımız bazı şeyleri güçlendirmeye çalıştım. Onlara eski tabuların yıkıldığını, artık yeni ve aydınlık kurallarımız olduğunu hatırlatıp birbirlerine karşı küçük riskler almayı sürdürmeleri için onları cesaretlendirdim. Görünüşe göre pazar günü akşam yemeği için dışarı çıktıklarında harika zaman geçirmişlerdi, çünkü Ginny bir şekilde Karl'a yemeğe çıkmak istediğini anlatabilmişti; biraz konuşmuşlardı ve Ginny, Karl'a karşı her zaman olduğundan daha yakın hissediyordu kendisini. Ancak ben Ginny'den tam anlamıyla memnun değildim. Onun daha iyi performans göstermesini istiyordum ve çocuğunun çekingenliğini onaylamadığı için kaşlarını çatan bir ebeveyn gibi hissediyordum kendimi. Daha iyisini yapabilirdi. "Ayağa kalk ve konuş!

Bu arada, tıpkı geçen hafta yaptığı gibi kahve isteyerek seansı Karl başlattı, ki ben bu hareketin çizmelerini çıkarmasıyla aynı değer kümesinde olduğunu düşünüyorum. Karl kahvesini alırken Ginny bu işe daha önce başlamış olmayı dilediğini söyledi, bu şekilde her şey çok daha hızlı gidiyor gibiydi. Şüphesiz haklıydı, ama ben aylar önce Karl'ı getirmesini istediğimde buna hazır değillerdi. Bazen neden kendisine yakın olan birini de görmeden hastalarımı bireysel olarak gördüğümü merak ediyorum. Ancak, uzun dönemi temel alarak ne kadar iş çıkarabileceğimizden emin değilim; belki bu şekilde birkaç seans daha ve sonra bireysel çalışmaya geçiş onlar için en iyisi olabilir.

~

7 Haziran

GINNY

Konuşmak çok zordu. "GECEKİ ŞEYİ" gizli tutmak istedim. Çok açık değildik ve ben çok huzursuzdum, çünkü şu anda olan her şeyin derhal hiç beklenmedik etkileri oluyor. Sonunda konuyu açan kişi ben miydim? Bir gece önce uykuya dalışım hakkında konuşurken benim ve Karl'ın anlatışını dinlediniz ve biz de birbirimizi dinleme fırsatı bulduk. Şaşırdım. Ben seksten konuşurken siz benim seçim sonuçlarından söz ettiğimi sandınız. Bunun çok açık olduğunu düşünmüş ve daha fazla açıklamaya gerek duymamıştım. Sanırım sesime ve sözcüklerime yeterince güç katmıyorum ve üzerime bir buhar bulutu gibi yerleşmelerine izin veriyorum.

Karl bir gece kuşudur, saatlerce televizyon seyrettikten sonra saat yarım civarlarında canlı bir şekilde vakit geçirmeyi bekler, ama marihuana ve TV kısa bir süre içinde uykumu getirir benim. Ama sabah erken saatte iyi ve tazelenmiş hissederim kendimi. Oysa Karl yedi aylık bir fetüs gibidir, dünyayla yüzyüze gelmeye hazır değildir, konuşmaz hırlar. Benim uyku alışkanlığım onun için gerçek bir karakter kusuru; kendisininkini fark etmez bile.

Karl'ın benim değişmediğimi düşündüğü sonucuna vardınız. Sanırım ben onunla aynı fikirde olup hükmünü doğrulayınca hayal kırıklığına uğradınız. Galiba onun tersine şu bağlamda değişmiyorum: sadece başarmak için bir şeyin peşinden gitmedim hiçbir zaman; bazen doğal olarak ya da mucizevi bir şekilde gerçekleşiyor. Ama yeni yapraklar veriyorum. Ve egomun masum, dayanıksız versiyonu olan ümitler. Seansta değiştim ve evde Karl ile birlikteyken duygu ve cesaret sınırlarım daha büyüktü. Ama yine de seansta ipin ucunda yönetilmeye izin verdim ve sadece deneme amacıyla ilk adımı attım.

Karl arkadaşlığını nasıl sınırladığı hakkında konuştu, çünkü üstünlük ona karşı hep zalim davranmıştı. Siz belki de benim onun için yeterli mücadele kaynağı olmadığımı ve bu nedenle bana bu kadar sık kızıp bertaraf ettiğini söylediniz. Bunu benim olduğu kadar onun zayıflığını da göstermek için yaptığınızı düşündüm. Ve her bir cümleniz benim için ücretsiz bir bağış gibiydi, bir şey satın alındığında yanında ücretsiz verilen bir konu cümlesi. Benim konuya dalmamı istediniz; çağırma borusunu çaldınız.

Son seansta söylemek istediğim çok şey vardı. Zorlandığımı ve utandığımı hissettim. Bana göre Karl iki mesaj veriyordu – kapının açılışı, sabır, özgürlük, anlayış, fakat diğer taraftan belirli bir ilerlemeyi, ifadelerin açıklığını ve sağlıklı adımları hayal ediyor. Kendi ümitlerini yansıtan bir ayna. Bunları benden hemen bekliyor, sanki onlar sütmüş de hemen teslim edilebilirmiş gibi. Özellikle sekste; bütün olumsuz korku katmanlarını ve "yapamamları" hemen çıkarıp atmamı istiyor. Bir gece içinde gerçekleşen değişim. "Özgürlüğünü istiyorum ve hemen şimdi istiyorum," diyor. Sizden daha sabırsız, yeni, küçük başarılarımın üzerine mikroskop tutmaya hazır değil.

Karl'ın nasıl büyüdüğü beni şaşkına çeviriyor. Zayıflıkları bile onu büyütüyor gibi. İçinde çok fazla kaynağı var. Sanki birçok insan olma ve kendi kişiliği içinde sabit kalmama olasılığı varmış gibi.

~

7 Haziran

KARL

Geçen hafta sizin için yazdıklarımı okudum az önce ve sanki bir başkası yazmış gibi göründü. Ne düşündüğümü bilmiyorum, bazı düşüncelerim olmalı, ama yok. İlk seansta, bu kadar kişisel olarak ilgilendiğimi hissetmediğim zaman, seanstan sonra oturup neler olduğunu düşünmek çok kolaydı, ama sonrasında kendimi tamamen tükenmiş hissettiğim son iki seans iyişleşmem gereken bir şey haline geldi. Seans sırasında, alışık olduğum şekilde gözlem yapmıyordum, ama neler hakkında konuştuğumuzu, hayatım ve problemlerimin bana çok açık göründüğünü hissettiğimi hatırlamama rağmen bu duygu şu anda yok. O zaman ne söylediğimi şimdi o kadar kısa bir şekilde söyleyemem ve sizinle, Ginny'yle ve kendimle yakın olma duygusu şu anda çok daha az yoğun. Ginny ve ben konuştuk ve Ginny'ye vermeye, saklı tutma çabasıyla midemi sıkan şeyin ne olduğunu söylemeye çalıştım. Tüm bunlar benim için çok rahatsızlık verici. Geçen salı gününden beri makaleme tek satır yazmadım, çünkü yazmak için oturduğum zaman yazdığım şeye güvenimi kaybettiğimi fark ediyorum ve o zaman kendimden daha fazla kuşku duymaya başlıyorum ve yazmak daha da zor hale geliyor. O zaman kendimi masamdan uzaklaştırıyorum ve sakinleşebilmek için mümkün olan şeyi yapıyorum. Sakinleştiğimde, ki bu genellikle akşama kadar oluyor, boşluk hissediyorum, çünkü değerli bir şey yaptığımı sanmıyorum. Hayatımın bir günü daha gitti ve ben sinirlerimi yıpratmaktan başka bir şey yapmadım. Ginny bu tür zamanlarda bana hiç yardımcı değil ve kimin olacağını da bilmiyorum. Kötü ve sınırlayıcı olsa da eski değerlerim parçalanıyor ve onların yerine ne koyacağımı bilmiyorum. Yazdığım zaman bu, uygun bir bakış açısı bulamama haline dönüşüyor ve şaşkınlıktan daha fazlasını yansıtan bir şeyler yazmak istiyorum. Hastaların neden terapistlerine bağımlı hale geldiklerini anlayabiliyorum ve ben bunu istemiyorum ve sanırım bu benim seansların kendisi hakkında suskun hale gelmeme neden oluyor. Galiba en derinlerdeki korkum bunların işe yaramayacağı. Bu benim uğraşmam gereken problemim, ama şu anda başka bir hareketsizlik gününün daha üzerime geldiğini hissediyorum, korkuyorum.

~

14 Haziran

DR. YALOM

Sondan-bir-önceki görüşme. Kötü başladı. Ginny kapıyı çaldı, içeri girmesini söyledim, saatini onbeş dakika geçmişti zaten. Şaşkın bir şekilde bakıyordum, çünkü randevumuzu tamamen unutmuştum. Bir makaleyle meşguldüm. Bunun Ginny'yle ilgili olduğunu sanmıyorum, çünkü aynı şeyi bu hafta iki hastaya daha yaptım. Bu yaz uzağa gitmeden önce bir kitabın bir bölümünü bitirmek ve cumartesi yılda bir düzenlenen geniş katılımlı bir kongrede sunmak için bir konuşma hazırlamakla ilgili büyük bir baskı vardı üzerimde. Bu yüzden duruma alışmam bir iki dakika aldı ve sekreterimin bugün burada olmadığı için, ki bu doğruydu, zamanı takip edemediğim şeklinde bir şeyler mırıldandım.

Sonra konuşmaya başladık ve ilk beş dakika beni kedere sürüklemeye yetti. Tanrım, eski Ginny'ydi bu. Her şey gergin ve kopacak gibiydi. Karl'ın da burada olup işleri yoluna sokmasını dilediği şeklinde bir şeyler söyledi. Kendini cansız hissettiğini ve uzun fantazilerle kuşatıldığını söyledi. Geçmişte birçok kez yaptığı gibi görüşmeyi aşama aşama bitirmekten söz etti. Karl'la birlikteyken orgazm olamadığı ve bunun ikisi için belirleyici ve yok edici faktör olacağını hissetmesi hakkındaki uzun konuşmaya girdi.

Ümitsiz bir çukura düşüyordum. Neden her şey bu kadar karmaşıktı? Neden mutlu bir son olamıyordu? Neden benden aldığını saklayıp sahip olmuyor ve kendisinin bir parçası yapmıyordu? Davranışı altı ay önceki bir seansta programlanan bir robot gibi hareket ettiğimi görünce çok şaşırdım. Cinsel konulara has saplantısını sorguladım. O ve Karl arasında meydana gelen pek çok önemli şey vardı. Bütün ilişkinin orgazm ekseni etrafında dönüyor olduğunu düşünmesi bana çok garip geldi. Bütün değerini orgazmik birimle ölçmeye devam etmeyecekti tabii ki. Eğer seks gerçekten bir problemse bu konuda bir şeyler yapabileceğini söyledim; Masters ve Johnson tekniğinde uzmanlaşan seks danışmanlarına gidebilirdi. Bunun gibi eskiden de kullandığım birçok yararsız öneride bulundum, bütün bu süre içinde geriye çöküşündeki inatçılığı hissedebiliyordum.

Tam o sırada birdenbire aklım başıma geldi ve kafamı kullanmaya başladım. Yaptığı şeyi şu anda gittikçe yaklaşan "sona erme" bağlamında anlamalıydım. Sonbaharda bir görüşme planlamış olsak da onun sadece tek bir saat olacağını, bu yüzden bu seansı gerçekten sondan-bir-önceki seans olarak düşünmesi gerektiğini hatırlattım. Sonra kendini böylesine cansız hissetmesinin nedeninin yaklaşan ayrılığımız yüzünden kendini güçlü duygular hissetmekten korumak için olduğuna kesinlikle inandım. Bu yoruma sıkı sıkıya tutunup seans boyunca bırakmadım ve bunun yapılacak en doğru şey olduğuna inanıyordum. Zekice davranıp onun içinde bulunduğu durumdan çıkmasına ve bana ve terapinin bitişine karşı olan duygularını ifade etmesine yardımı olabilecek her türlü küçük sevimli hünerimi gösterdim. Duygularını gelecek hafta için sakladığını söyleyince o zaman söyleyeceklerini bugün söyleyip söyleyemeyeceğini sordum. Bana bu yaz yazacağı mektubun içeriğini şimdiden görüp göremediğini sordum. Eğer cansızlığı bu kadar tüketici olmasaydı şu anda hissedeceği şeyi bana söyleyebilir miydi? Her şey yavaş yavaş ortaya çıkmaya başladı – beni özleyecekti. İlk seansta Karl'a çok fazla zaman ayırdığımda kıskançlık hissetmişti ve Karl gelecek seansa da gelip gelemeyeceğini sorunca çok sinirlenmişti, çünkü beni onunla paylaşmak zorunda kalacaktı, oysa bunun çok işe yarayacağını biliyordu. Karl'la uğraşma tarzımın harika olduğunu düşünüyordu. Bana karşı büyük bir hayranlık ve büyük bir güven duygusu hissediyordu. Beni özleyecekti. Hayatında büyük bir boşluk olacaktı. Benimle bireysel olarak neredeyse iki yıldır görüşüyordu ve daha önce de bir buçuk yıl grup terapisinde bir araya gelmiştik. Sonra gerçekten çok cansız olmasaydı ve duyguları hakkında konuşmak zorunda kalsaydı, ağlayacağını ve çok yoğun duygularla karşı karşıya kalacağını söyledi. O zaman ne yapardı? En azından beş altı defa, cansızlığının, onun hissettiği şeyleri yaşamasını ve ifade etmesini önlemek için bugün burada mevcut olduğuna kesinlikle inandığımı söyledim. Benimle ilgili bazı olumlu duygularını ifade etmesinin onu utandırıp utandırmayacağını sordum. Beni özleyeceğini söyledi, ben de onu özleyeceğimi söyledim. Grup terapideyken onun şu anda yaptığı gibi doğru soruyu bekleyen insanlar gördüğünü söyledi. Doğru sorunun ne olacağını sordum, "Dr. Yalom hakkındaki duyguların nedir?" diye sordu. Sözlerini tekrarladım. Ağlamaya başladı ve genelde kendisine izin vermediği çok güçlü duygular hissettiğini söyledi; bunlar iyi türde duygulardı ve onları neden serbest bırakamadığını bilmiyordu. Bunun mazoşistik olduğunu söyledi, çünkü bu duygularını benimle paylaşmasının iyi olacağını biliyordu. Espri yeteneğimi beğendiğini söyledi – Karl'ınkinden farklıydı.

Seansın başında kendisini bekletmemin bu cansızlığa katkıda bulunup bulunmadığını sordum. İnkâr etti, ama ben tam olarak ikna olmadım. Geç kalmama aldırmadığını söyledi, çünkü bir bakıma benim çevremde daha fazla vakit geçirebilirdi. Ancak, seansın başında bitirme konusunda ne hissettiğini sorduğumda, "Benimle daha ne kadar devam edebilirsiniz ki?" demişti. Sanki iğrenç bir şeydi ve ben onu görmeye devam edemezdim. Onun kendini küçümseyici bu sorusu üzerinde düşünmesini sağlayamadım, ama bütün olumlu duygular içinde bazı olumsuz duygular olduğuna da eminim, gitmeme olan öfkesi gibi; ve cansızlığı da bir bakıma cezayı yansıtıyordu. Terapiyi bitirme konusunda bana karşı bilinçli bir kızgınlık duymamasına rağmen hareketlerinin bunu ifade ettiği yorumunda bulunarak bu konuya girmesini sağlamaya çalıştım. Örneğin, benim için çok iyi raporlar yazamadığını, genel olarak gerilediğini hissediyordu ve bu da beni hayal kırıklığına uğratıyordu, çünkü, o ve Karl arasındaki ilerleme işareti beni çok memnun ediyordu.

Ortak seansların ne kadar yararlı olduğu konusunda birçok örnek verdi, özellikle Karl'la aralarındaki iletişim çok kolaylaşmıştı ve böyle bir şeyi ortak seansımızdan önce düşünmek mümkün değildi. O kadar ileri gitti ki, eğer Karl kendisinden ayrılmaya karar verse bile seansların boşa gitmiş olmayacağını söyledi – buradan diğer ortamlara taşıyabileceği şeyler olurdu o zaman.

Neredeyse büyük bir mutlulukla bana uzun mektuplar yazmayı hayal ediyordu, ama ben bunun sona ermeden kaçış yolu olduğunu düşünüyorum; sevgiyi uzaktan ifade etmek çok daha kolay görünüyor. Onu özleyeceğimi söylemek dışında ona karşı olan duygularımı çok fazla açmadım ve ilgiye çok değer veren, ama onu mekanik olarak parçalayan psikoterapinin zalimliği üzerinde düşüncelerimi söyledim. Seansın sonunda çok hareketli görünüyordu ve sanırım cansızlığı da gitmişti. Daha önce hiç yapmadığı bir şeyi yaptı – isteksizce olsa da elini bana uzattı. Elini sıkıp ofisimden çıkarken omzuna dokundum. Bugün burada olacağını unutmam ne kadar iğrençti. Onunla birlikteyke" hayatımı o kadar dolduruyor ki, hafta içi diğer zamanlarda onu zihnimin dışına çıkarmam çok şaşırtıcı. Sanırım zihni bu şekilde bölümlere ayırmak bu titre edilmiş çılgınca aşk işinde hayatta kalmak için gerekli.

14 Haziran

GINNY

Otobüsle eve dönerken kendi düşüncelerim içine gömülme fırsatı bulabildim. Bu cansızlık gösterisinin sizinle terapimin sona ermesini yaşantılamak zorunda kalmama karşı bir kalkan olduğu konusunda haklı olabilirsiniz. Bunu düşünmeye dayanamıyorum. Belki de bu yüzden sondan-bir-önceki seansta size bir yığın sıkıntı ve bitmemiş iş getirdim. Sizden mezun olamayacağımı göstermek için.

Eğer duygularımın akışına izin verirsem terapinin gerçekten biteceğini söylediniz. Bunu biliyordum. Sizi bir daha görmemeye dayanamam. İyice yakınlaşıp bağlandığınız ve sonra da koparıldığınız terapi ortamı yüzünden öfkeli olup olmadığımı sordunuz. Eh, tabii ki öfkeliyim ve bunu gösterme tarzım eskisi gibi – kendime zarar vermek, kendimi tüketmek ve cansızlaştırmak, böylece acı çektiğimi görüp siz de kötü duygularla bitireceksiniz terapiyi.

Kısacık süre içinde duygularımı, gözyaşlarımı, herhangi bir şey vermemi neredeyse başarıyordunuz, baştan aşağı titriyordum ve yine de sonuna kadar gidemedim, bu, içimdeki bandın tekrarı değil, bir deneme yapıp neyin acıttığını, ne hissettiğimi söylemek olurdu. Duvarların içinden yan odada terapideki birinin sürekli ağladığını duyabiliyordum.

Bugün yaptığım şeyi kendimi korumak için yaptım. Bitiş konusunda ne hissettiğimi söylememi istediniz ve ben bunu gerçekten yapmadım. Sizden hoşlandığımı söyledim. Ama bu bitişi düşünmekten farklı. Siz hep benim kırılgan olduğumu düşündünüz. Çünkü etrafımda birçok lanet olası tampon var. Gelecek hafta yakınlaşmamızı sağlayacak herhangi bir şeyi diliyorum, yoksa size karşı kendimi çok borçlu hissedeceğim, sanki başarısız olmuşum gibi.

Size hep güvendim. Ve siz de bana karşı hep iyi oldunuz. Belki daha fazlasını istedim ve belki bu yüzden bu sene sizinle savaştım. (İçimde çoğu zaman büyümediğimi hissederek pasif bir şekilde yapıyordum bunu.) Bana karşı güçlü bir hareket yapmanız için sizi kışkırtıyor gibi hissettim kendimi. Bedavacıdan, hayal kırıklığı yaratıcısından kurtulmanız için.

Bütün bu homurdanmalarıma rağmen eğer birdenbire fazladan birkaç aylık terapi önerisiyle beni şaşırtsanız, çok mutlu olur muydum bilmiyorum. Duygusuzluğumun bir kısmı terapi tuzağına, her hafta buraya gelme zorunluluğuna, size, Karl'a ve kendime ne kadar önem verdiğimi söylemeye karşı bir tepki sanırım. Ve bu şekilde canlanmak zorunda kalarak acı verebilirim.

Geçen hafta sizin değil kendi iyiliğim için sizin hakkınızda ne düşündüğümü söylememi istediğinizi tekrarlayıp durdunuz. Ama sanırım bu daha çok sizin içindi. O zaman bir şeyler başardığımızı hissedebilirdiniz. Bir ara, belki yazın içime işlediğinde, size söyleyebilir ya da yazabilirim. Ve bu kolay vaatle sessizce kayıp gidiyorum. Zihnimde sizin için kahramanca bir şey yapmak için dua edip duruyorum, ama bugün değil, yarın, yarın.

~

21 Haziran

DR. YALOM

Son saat. Çok keyifsiz, üzgün ve tedirginim. Ginny'ye karşı hissettiklerim şimdiye kadar hissettiğim duyguların en iyisi. Kendimi ona karşı çok yakın, çok sıcak, çok cömert ve çok hassas hissediyorum. Onu çok iyi tanıdığımı ve onun için sadece iyi şeyler dilediğimi hissediyorum.

Çok zor bir saatti, ama bütün hafta aynı şekilde devam ediyordu zaten. Birkaç gün içinde on haftalığına buradan gideceğim için birçok hastama, birçok insana hoşçakal demek zorunda kaldım ve bu

Ginny'ye hoşçakal dememi donuklaştırdı. Örneğin bugün hoşçakal demem gereken iki grup vardı. Bir tanesi üç ay içinde yeniden toplanacak olan üniversitedeki psikiyatristler grubuydu, ama içlerinden iki kadın devam edemeyecekti, çünkü buradaki eğitimleri bitiyordu. Bu nedenle onlara veda etmek zorunda kaldım ve her ikisi de çok üzgün görünüyorlardı, ben de kendimi aynı şekilde hissediyordum. Ama Ginny için hissettiğim şeyler bunlarla aynı değildi. Her neyse, sonuçta bir veda haftası olmuştu bu hafta. Veda ve literatürde hakkında bilgi edindiğim bitirme hayaletiyle yüz yüze gelme haftası oldu benim için ve gruptaki psikiyatristlerime bu durumun üstesinden pek iyi gelemediklerini söyledim. Sizi bodurlaştıran bir şeyin "üstesinden nasıl gelirsiniz?"

Bugün Ginny'yle ne yapmalıydım? Bir kez daha terapinin ne kadar harika olduğunu ya da Karl'la ilgili duygularıyla yüzleşmesi konusunda ona nasıl yardımcı olduğumu mu söylemesini sağlamalıydım, yoksa geleceğiyle ilgili rehberlik mi yapsaydım ya da ilerleyişini mi gözden geçirseydik, ne yapmalıydık? İkimizin de canı sıkkındı, ben de ondan aşağı durumda değildim. İkimiz de saate bakıp duruyorduk. Bir iki dakika erken bitirdim, çünkü buna daha fazla dayanamayacağımızı hissettim ve elli dakika boyunca birlikte olma ritüelini tekrarlamak istemiyordum. Ona ne düşündüğünü sordum. O da benim ne düşündüğümü sordu. Düşünce ortaya koymak için çok çaba harcaması gerekiyordu. Söylediği ilk şey geçen seanstan sonra grip olduğu ve özellikle kötü bir seanstan sonra hep böyle olduğuydu. Bu beni şaşırttı ve son saati zihnimde yeniden canlandırmaya zorladı beni. Çok bencil olduğunu, hiçbir şey vermediğini, aslında yavaş yavaş devreden çıkmış olduğunu söyledi. Bunu duyduğuma şaşırdığımı, çünkü çok fazla şey yaptığını düşündüğümü söyledim. Geçen hafta hakkında konuşmak güzeldi; bugünkü seansta katlanabileceğimiz tek küçük "terapötik çalışma" buydu.

Önümüzdeki beş on yıl içinde ne yapmayı diliyor olduğunu sordum. Çocuk sahibi olmaktan söz ettik. İlk çocuğuma ne zaman sahip olduğumu sordu, yirmidört yaşında olduğumu söyledim. Zayıf bir şekilde Karl'ın çocuk istememesinin onu birlikte gelecekleriyle ilgili bir seçim yapmaya yöneltip yöneltmeyeceğini sormaya çalıştım – ilişkide seçeneği olan tek kişinin Karl olup olmadığına dair eski bir konuydu bu, o kadar eski ve kabuk bağlamış bir konuydu ki ortaya koymaya utanıyordum. Şimdiye kadar hiçbir etkisi olmamıştı ve Tanrı biliyor ya şu anda da bir işe yaramayacaktı. Ginny hiçbir zaman aktif seçici olmayacaktı. Ama o kadar çekiciydi ki, her zaman seçilen olacaktı ve bu da önemliydi galiba.

Bugün çok açık bir şekilde karmakarışık hissediyorum kendimi. Ofisim alışılmış düzensizliği içinde; aslında yerlerin kâğıtlar, kitaplar, evrak çantalarıyla dolu olduğu bir ıvır zıvır dükkânına benziyordu burası. Birkaç gün içinde yola çıkıyorum ve hâlâ bitirmem gereken birkaç makale var. Yazılarımın neyle ilgili olduklarını sordu. Şakayla karışık ofisimi temizlemeye yardımcı olmayı önerdi. Sonra da elli dakika boyunca konuşmak zorunda olmadığımızı söyledi. Gizli bir şekilde onu göremeyecek kadar meşgul olduğumu ima ettiğim gibi kapılmış olabileceği yanlış bir duyguyu düzeltmeye çalıştım, ama o bunu demek istemediğimi biliyordu. Bir an için neredeyse bana yaptığı temizlik yardımını kabul edecektim. Bu fikir bana çok çekici geldi. Neden acaba? Sanırım bu, bir şekilde bana bir şey vermesine izin verme yolu olacaktı. Ayrıca birlikte rutinleşmiş terapi dışında bir şey yapmamızın bir yoluydu bu, çünkü biz buna birlikte olmak diyorduk.

Hayatın içinde sessizce akıp gittiği alışılmış tarzı konusunda üzüntüsünü dile getirdi. Bundan sonra yanında bir terapist olmamasının ona yardımcı olacağını söyledim, haftanın geri kalanını geçirmesini sağlayan haftalık seansların desteği olmaksızın kendi gücüne dayanacaktı. Ttekrar terapiye girmeyi planlayıp planlamadığını sorduğumda bioenerjiden söz etti. Gözle görülür şekilde yüzümü buruşturunca, "işte yine dedikoducu oluyorsunuz," yorumunu yaptı. Terapide bir zaman sınırı getirmemi affetmiş miydi gerçekten? Sonuçta, eğer onunla ilgileniyor olsaydım sonsuza kadar onu görmeye devam ederdim. Ginny buna doğrudan cevap vermedi, terapiyi sonlandırmama bir karşılık olarak bazen ilerlemesini benden gizlemeye çalışsa da bana daha fazla ihtiyacı olan başka insanlar olduğunu fark ettiğini söyledi. Önümüzdeki sonbahar, bana yazması, adresimi bilmesi, nerede olacağım konusu, beni kişisel olarak tanıma isteği gibi konulardan uzun uzun söz etti. Bana Fransa'ya yazabileceğini, benim de onun hakkında haber almaya devam etmeyi istediğimi, ama terapiyi kesin olarak bitirdiğimizi bilmesini de istediğimi söyledim. Bana mektup yazması ve sonbaharda yapacağımız tek seans bu gerçeği değiştirmeyecekti. Bunu gerçekten anladığını söyledi.

Seansı bitirip "Eh, sanırım hoşçakal deme vakti gerçekten geldi," dediğimde ikimiz de birkaç saniye için donup kaldık. Ağlamaya başlayıp, "O kadar harikasınız ki tüm bunları yaptınız benim için," dedi. Ne söyleyeceğimi gerçekten bilmiyordum, ama ağzımdan şu sözcükler döküldü. "Bu terapiden ben de çok şey aldım, Ginny." Ve gerçekten almıştım. O hareketsiz bir şekilde otururken elini tutmak için yanına gittim. Bana sarılıp bir süre öylece kaldı, ben elimle saçlarını okşadım. İlk defa bir hastama bu şekilde sarılıyordum. Gözlerim yaşarmıştı. Sonra ofisimden çıktı, artık sınır kişilik bozukluğu, yetersiz kişilik, obsessif psikonevroz, gizli şizofreni ve bizim günlük olarak yaptığımız hiçbir kötülük yoktu onda. Ginny olarak çıkıp gitti ve ben onu özleyeceğim.

21 Haziran

GINNY

Zayıf savunmamı ve sakinliğimi aldınız ve oraya varana kadar girdiğim dolambaçlı yolların hiçbirini önemsemediniz. Artık normal bir hayat sürebileceğimi kabul ediyorum. Ofisinizde problem icat ediyor gibiydim. Ama bazen hayatım çok sınırlıymış, gerçek besine giden kökleri yokmuş gibi görünüyor. Bir saksıya sıkıca yerleştirilmiş bir ev bitkisi gibiyim. Sulanıp hareket ettirilmedikçe, güneşe çıkarılıp içeri alınmadıkça uzun yaşamam. Ama köklerimin bazıları saksıdan dışarı çıksa ve hatta saksı çok küçük olsa da iyiyim. Başka bir yere nakledilmeden bu şekilde devam etme şansım var.

Belki hayatımı şu anda olduğum gibi, kendim için ev ve yiyecek gibi küçük problemler yaratarak yaşamak bana biraz cesaret verecektir. Ve Karl eskisinden tamamen farklı.

Psikiyatrinin gerçek benlikle, kış uykusuna yatan, hayal edilen benlik arasında bir köprü olduğunu düşünüyorum. Şu anda içime karşı direnen sakin bir kuşatma altındayım. Kendimi iyi hissediyorum. İyileşmek için bana A vermeniz için ne kadar sıradan olabileceğimi merak ediyorum. Sıcacık, kıvrılıp dertop olmuş benliğimden dışarı çıkarılmak istemiyorum. Kendimi heyecanlı bir hatıraya dalarak sakinleştirmeyi yeğlerim. Ya da öyle görünüyor. Birlikteki problemimiz hâlâ gerçek olanı tanımlıyor. Sizin yaptığınız ve benim yaptığım birçok şeye geriye dönük olarak kızıyorum. Bu son seansta duygu ve gözyaşlarıyla içimi döktüğüm hayaline kapıldım sanırım. Çok fazla tiyatro izledim. Ve belki de sizin rehberliğiniz altında bir akıl hastasına dönmediğim ve sizinle daha fazla savaşmadığım için öfkeliyim. Bazen de, "Ne olmuş yani?" diye düşünüyorum. Rüzgârda savrulan ve bir yere konmayan bir tüy gibi hissediyorum kendimi. Eski bir koro şarkısı, "Bu kadar sevinecek ne var?" diye sorsa da ben çok sevinçli olduğumu hissediyorum. En azından benim dostumsunuz ve kapınızı çaldığım günün hayalini kuruyorum.

Doktor Yalom'un Sonsözü

Son seans Ginny'yle son görüşmem değildi. Dört ay sonra Ginny California'dan sürekli olacak şekilde ayrılmadan önce tekrar konuştuk. Benim için gergin, melankolik bir buluşmaydı, eski bir dostu görmek ve bir zamanlar canlı ve şu anda solgun olan havayı yeniden ele geçirmeye çalışmaktan farklı değildi. "Terapi yapmadık," sadece yaz ayları ve taşınması hakkında sohbet ettik.

Çocuk gelişimi projesinde kuru kuruya gözlemsel araştırma notları yazmak yerine öğretmen olarak çalıştığı yaz işini sevmişti, görünüşe göre canlı ve çarpıcı gözlem raporlarıyla araştırma ekibini bunaltmıştı. Raporları okuyan yüz ifadeleri gözümün önüne gelince gülümsedim.

Korkulan felaket gelmişti: Karl iki bin mil ötedeki bir şehirdeki bir işi kabul etmeye karar vermişti. Ama birçok şekilde Ginny'nin de kendisiyle gelmesini istediğini kesinlikle ifade etmişti. Ginny birden fazla seçeneği olduğunu hissetmişti – Karl'la gidebilirdi, onunla yaşayabilirdi, onunla evlenebilirdi, ama bu yürümezse onsuz bir hayat kurma düşüncesine daha rahat bakabiliyordu. Daha az ümitsiz ve daha güvenli görünüyordu. Onu artık gergin kaygı çarşafı üzerinde yatarken görmüyordum.

Ginny, Karl'la birlikte uzağa taşındı ve birkaç ay için zihnimden uzaklaştı, ta ki raporları çantama koyup karıma okuması için verene dek. Karımın tepkisi bu materyali yayımlamayı düşünmeye ikna etmişti beni. Son görüşmemizden on ay sonra bu konuyu görüşmek için Ginny'yi telefonla aradım. Bazı tereddütleri olsa da raporların basılmasını istiyordu (adı gizli kaldığı sürece). İkimiz de kendi bölümlerimizi düzeltmeyi, birer önsöz ve sonsöz yazmayı ve telif haklarını eşit olarak paylaşmayı kabul ettik. Telefonda, tedavinin başlangıcında Ginny için son derece tipik olan ümitsiz durgunluk izine rastlamadım. Aktif ve iyimser geliyordu sesi (şüphesiz ben de böyle olmasını istiyordum). Bazı yakın arkadaşlar edinmişti ve aktif bir şekilde yazıyordu. Yazdığı bir şeyi üç yüz dolara satmıştı, bu çok garip bir olaydı, çünkü terapinin başlangıcında bana tarif ettiği bir fantazisine tamamen uyuyordu. Karl'la işler hâlâ biraz belirsiz gibiydi, ama ilişkinin kurallarının değiştiği açıktı: Ginny daha güçlüydü ve daha fazla kaynağa sahipti artık.

Birkaç gün sonra ondan uzun bir mektup aldım. Burada kısa bir bölümünü aktarıyorum mektubun:

Sevgili Dr. Yalom:

... Ne hissettiğimi bilmiyorum. Aklımdan tamamen çıkarma düşüncesiyle, kesinlikle işime yarayacak olan para faktörüne yoğunlaşma arasında gidip geliyorum. Keşke benim yazdığım bölümler daha iyi olsaydı. Geriye dönüp baktığımda bazen raporlar üzerinde sadece birkaç dakika harcadığımı hatırlıyorum. Ama, bu benim. Şu anda romanımı bitirmeye çalışıyorum – ve günde beş sayfa yazıyorum, bu kulağa harika geliyor, ama beş sayfayı yazmam sadece onbeş dakikamı alıyor. Her zaman hızlı yazmışımdır. Ritim yöntemiyle yazıyorum – yalnızca sesler ve uyaklar; zekice düşünceler yok, düşünme yok. Böyle takdir edilmiş gibi, sözcükler kendiliğinden birikip durmuşlar. Benimkiler o kadar kötü ki – sizi bunları basmaktan alıkoymak için bunun benim bilinçaltı hareketim olduğunu düşünmüş olmalısınız. Keşke hayatım şu anda farklı olsaydı ve böylece bu raporları uzak hatıralar olarak düşünebilseydim. Şu anda daha büyük ve daha iyi şeylere ve heyecanlara geçtim. Çoğu zaman terapiye sıkışıp kaldığımı hisediyorum – kanatlarımı açtığım tek zaman, ağladığım zamanlar. Birbirimizi ilk tanıdığımızda en büyük adımları attığımı ve o zamandan beri de nedense minik Japon adımları attığımı hissediyorum, sadece her zaman istediğim duygusal kahraman olabildiğim birkaç melodramatik psikodrama hariç. Şüphesiz, bunlar hep abartı. Bazı harika şeylerin olduğunu biliyorum –en iyisi–bizim dostluğumuz. Raporların bir değeri olduğunu düşünüyorsanız size güveniyorum.

Burada size biraz hayatımdan söz edeyim:

... X Palo Alto'ya çok benziyor, ama bolluğu ve parası yok. Üniversite altmışlı yılların öncesinden kalma. Öğrenciler son derece sakin – ellerine bir tuğla verilse, Berkeley'dekilerin tersine, bununla barbakü çukuru açmaya başlar, cam kırmak akıllarına bile gelmez. Bahçeli eski bir evde yaşıyoruz. Bahçe, yaşayan ve ölü bambularla dolu olduğu için eski oltaların ölmeye geldiği bir yeri andırıyor.

... Serbest yazar olarak çok iyi bir iş buldum ve kısa bir hikâyeyi 300 dolara sattım. Ayrıca bir dergi için de makaleler yazıyorum. Kısa bir süre önce kadın bilinçliliğini arttırma grubuna katıldım ve bununla ilgili bazı kişisel gözlemlerimi yazdım ve bu da basılacak. Basıldığında size gönderirim. Her kadından bir hikâye istememeleri çok iyi. Benimkine "Ginny ve Benzin Parası" adını verirdim.

... Karl ve benim ilişkim pek fazla değişmedi. Birbirimizle hâlâ çok rahatız ve bazen de sevgi doluyuz. Dehşetli korkulara kapıldığım gece dramalarına ait payımızı almaya devam ediyoruz. Hâlâ o gece labirentinin içindeyim. Sadece kendimiziz, çok duygusal değil, ama arkadaşça. Artık düşüncelerimi söylüyorum. Bir süre önce Karl bana hiçbir hedefim ya da amacım olmadığını söyledi. İlişkimizi denemek ve değerlendirmek için kendimize üç ay verdim ... burada kaldığım sürece Karl'la daha da yakınlaşıyoruz, ama gideceğim hiçbir yön yok ve geleceğimiz sanki ya olduğu gibi bırakılacak ya da çıkarılacak bir cümle gibi görünüyor.

... Kendimi iyi hissediyorum. Aklım iki yöne gitse de – çoğunlukla mutluyum. Kendimi yazmaya zorladığımda, ne kadar kısa süre için olursa olsun, mutluyum. Size yazmak için çok uzun süre bekledim, çünkü hep bir şeylerin eşiğinde olduğumu hayal ettim ve duymayı istediğinizi düşündüğüm hikâyeyi size göndermek için bekliyorum.

... Karl – kavgalarımızın birinde ve ardından gelen ölüm sessizliğinde – dedi ki, "Ah, Dr. Yalom'un burada olmasını ne kadar isterdim." İkimiz de sevgilerimizi gönderiyoruz. Arkadaşınız,

Ginny

Sonra sessizlik. Ofisimdeki döner sahnede gözler önüne serilen dramalara katılan hayatımdaki diğer Ginny'ler karşısındaki rolümü aldım. Hayır! Ne kadar gösterişçi! Ve ne kadar gerçekdışı! Her hastama kendimden ne kadar şey verdiğimi biliyorum ve gerçek şu ki Ginny'ye daha fazla verdim. Neyin daha fazlasını? Daha fazlasını verdiğim şey neydi? Yorumlar mı? Açıklamalar mı? Destek mi? Rehberlik mi? Hayır, tekniğin diğer tarafındaki bir şey. Kalbim Ginny'ye gitti. Beni harekete geçirdi. Onun hayatı benim için değerli. Onu görmek için sabırsızlanırdım. Açlıktan ölüyordu, ama çok zengindi. Bana çok şey verdi.

"Son seans"tan ondört ay sonra California'yı ziyaret etti ve iki kez görüştük. İlki karımın da bulunduğu iş-sosyal görüşmesiydi. Ginny yanında en iyi arkadaşıyla geldi. Tanışmamızı istemişti, ama birlikte bir kitap yazdığımızla ilgili hiçbir şey söylememem konusunda beni önceden uyarmıştı. Bu biraz huzursuzluk yaratmıştı bende. Koyu renk saçlı, çekici arkadaşı birkaç dakika kaldı. O gittikten sonra karım, Ginny ve ben yalnız kaldık. Müsvedde hakkında tartışıp şeri, çay ve biraz da lanet olası ev yapımı kurabiyeler yiyerek sohbet ettik. Ne istediğimi bilmeyerek, ne istemediğimi biliyordum – önemsiz konuşmalar ve diğerlerinin rahatsız etmesi.

Profesyonel-sosyal bataklıktan iğreniyorum. Rahat görünmeye çalıştık, ama değildik. Ginny sosyal görgüsünü gösteriyor. Oyun oynuyor, karımı eğlendirmeye çalışıyor, ama ikimiz de yükselen utangaçlık dalgasindan uzaklaşmaya çalıştığını biliyoruz. Biz işbirlikçiyiz, bir sosyal pandomimde oynuyoruz ve öyle değilmiş gibi yapıyorduk. Karım beni Irv diye çağırıyor, Ginny bunu söyleyemiyor ve ben Dr. Yalom olarak dolaşmaya devam ediyorum. Gelecekte kullanabilmesi için beni profesyonel yörüngede tutması gerektiği şeklindeki mantıksallaştırmanın büyüsü altında ona ilk adımla hitap etmesini söylemedim. Daha garip olanı karımın Ginny'nin önünde benimle teklifsizliği yüzünden irkilmemdi. Unuttum, Ginny için ne yapmayı planlıyordum? Oh evet, "gerçekliği test etmesine yardım etmek, böylece olumlu aktarımı üzerinde çalışabilirdi."

Birkaç gün sonra Ginny ile ofisimin sıcak ve belirsiz olmayan rahatlığı içinde konuştuk. Orada en azından ikimiz de "yerimizi biliyorduk." Sosyal toplantıdaki duygularımızı analiz ettik. Ginny'nin arkadaşı beni sıcaklığım ve rahatlığım konusunda o kadar çok övmüştü ki (ne anlayış ama!) Ginny benimle geçirdiği zamandan daha fazla yararlanmadığı için kendi kendini yumruklamıştı. Söze başlamadan önce ilginç bir şey olmuştu. Ginny ona, "Hastası mısınız?" diyen sekreterime, "Hayır, arkadaşıyım," diye cevap vermişti. Bu ikimiz için de iyi bir şeydi.

Karım Ginny'yle müsveddedeki bazı cümleleri konuşmak için bekliyordu ve görüşmemiz sırasında iki kez kapıya vurdu. İlk seferinde beş dakika içinde uygun olacağımızı söyledim. Ama biz daha uzun konuştuk. Başka bir randevusu daha olduğu için sabırsızlanan karım tekrar kapıyı çaldı. Bu kez Ginny benden önce davranıp beni şaşırtarak neredeyse sert bir tonlamayla, "birkaç dakika daha," dedi. Kapı kapanınca gözyaşlarına boğuldu, gerçek gözyaşlarıydı bunlar: "Yalnızca gerçekten birkaç dakikam kaldığını fark ettim. Karınızın sürekli olarak size sahip olması değil önemli olan, ama şu an benim için gerçekten çok değerli." Bir daha sahip olamayacağımız zaman için, sonunda kendi adına konuşabilmenin verdiği sevinçle ve (ne yazık ki) hayatının büyük bölümünde kendi adına konuşmamanın verdiği üzüntüyle ikimiz adına ağlıyordu. (Başarının ortasında bile daha başarılı olmadığı için kendisini azarlayan ve bütün zevki yok eden içindeki küçük şeytanın yeniden ortaya çıkışı ikimizi de üzmüştü.)

Eve döndükten kısa bir süre sonra Ginny dramatik haberlerin bulunduğu bir mektup gönderdi bana:

... Yeniden eve döndüğümde Karl ve ben birer yabancı gibiydik, yine.... Bana aldırmadı ve ben kendimi babası tarafından ihmal edilen küçük bir çocuk gibi hissettim. Karl beni bir şeylerden mahrum edebilirdi – yüzmeye gitmekten, şunu yapmaktan, bunu yapmaktan. Yapmak istemiyorsa biz de yapmazdık. Sonunda Karl'la yüzleşip hiç geçinemediğimizi söyledim. "Biliyorum. Gitmek istiyorum," dedi. Bu kez itiraz etmedim ve ertesi gün Karl gitti. (İki gün sonra).... Kimse diğerini suçlamıyor. Belki de birlikte bir geleceğimiz yoktu. Bugün ikinci gün ve içim bomboş, ama kafam daha iyi. Dağılmaya niyetim yok. Yalnızca korkunç derecede üzgünüm bunlara inanamadığımı düşünüyorum. Önce California'ya geri dönmeyi düşündüm. Ama ayaklarımı yere basmayı ve hayatımı yalnız geçirmeyi tercih ediyorum – bağımsız bir şekilde, böylece bunu bir kez yapmış olacağım ve bir daha korkmama gerek kalmayacak. Burada elimden geldiği kadar uzun kalacağım. Karl benimle bitip tükendiğini söylüyor. Ona inandım. Hissettim.... Sağlıklı ve güçlü olmak istiyorum – bu işten mücadele ederek çıkmak istiyorum. İçgörü sahibi olmaya başlıyorum. En kötü anlar geldiğinde, çaresiz olduğumda bunun geçmesi gerektiğini ve acı yüzünden kimsenin ölmeyeceğine inanıyorum. (Berbat bir satır!) Ağlamak bir yere götürmese de en azından bir şey yapmaktır ve bildiğiniz gibi ben ağlamaya eğimliyim. Eğer işler çok kötüleşirse bana Valium filan verebilecek bir doktora giderim, ama iş uyuşturucu ilaçlara gelince ben bir Christian Scientist'im.* Dün gece iyi uyudum. Kendimi üzgün hissederek uyandım, ama korkmuyordum.

Burada yaşamayı başaracağımı biliyorum. Bir iş aramaya başlayacağım. Önümdeki birkaç haftanın yavaş ve acı dolu olacağını biliyorum. Karl'ın bir daha burada olmayacağına inanamayarak onun yokluğunu bazen unutuyor, bazen hatırlıyorum. Öfkeyle ayrılmadık, sadece üzüntü vardı.

Benden istememiş olmasına rağmen bir mektuba ücretsiz bir psikoterapi sıkıştırarak ona gönderdim hemen.

Sevgili Ginny:

Bir şok olduğu kesin, ama bunu daha önceden sezmiştim. Şu anda hissettiğin ve önümüzdeki birkaç ay içinde de hissedecek olduğun kötü duygular için üzülüyorum, ama ben ikili duygular içinde değilim ve mektubundan senin de öyle olmadığını anlıyorum. Sanırım Karl'ın bunu yapabilmiş olması gerçeği, hem de bu kadar çabuk yapması, bana göre bunu kafasında uzun süredir planladığı anlamına geliyor. İnanıyorum ki bir insanın böyle bir hareketi diğer insan bunu fark etmeden kafasında yapması mümkün değil. Bu da senin için her şeyi kapsayan, sıkıcı bir duygu yaratmış ve aylar boyunca gelişmenizi engel-

---

Hastalığın yalnızca insanın kafasında olduğuna inanan bir mezhep, –ç.n.

lemişti. Yardım etmek için bütün yapabileceğim (ki benden bunu istemediğini biliyorum) sana şu anda içinde bulunduğun durumun geçeceğini hatırlatmak. Şok ve panik duyguların geçince, kaybına karşı duyduğun gerçek bir yas süreci ve boşluk duygusu başlayabilir. Hatta belki biraz öfke (Tanrı korusun) bile olabilir, ama bunların gidişi iki ile dört ay arasındadır ve ondan sonra bu işten her zamankinden daha güçlü olarak çıkacağına eminim.

Şu anda sahip olduğun güçten gerçekten etkilendim. Bu kötü süreç içinde yapabileceğim bir şey olursa lütfen beni haberdar et.

Hastanın kaderine bakmaksızın ameliyatın başarılı olduğuna inanan bir cerrahın bakışıyla Ginny'nin mektubunun güçle dolu olduğuna inanmıştım. Karl'la ayrılığı başarısızlığı göstermiyordu: (Karl'la birlikte yaptığımız ilk seansta bu hataya düşmüş olsam da) terapötik başarı Karl'la birlikteliğinin devam etmesiyle eş anlamlı değildi. Üstelik Ginny son ayrılmalarında, istediği kadar aktif olmasa da bir rol oynamıştı. Çiftlerden biri değişip diğeri değişmediğinde ilişkinin dengesinin değişip çiftin artık bir arada kalamaması çok yaygındır; büyük bir olasılıkla Ginny Karl'ı geride bırakmıştı ya da en azından Karl'ın yargılayıcı tutumu yüzünden ilişkilerinin kendi büyümesini önlediğini fark etmişti; büyük bir olasılıkla ancak şu an gerçekten Karl'sız yaşadığını hayal edebiliyor ve kendisini bırakmasına izin veriyor olabilir. Sonuçta, Karl sık sık ayrılmak istediğini söylüyordu, ama Ginny'nin bundan çok kötü etkileneceğine inandığı için ona suçluluk duygusuyla bağlanıyordu, ki bu da birlikteliğin en kötü bağlayıcı unsurudur. Belki Karl, Ginny'nin artan gücünü fark etmişti. Belki artık ikisi de özgürdü ve kendi iyilikleri için özgürce hareket edebilirler.

İyimserliğim doğrulandı. Sonraki dört ay içinde yaptığımız telefon görüşmelerinden Ginny'nin hayret verici şekilde iyi tepki verdiğini öğrendim. Kaybı için yas tutmuş, yaralarını sarmış ve sonra kapıyı açıp dış dünyaya çıkmıştı. Arkadaşlar aramıştı; bir edebiyat kuruluşunda yazar olarak tüm gün çalışacağı iş bulmuştu, aynı zamanda serbest çalışmaya da devam ediyordu; erkeklerle çıkmış, kısa süre içinde birini seçmiş ve yavaş yavaş gelişen derin ve hassas bir ilişki geliştirmişti. Onun yanında mutlu ve rahat hissediyordu kendini, bunun nedeni kısmen adamın karakteriydi –yargılayıcı değildi, nazik ve ilgiliydi– ve kısmen Ginny'nin yeni gücü ve artmış iletişim yeteneği nedeniyle güven ve sevgi dolu olduğuna da inanmak istiyordum.

* * *

Çok saygı duyduğum, sadık bir Freudyen analist meslektaşımdan müsveddeyi okumasını istediğimde bu kitap yayımlanmamaya çok yaklaşmıştı. İlk otuz sayfayı okuduktan sonra, "Wilhelm Reich'in, terapistin hastaya aklına geleni söylediği 'kaotik durum' adını verdiği şey bu," yorumunda bulundu. Başka meslektaşlarımdan gelen lehte yorumlar bu kitabı yayımlamama izin veren ve metni değiştirmemi engelleyen yeterli derecede güveni verdi. Yine de müsveddeyi tekrar okuduğumda benim hareketlerimde bir havailik olduğunu görüyorum, bu da bütün terapi sürecinin cömert, fakat insafsız kavramsal sistem çerçevesi içinde yer aldığı gerçeğini gizliyor. Takip eden sayfalarda bu sistemi tanımlayacağım ve davranışlarıma yön veren terapötik ilkeleri tartışacağım.

İlk olarak, ilişkilerin birlikte bireysel çalışmamızın başlangıcındaki durumunu hatırlayalım. Ginny arkasında cesareti kırılmış ve yenilmiş bir terapist yığını bırakarak bireysel terapiye girmişti; öğrenilecek dersler, kaçılacak hatalar vardı. İçgörüsünü geliştirmek, geçmişi belirginleştirmek, ebeveynleriyle gelişmesini ilişkisini değiştirmek, rüyalarını yorumlamak, bilinçdışının bilinci üzerindeki etkisini kavrayıp ve azaltmak için çabalayan oldukça başarılı analitik yönelimli iki terapisti hayal kırıklığına uğratmıştı. Bir bioenerji uzmanı ona ulaşıp değiştirmeyi denemiş, ama başarısız olmuştu; kas rahatlatma yöntemi, yeni soluk alma yöntemleri ve kusma yoluyla gerilim azaltma yolunu önermişti. Fiziksel yorgunluk yoluyla direnci kırmak üzere düzenlenen yirmidört-kırksekiz saatlik aralıksız maraton grupları, tamamen kendini açmayı cesaretlendiren çıplak gruplar, hayatında yapmaya hiçbir zaman cesaret edemediği bir şeyi yapmasını mümkün kılan dramatik sahne aydınlatması ve müziğin eşlik ettiği psikodrama, fiziksel saldırı dahil çeşitli öfke uyandıran tekniklerle öfkeye uzanıp ifade edilmesine yardımcı olan "psikolojik karate" ve cinsel huzursuzluğun üstesinden gelmek ve vajinal orgazma ulaşmak için elektrikli vibratörle vajinal masaj gibi en son yüzleştirme yöntemlerini kullanmaktan çekinmeyen en iyi karşılaşma grubu liderlerinden bazılarıyla tanışmış ve onları da atlatmayı başarmıştı.

Grup terapide bir buçuk yıl boyunca benim ve yardımcı terapistimin çabalarına büyük bir güçle direnmiş ve yorgun bir şekilde daha fazla devam etmenin bir anlamı olmadığına karar vermiştik. Ancak, bu süre zarfında bana karşı olan olumlu duyguları ve ona yardım etme becerime olan inancı hiç azalmamıştı. Buraya kadar olan olumlu aktarımın Ginny'nin terapisi için bir kolaylıktan çok engelleme oluşturduğu kesindi.

Bu son noktayı açıklamak, psikoterapideki birincil kazançlar ve ikincil hazlar arasında kesin ayrımlar yapmama izin verdi. Hastalar acılarını azaltmak için terapi arayışına girerler; acıdaki bu rahatlama (ve sıklıkla buna eşlik eden kişilik değişikliği) birincil kazancı –psikoterapinin varolma nedeni– oluşturur. Ancak, hastanın terapide bulunma sürecinden bazı güçlü hazlar alması da nadir değildir; hiç bitmeyen, sonu gelmeyen derdin, her düşüncesine verilen büyük dikkatin, her şeyi bilen, koruyucu terapistin güven veren varlığının, önemli bir karar vermenin gerekmediği geçici olarak canlılığın kaybedildiği durumun tadını çıkarabilir. Bazen ikincil kazançlar o kadar büyük hale gelir ki terapide kalma arzusunun iyileşme arzusunun önüne geçmesi sıklıkla görülür.

Ginny'nin terapilerindeki durum buydu. Gruba iyileşmek için değil, benimle birlikte olmak için katılıyordu, problemler üzerinde çalışmak için değil, benim onayımı almak için konuşuyordu. Terapi notlarından öğrendiğimize göre, grubun bir üyesi değil dinleyicilerin bir üyesiydi ve ben diğer hastaların yardımına koştuğumda beni alkışlıyordu. Yardımcı terapistlerim ve diğer gözlemciler sıklıkla Ginny'nin benim için hasta kaldığını söylüyorlardı; çünkü iyileşmek veda etmek anlamına geliyordu. Böylece beni kaybetmeyecek kadar kötü, ama beni hayal kırıklığıyla uzaklaştırmayacak kadar da iyi kalarak bensizliğin büyük çorak ülkesinde belirsizlikle kalıyordu.

Bu aktarım terapötik faydaya nasıl çevrilecekti? Ginny'nin değişmezliğini ve bana karşı olan bir dereceye kadar mantıksız inancını kendi büyümesi için kullanmanın bir yolu olmalıydı. Ve Ginny başka bir şehre taşındığı için haftada birden fazla görüşmemizin mümkün olmadığı yapısal sınırlamalar içinde bunu nasıl gerçekleştirecektik?

Tedavi planım terapiyi neredeyse tamamen ilişkimiz eksenine yöneltmekti. Ginny ile aramızda geçenlere yönelmeyi düşünüyordum. Bölgemiz burada ve şimdi olacaktı ve bu odaktan her türlü uzaklaşmayı engellemeyi planlıyordum. Yoğun bir etkileşimde bulunacak, etkileşimimizi analiz edecek ve birlikte olduğumuz sürece bu sırayı takip edecektik. Yeterince kolaydı, ama bu bizi terapötik değişime nasıl götürecekti? Bu tutum için temeli Kişilerarası İlişkiler Teorisi'nden alıyorum.

Kısaca söylenecek olursa, kişilerarası ilişkiler teorisi, bütün psikolojik bozuklukların (beyne yapılan fiziksel bir saldırının neden oldukları hariç) kişilerarası ilişkilerden kaynaklandığını varsaymaktadır. İnsanlar çeşitli nedenlerle psikoterapistlerden yardım isteyebilirler (depresyon, fobi, anksiyete, utangaçlık, iktidarsızlık, vs.), ancak bu nedenlerin altında yatan ve hepsinde ortak olan neden diğer insanlarla tatmin edici ve kalıcı bir ilişki kurma yetersizliğidir. Bu ilişki güçlükleri kaynağını ebeveynlerle kurulan ilk ilişkilerden alır. Bozuk ilişki kurma yöntemi bir kez yerleştikten sonra, daha sonra gelen kardeşlerle, oyun arkadaşlarıyla, öğretmenlerle, yakın arkadaşlarla, sevgililerle, eşler ve çocuklarla kurulan ilişkilerin rengini belirler. O halde psikiyatri, kişilerarası ilişkilerin incelenmesi; psikoterapi, bozuk kişilerarası ilişkilerin düzeltilmesi; ve terapötik tedavi, diğerleriyle zorlayıcı, bilinçdışı kişisel ihtiyaçları karşılama çabası yerine uygun ilişki kurma yeteneği anlamına gelmektedir. Uyumsuz davranış kalıplarının temelleri geçmişe dayansa da çarpıtmaların düzeltilmesi yalnızca şu anda gerçekleştirilebilir ve bunun için şu anda varolan ilişkiden, yani hasta-terapist arasındaki ilişkiden daha iyisi olamaz.

Hasta-terapist arasındaki ilişkinin uyumsuz kişilerarası ilişki kalıplarını nasıl değiştirdiğini anlamak için bir temel varsayımın daha bilinmesi gerekmektedir. Terapist, atmosfer güven verici ve yapılanmamış olduğu sürece, hastanın en büyük kişilerarası ilişki güçlüklerini terapistle olan ilişkisinde göstereceğini varsayar. Eğer hasta kibirli, gururlu, şüpheci, tahrik edici, sömüren, yabancılaşmış, yakınlıktan korkan, kendini aşağılayan, hor gören ya da bir insanın diğerleriyle ilişkisinde olabileceği çok sayıdaki diğer bozuk yollardan birini kullanan bir yapıya sahipse terapistle ilişkisinde de bu şekilde davranacaktır. Terapi saati ve terapistin sahnesi sosyal bir dünya haline gelir. Hastanın geçmişini almaya, kişilerarası ilişkisinin tanımlarını sormaya gerek yoktur; er ya da geç bütün trajik davranışsal yapı terapi ofisinde hasta ve terapistin gözleri önüne serilecektir.

Hastanın kişilerarası davranışı terapistin ofisindeki sahnede özetlendiğinde, terapist çeşitli yollarla hastanın kendisini gözlemlemesine yardım eder. Hasta ve terapist ilişkisinde şimdi ve burada odağının iki ucu vardır: hasta ve terapist ilginç bir paradoksal kucaklaşmayla birbirine kenetlenirken yaşanan bir deneyim vardır, bu deneyim yapay, fakat oldukça kendisine özgüdür. Sonra terapist mümkün olduğunca zarif bir şekilde çerçeveyi öyle bir değiştirir ki, kendisi ve hasta oynadıkları dramanın gözlemcileri haline gelirler. Böylece, sürekli bir duygusal kabul ve bu kabulü yansıtma dizisi meydana gelir. Her iki adım da önemlidir. Yansıtma olmadan kabul sadece başka bir duygusal deneyim haline gelir ve duygusal deneyimler bir sonuca yol açmaksızın hayatımız boyunca gerçekleşirler. Diğer taraftan, duygu olmadan yansıtma boş bir zihinsel egzersiz haline gelir; bütün hastaların, yani doktor tarafından istemeden de olsa bir şeylere inandırılmış mumyaların, içgörü ve kendi halini çok düşünmekle çok sıkı fıkı oldukları için kendiliğinden bir harekette bulunmalarının mümkün olmadığını biliyoruz.

Kendini yansıtma halkası bir kez yerleştirildikten ve hasta kendi davranışını görebildikten sonra terapist, hastaya hareketinin hem kendi üzerinde hem de diğerleri üzerinde yarattığı sonuçların farkına varmasına yardımcı olur. Bu yapıldıktan sonra terapideki gerçek zorluk başlar: hasta er ya da geç kendi kendine sorar, "Bununla tatmin oluyor muyum? Bu şekilde devam etmeyi istiyor muyum?" Sonunda her terapi biçimindeki her yol bu karar noktasına açılır, hasta ve terapist burada değişiklik sürecinin enerji sağlayan özünün gelişini beklemelidir: Bu öz *İstenç*'tir. *İstenç*'in gelişimini çabuklaştırmak için ufak girişimlerde bulunuruz. Genellikle farklı şekilde davranmanın beklenen tehlikelerinin hayali olduklarını göstermeye çalışarak karşı-istenç güçleriyle savaşırız. Ancak, çabalarımız çoğunlukla verimsiz ve dolaylıdır; genellikle ritüelleri uygularız, saygıyla eğiliriz ya da *İstenç*'in bulunduğu geniş karanlıktan çıkmasını beklerken sadece dişlerimizi gıcırdatırız.

Tanımladığım terapötik yapının destekleyici bir kirişi daha vardır, onsuz bütün yapı çöker. Terapinin kutsal mekânında gerçekleşen değişikliğin genellenebilir olması gerekmektedir. Terapi elbise provasıdır; hasta terapiste karşı gerçekleştirdiği yeni davranış şeklini dış dünyaya, hayatında bir anlamı olan insanlara aktarabilmelidir. Eğer bu olmazsa hasta değişmemiş demektir, sadece bir hasta olarak nasıl cana yakın olunacağını öğrenmiştir ve sonsuz bir şekilde analizde olacaktır.

Burada tarif ettiğim akış şeması deney laboratuarının kötü kokusudur. Psikoterapi hiçbir zaman resmi ve mesafeli bir etkinliğe sahip olmamıştır; son derece insancıl bir deneyim olmalıdır – insani olmayan mekanik bir süreçten hayati bir şey çıkamaz. O kadar iyi bir şey de çıkmaz; gerçekte meydana çıktığı şekliyle terapi akış şemasının düşündürdüğünden daha az yapay, daha az basit ve daha doğaldır. Terapist her zaman ne yaptığını bilmez; bazen şaşkınlık, hatta bazen kargaşa ve saltanat vardır; aşamalar açık bir şekilde birbirinden ayrılmamıştır ve nadiren ardışıktır. Psikoterapi, hasta ve terapistin çökecek gibi duran, fazla dik olmayan helezonik merdivenleri birlikte tırmandığı bir sikloterapidir.

Kişilerarası psikoterapinin bu temel ilkelerini gözden geçirdikten sonra Ginny'nin kişilerarası patolojisiyle ilgili ilk izlenimlerimi ve ona nasıl yardım etmeyi umduğumu anlatmak uygun olacaktır. Ginny'nin temel kişilerarası tutumu kendini yok etmeye yönelikti.

Diğer insanlara yaklaşmanın birçok yolu vardır: bazı insanlar hükmetmek ister, bazıları saygı bekler, diğerleri ise özgürlük ve kaçış peşindedir. Ginny diğerlerinden tek bir şey istiyordu – sevgi ve ne pahasına olursa olsun.

Ginny'nin temel kişilerarası ilişkiler tutumunun, içsel hayatı ve dışa yönelik davranışı için dallanıp budaklanan sonuçları vardı. İçinde neyi geliştireceğini, neyi bastıracağını, neden korktuğunu, neden hoşlandığını, neyin içini gururla ve neyin utançla doldurduğunu belirliyordu. Kendi değerlendirmesine göre kendisini daha çok sevilir hale getiren özelliklerini geliştiriyordu. Bu yüzden kendisinin çekici ve özverili yanlarını, eğlendirici nüktedanlığını, cömertliğini beslemişti. Bu idealize ettiği iyilik imajına ters düşen özelliklerini bastırmıştı: kendi haklarını çok az kabul ediyor, hiç saygı göstermiyordu – bunlar, kendini yok etme çabalarına kurban edilmişti; öfke, açgözlülük, kendi haklarını savunma, bağımsızlık ve kişisel arzuları sevgi rejiminin sabotajcıları gibi görüyordu – hepsi zihnin en uzak bölgelerine sürgün edilmişti. Sadece düşünmeden, birdenbire ortaya çıkan kıvılcımlar ya da fantaziler ya da rüyalarda iyi bir şekilde gizlenmiş olarak ortaya çıkıyorlardı.

Her şeyden çok sevgiyi kaybetmek ve diğerlerini sinirlendirmek korkusuyla yaşıyordu: Karl'ın sevgisini kaybetme tehdidine panikle karşılık veriyordu, biyolojik olarak hayatta kalması için gerekli olan bireylerin bakımından mahrum bırakılan küçük bir çocuğun paniğinden farklı değildi bu. Üstelik, bir daha hiç sevilemezdi. Daha iyi, daha kişiliksiz, daha memnuniyet verici olmak için kendini zorlamayı bırakamıyordu. Kişisel zevk almasına izin vermiyordu; iyi yazsa ya da seksten hoşlansa ya da sadece keyifli bir iyilik haline ulaşsa, öteki, kendine azap veren benliği uygun bir rakip şeklinde müdahalede bulunuyordu: boş şeyler yazdığı ya da kısa şeyler yazdığı için suçluluk duygusu (ve takip eden felç hali); yaklaşan orgazmı bastırmak için alaycılık ya da utanç duygusu; rahat oluşunu zehirlemek için miskinliğin hücumu.

Ginny'nin kişilerarası patolojisini anlamak zor değildi; onunla ilk çalışmaya başladığımda bu kalıpların ve gelişimine yaptıkları etkilerin farkındaydım. Terapinin başında gözlemlerimi ona iletmek istedim. İki şey söylemek istedim: (1) Delice sevgi arayışın mantıksız; bugüne aktarılan çok eski bir davranış ve şu anki yetişkin hayatına uymuyor. Erken bebeklik devresinde uygun olduğu kesin olan sevginin geri çekilmesi tehdidine karşı duyduğun panik de benzeri şekilde mantıksız; boğucu şefkat olmaksızın hayatta kalabilirsin. (2) İsteğin sadece mantıksız değil, trajik derecede kendini yok etmeye yönelik bir istek. Çocuksu bir korku ve kendini küçümseme yoluyla yetişkin hayatını güvence altına alamazsın. Kızlarının koca bulabilmelerini sağlamak için Çinli anababalar çok erken çocukluk döneminde ayaklarını bağlayarak çocuklarını kötürüm bırakıyorlar. Sen kendine çok daha büyük bir şiddet uyguluyorsun. Olabileceğin kişiyi boğuyorsun, kendini erkenden mezara mahkum ediyorsun. Gündelik küçük hataların, başarısızlıkların yüzünden acı çekiyorsun, fakat hepsinin altında çok daha büyük bir acı yatıyor, çünkü kendine ne yaptığını biliyorsun.

Ama cümleler bu şeyleri anlatamazdı. Bunları terapi kapsamı içinde birçok kez ve birçok şekilde söylemem gerekiyordu.

Ginny'ye çok yakınlaşmayı planladım, bütün o eski, mantıksız ihtiyaçlarını benimle olan ilişkisinde hissetmesi gerekiyordu: çaresizlik duygusu ve benim desteğime olan ihtiyacı, sevgimi çekeceğim korkusu, sadece özveri ve kendini kurban etme yoluyla beni yanında tutacağı inancı, yetişkin adımları attığı takdirde onu terk edeceğimi düşünmesi. Ginny'nin sadece benimle ilişki kurma kalıplarını değil, bu kalıpların sınırlılıklarını ve tehlikeli yapılarını da anlamasını sağlamak için aralıklı olarak yaşantımızdan geriye doğru bir adım atmayı umuyordum.

İlişki güçlü ve kendini yansıtır hale gelince benimle daha zengin, daha yetişkin tarzı bir ilişki kurabileceğini göstermeyi ümit ediyordum. Aslında, Ginny'nin ihtiyaçlar hiyerarşisinden gittikçe hoşnutsuz hale gelmeye başlamasını ve bunu sadece değişmeyi istemek için özlem dolu bir yol olarak değil,.gerçek bir olasılık olarak düşünmesini istiyordum. Birçok taktik öngörebiliyordum, ama benim temel stratejim onun isteğini söndüren bu güçlere mümkün olan her yolla karşı çıkmak olacaktı. Örneğin, Ginny isteğinin ortaya çıkmasına nadiren izin veriyordu, çünkü, bunun korkunç bir öfke olmasından, kontrolü kaybetmesi, misilleme ve reddetmeyle sonuçlanmasından korkuyordu. Her tür kendine güven ifadesini destekleyici ve cesaretlendirici şekilde davranarak ona korkularının gerçekdışı yapısını göstermeyi ve istek yoluyla dileklerinin çoğunu yavaş yavaş harekete geçirmesine yardım etmeyi umuyordum.

Raporları yazıp sonra değiş tokuş etmek birçok nedenle çekici geldi bana. Birincisi ve en basiti Ginny'yi yazmaya zorlayacaktı. Aylardır tutulmuş durumdaydı. Tehlikeli bir alanda olduğumu ve Ginny'nin, yani yazdığı zaman kendini gerçekleştiren kişinin yanında kalmak için çok dikkatli bir şekilde yürümem gerektiğini biliyordum. Ginny'yi harika ve imrenilen bir yeteneği barındıran vazgeçilmez, fakat atıl bir kutu olarak görüp değer vermekten kaçınmak zorundaydım.

Terapi biçiminin başka, anlatılması zor yan etkileri de vardı. En önemlisi hemen şu anda odağındaki kendini yansıtan halkayı güçlendirmesiydi. Ginny ile aramda duygu eksikliği yoktu; aslında, kendimi sık sık bizi kuşatan duygu girdabından kurtarmaya çalışıyordum.

Raporları yazmak ve okumak Ginny'ye (ve bana) perspektif kazandırıyor, olayın dışına çıkıp benimle olan davranışını gözleyip anlamaya çalışmasını sağlıyordu.

Notlar ayrıca ikimiz için de kendini açmak adına bir egzersiz niteliği taşıyordu. Ginny'nin kendi yalnızlığının verdiği huzur içinde bastırılmış yönlerine ses verebilirdi. Notlarda, seanslar sırasında kişisel gururum ve mesleki sınırlamamın izin verdiğinden daha çok açmayı planlıyordum kendimi. Özellikle zaaflarımı, şüphelerimi, şaşkınlığımı ve cesaretsizliğimi değerlendirerek bana karşı duyduğu aşırı takdir duygusunu yeniden ayarlayabilirdi. Bana çocuksu bir hayranlık bakışıyla bakması kendimi çaresiz ve yalnız hissetmeme neden oluyordu. Bunu bilmesini istiyordum. İçinde bulunduğu çukurdan yukarı tırmanıp çıkmasını, bana bakmasını, dokunmasını, benimle yüz yüze konuşmasını istiyordum. Eğer bunu yapabilirse ve ben de onun gizli taraflarını kabul ettiğimi, hatta hoş karşıladığımı gösterebilirsem o zaman büyümesine yardımcı olabileceğime inanıyordum.

Ginny'nin ve benim yazdığım raporları okumak benim için zenginleştirici bir deneyimdi; çok az terapist bütün terapi gidişini böylesi ince ayrıntıyla işlenmiş ikili bakış açısıyla görme fırsatı bulmuştur. Birçok şey beni çok şaşırttı. Ginny ve benim aramdaki belirgin bakış açısı farklarıyla başlayayım. Genellikle o seansın bir bölümünü, ben başka bir bölümünü takdir ediyorum. Yorumları çok daha fazla kararlılık ve gururla yerine yerleştiriyorum. Bana ayak uydurmak ve hareketimizi daha önemli alanlara hızla geçirmek için yorumu "kabul ediyor." Diğer taraftan, "çalışma alanlarına" girmemizi sağlamak için, tavsiye, öneri, öğüt ya da ihtar için sessiz ricalarını karşılayarak ben ona ayak uyduruyorum. Dikkatli açıklamalarıma değer veriyorum; ustaca tek bir dokunuşla birbirinden tamamen farklı, görünüşte ilgisiz olan çok sayıda olgudan anlam çıkarıyorum. Çabalarımı nadiren fark ediyor ve değerlendiriyor ve onun yerine basit, insanca hareketlerimden daha çok faydalanıyor gibi görünüyor: Taşlamalarına gülüyorum, elbiselerini fark ediyorum, ona çekici olduğunu söylüyorum, rol yaptığımızda ona takılıyorum.

Rosencrantz ve Guildenstern benzetmesi benim için önemliydi. Terapistin çok sayıda, çeşitli, eşzamanlı dramalarda kahraman *olması* onun korkunç sırrıdır. Üstelik, kendini tamamen açarmış gibi takındığı bütün tavırlara rağmen bu tam olarak paylaşılamayan bir sırdır. Psikoterapideki bazı paradoksları büyük bir canlılıkla ispat etmektedir. İlişkimiz derin ve otantik bir ilişki, ama antiseptik gibi sarılıp sarmalanmış: belirlenen elli dakikalık süre için buluşuyoruz, kliniğin ofisinden bilgisayarla yazılmış notlar alıyor. Aynı oda, aynı koltuklar, aynı pozisyon. Birbirimiz için çok şey ifade ediyoruz, ama biz elbise provasındaki insanlarız. Birbirimizle derinden ilgiliyiz, ama seans sona erdiğinde yok oluyoruz, "işimiz" bittiğinde bir daha hiç görüşmeyeceğiz.

Ginny'ye, aramızdaki eşitlik için çok çabaladığımızı, ama notların önemli ayrılıklarımızı açığa çıkardığını ifade ediyorum. Ben üçüncü şahsa, "Ginny"ye yazıyorum, o ise ikinci şahsa "siz"e yazıyor. Notların en güvenli gizliliğinde bile, Ginny'nin bana neyi açıklamasını beklediğimi açıklamıyorum. Beni ziyaretleri genellikle haftanın ortasında oluyor; belirli bir günde gördüğüm birkaç hastadan biri. Gennellikle varlığımın büyük bir bölümünü veriyorum ona, ama bazen diğer hastalarımla oynanan önceki dramaların perdelerini tamamen kapatamıyorum. Beni kendisine götürmesini, onun için her şeyi ifade etmeme izin vermesini istiyorum, ama seansın büyük bir kısmında onu zihnimin bir bölümünde tutuyorum. Aksi nasıl olabilir ki? Her seferinde herkese her şeyi vermek, kendin için bir şey kalmaması demektir.

Raporların çok sayıda ve çeşitlilikte teknik içerdiği gerçeğine rağmen, Ginny'yle yaptığım terapinin teknik yönelimli olduğunu düşünmüyorum. Daha çok, belirli tekniklerin genişletilip, sunduğum kavramsal çerçeveye hizmet etmesi amacıyla uygulanması söz konusuydu. İnceden inceye incelemekten çekinmeme rağmen bazı teknikleri gözden geçirerek ve kullanımlarının ardındaki mantığı tartışarak göstermeye çalışacağım.

Uyguladığım en önemli teknikler üç kategoriye ayrılıyor: (a) yorumlayıcı, (b) varoluşçu (c) harekete geçirici (bununla öğüt, tavsiye, itiraf ve affetme, çift terapisinde rol yapma, davranış değiştirme ve güvenlilik eğitimini kastediyorum).

Yorumlama bir aydınlatma tarzıdır. Davranışlarımızın çoğu farkında olmadığımız güçler tarafından kontrol edilir. Akıl hastalığının tanımı olarak, bilinçdışı güçler tarafından idare edildiğimiz dereceye kadar akıl hastası olduğumuz söylenebilir. Psikoterapi, Ginny'yle uyguladığım şekliyle, karanlığı aydınlatmak için –zekânın ışığıyla psikolojik bölgeyi bilinçdışından geri istemek için– çabalıyordu. Yorumlayıcı süreç, Ginny'nin hayatının aktif kontrolünü kazanmasını sağlamaya yardım etme çabasının bir aşamasıydı.

Ne tür yorumlarda bulundum? Ne tür "içgörü" ümit ediyordum? Yorumların, içgörünün ve bilinçdışının yalnızca uzak geçmişe atıfta bulunduğu varsayılır çoğunlukla. Gerçekten, Freud, hayatının sonuna kadar bu başarılı terapiyi, zihinsel aygıtı şekillendiren ve şu anda bilinçdışında kalan erken hayat olaylarının tamamen yeniden yapılandırmasına dayalı tutmuştur. Fakat, Ginny'yle çalışmamda geçmişi kazmaya çalışmadım; tam tersine sürekli olarak bundan kaçındım ve geçmişe bakmaya çalıştığında Ginny'yi "direnç göstermekle" suçladım.

Ginny'nin bilinçaltını keşfetmesine yardım etmeyi diledim ve geçmişini öğrenmeyi istemedim. Burada bir çelişki mi var? Bu tutumumu en iyi şekilde, bilinçdışını iki koordinatı olan bir soyutlama olarak düşünmenizi isteyerek açıklayabilirim: bir dikey, zaman sınırlı koordinat ve bir yatay, tarihsel olmayan çapraz koordinat. Dikey zaman sınırlı koordinat geçmişe ve geleceğe doğru uzanır. Zaman sınırlı tarihsel, gelişimsel koordinat tanıdık bir kavramdır. Uzun süre önce unutulan ya da bastırılan uzak geçmişteki olayların kişilik yapımızı şekillendirdiği ve davranışlarımızın çoğunu kontrol ettiği görüşüne çok az insan karşı çıkacaktır. O kadar belirgin olmayan şey ise "henüz olmamışla" –geleceğe yönelik yansıtmalarımızla da kontrol edildiğimizdir. Kendimiz için koyduğumuz hedefler, diğerlerinin bize karşı davranmasını istediğimiz tarz, ölümün hayat üzerindeki perspektif görüntüsü, hatırlanma özlemi, ölümsüzlük ihtiyacımızla kabul edilen bütün farklı ve sembolik şekiller – hepsi farkındalığın dışında olabilir ve hepsi içsel hayatımızı ve dışarıya yönelik davranışlarımızı derinden etkileyebilir. Geçmişin determinist itişleriyle itildiğimiz kadar geleceğin mıknatısıyla da çekiliriz.

Fakat benim yorumlayıcı çabalarımın özel hedefi bilinçdışının yatay, tarihsel olmayan koordinatıydı. Zaman içinde herhangi bir anda hareketlerimizi ve duygularımızı etkileyen farkındalılığımızın dışında çalışan güç katmanları bulunmaktadır. Örneğin, Ginny, idealize ettiği imajının, kendisinin hangi yönlerine değer vermesi ve hangi yönlerini bastırması gerektiğini belirleyen gurur sisteminin, mantıksız sevgi ihtiyacının ve kendi haklarını savunmanın kötü ya da tehlikeli olduğu inancının yaptırımlarından etkileniyordu. Elbette ki, bu bilinçdışı tarihsel olmayan güçlerin geçmiş deneyimlerle şekillendiğini söylemek mümkündür. Ama önemli olan bu değil; zaman sınırlı nedensellik terapötik uğraşıda gerekli olmayan bir çerçevedir. Arkeolojik kazı, kaynağın, ilk nedenin araştırılması – ilginç konulardır, ama terapötik süreçle aynı anlama gelmemektedirler. Ancak ikisi de ilgisiz değildir. Zihinsel takip çoğunlukla terapistin ilgisini ve coşkusunu sürdürmeye hizmet eder; değişikliğin en büyük kışkırtıcısının –terapötik ilişkinin– harekete geçmesi için hasta ile terapisti yeterince uzun bir süre için birbirine bağlayan terapötik bir bağ oluşturmak amacıyla hastanın bağımlılığıyla birleşir. Kazı yapmayı ben de seviyorum, ama, eğer yapabilirsem merakımı askıya almaya ve şu anda Ginny'nin düşünce, duygu ve davranışlarını şekillendiren çok katmanlı güçlere, bilinç ve bilinçdışına odaklanmaya çalışıyorum.

Yoruma yönelik çalışmalarımın çoğu "aktarım" etrafında dolaşıyor – Ginny'nin benimle olan gerçekdışı ilişkisi. Kendi haklarını savunmadaki isteksizliği ya da öfkesini ifade etmedeki yetersizliğini tartışmak yerine, benimle ilişkilerinde ortaya çıktığı şekilde incelemeye çalıştım bu güçlükleri. Bu yüzden, can sıkıcı bir şekilde Ginny'nin bana karşı olan duygularını ifade etmesini istedim sürekli olarak. İlk görevim Ginny'nin duygularının farkına varması ve daha sonra da bunları ifade etmesine yardımcı olmaktı. Başlangıçta dolaylı kanıtlara güvenmek ve sonra duygularından sonuç çıkarmak zorundaydım. Bana karşı olan her türlü güçlü duygusunu inkâr ediyor, ama seanstan bir gece önce düzenli şekilde uykusuz kalıyor ya da paniğe kapılıyor. Seanstan hemen önce ya da hemen sonra migren ağrısı oluyor ya da ofisime gelirken yolda kusuyor. Seans iptal ettiğimde hiç tepki vermiyor, ama bir sonraki seansı ya kaçırıyor ya da geç kalıyor veya düşüncesizliğim yüzünden beni cezalandırmak için (suçluluk duygusuyla) hemen depresyona giriyor. Sıklıkla bana ulaştığı en zengin damar fantazileri oluyor: Karl onu terk ediyor, ben onu ormandaki bir kulübeye götürüyorum, onunla ilgileniyorum, doyuruyorum, cinsel oyunlar için asistanımı ona gönderiyordum. Genellikle reddetse de bunlar onun fantazileri ve bu yüzden onun arzularıydı; elimden gelen her şekilde izlemeye çalıştım bu fantazileri. Bana karşı olan davranışları konusunda onunla sürekli olarak yüzleştim ve risk almaya cesaretlendirdim. Neden benim fikirlerime karşı çıkamıyordu? Bana soru soracak mıydı? Benim için mi güzel giyinmişti? Bana karşı olan hayal kırıklığını ifade edebilir miydi? Bana kızabilir miydi? Benimle ilgilendiğini söyleyebilir miydi? Daha sonra, birincil teknik olarak davranış değişikliğinin değerinden söz edeceğim, burada davranışı, yorumlayıcı yaklaşıma hizmet amacıyla kullandım. Korktuğu şeyleri yapmaya cesaretlendirerek itiraz eden, korkutucu bilinçdışı güçlerin farkına varmasını umuyordum.

Bu yüzden yorumlar yaptım – bunları yaparken başlangıçta görmezlikten geldiği duygularını geri getirmesine yardımcı olmak, sonra davranışları için düzenli global kalıplar önermek, daha sonra da bu kalıplara emir veren bilinçdışı varsayımları anlamasına yardım etmek amacındaydım.

Fakat içgörü, hatta mükemmel aydınlanma bile yeterli değildir. Değişiklik isteği gerektirir. Daha önce istencin anlaşılması zor yapısını tanımlamış ve bütün tekniklerin öyle ya da böyle istenci uyandırmayı ve güçlendirmeyi amaçladığını öne sürmüştüm – bu istenç değişmek, büyümek ve en önemlisi de, özellikle Ginny için, istenç istenciydi. Yoruma yönelik teknikler çoğu kez istencin canlandırılmasında atılan ilk adımlardır. İlk olarak bireyin hayatın içinde sürüklenmesine neden olan akıntının farkına varmasına yardım ederiz. Hareketsiz bir nesnenin –bir ağaç, ev, silo, terapist– yolculuk eden hastanın hareket halinde olduğunu ve bunun kendi iradesiyle olmadığını anlamasına yardım etmesi gerekir. Akıntının varlığı kabul edildikten sonra, seans boyunca, hastaya akıntının gücü ve yapısını ölçmesine yardım edilir. Ve böylece isteğin yokluğunun ve onun yerini alan güçlerin farkına varır. Bilgi, hakimiyete giden ilk adımları sağlar.

Varoluşçu ve harekete geçirici teknikler isteğin gelişimi ve olgunlaşmasında daha öte adımları sağlar: varoluşçu teknikler filizlenme sürecini teşvik ederken, harekete geçirici teknikler yüzeye çıkan filizi yukarı doğru yöneltirler. Önce "varoluşçu" tekniklere göz atalım. Bu terimi tırnak içinde veriyor ve korkuyla kullanıyorum, çünkü artık belirsiz hale geldi ve çok genelleşti. Akademik cüppe ya da yargıç tokmağı gibi asalet katması için her olaya taşınıyor. Bu yüzden mümkün olduğunca kesin olmaya çalışacağım. "Varoluşçu" derken yaşam yanlısı olan, determenist ve indirgemeci olmayan, varlığın "hediyelerine," olumsallığa, hayatın anlamı ve amacına, isteğe, karar ve seçime, bağlılığa, tutumlar ve hayat perspektifindeki değişikliğe odaklanan bir yaklaşımdan söz ediyorum. Standart varoluşçu teknikler dizisi yoktur; tam tersine yaklaşım tanım itibarıyla teknik olmayan yönelimlidir. Bu tartışmanın amacına uygun olarak, Ginny'nin başını bu tür konulara doğru çevirmek için kullandığım her yöntemi "varoluşçu teknik" olarak kabul ediyorum.

Bu yaklaşım ve "istenç"in gelişimi arasındaki ilişki nedir? Herkesin kabul ettiği üzere belirli ve sistematik değil. Yoruma yönelik çabalarımla Ginny'nin isteğinin önündeki engelleri kaldırmaya, karşı istencinin işbirlikçilerini zayıflatmaya çalıştım. Bu çabaları düzenli, yöntemli bir tarzda tanımlayamam. Toprağı gübrelediğimi ve istencin doğumunun *ebesinin* ben olduğumu söylemek zorundayım.

Ginny'nin doğmamış istencinin rahim içindeki tekmelerini fark etmesini sağlamak için çok çeşitli yöntemler kullandım. Geleceğinde söz ve seçim hakkı olduğunu tekrar tekrar söyledim; kendisinden sorumluydu. Diğerlerine kendisini tanımlama hakkı veriyordu, fakat bu hareket bile seçime bağlıydı; inandığı kadar çaresiz değildi. Hayat görüşüne birçok şekilde meydan okudum. İçinde bulunduğu mevcut zor durumuna farklı bir görüş açısından, uzun hayat çilesi perspektifinden, bakamaz mıydı? Özdeki Ginny neydi ve yüzeydeki neydi – esaslı olmayan, gelip geçici bir şey, hayatının sonunda anlamsız nokta olacak bir şey? Gelecek neydi? Sadece konuşmaya, harekete geçmeye cesaret edemediği için on yıl sonra hâlâ sevgisiz, verimsiz bir ilişki içinde olmayı mı istiyordu? Ya ölüme ne diyordu? Öleceğini bilmek kendisini hayattaki temelde önemsiz olan olayların cezirinden kurtarmasına yardımcı olamıyor muydu? Onu azarladım ya da şok etmeye çalıştım. "Mezar taşına ne yazılmasını istersin? 'Bay Flood'ın İngilizce dersinde çakan Ginny burada yatıyor,' mu yazılsın? Hayatının anlamı bu mu? Değilse çık bundan, bir şeyler yap." ... "Günlük olaylar, enerjini tüketiyor, bütün hayatının perspektifini kaybettiğinde istencini gömüyor, ama yalnızca sen bu olayların senin varlığının merkezi olduğunu düşündüğünde gerçekleşiyor bunlar." ... "Kendi kaynaklarınla yeneceksin bunları: eğer yalnızca dinler ve kendi içinin derinliklerine bakarsan, bu olayların ve senin onlara karşı tepkilerinin senin hizmetinde olduklarını göreceksin – dünyayı, olayı, tepkiyi sen oluşturuyorsun, hepsi varlıkları için sana bağlı." ... "Sen yaratmadan hiçbir şey oluşmaz, hiçbir şey meydana gelmez. Bir olay ya da kişi seni nasıl kontrol edebilir ki?" ... "Onları sen meydana getiriyor, onlara kendinden fazla güç yüklüyorsun ve bu gücü onlardan alabilirsin, çünkü sana ait. Her şey senin istencinden doğuyor."

Bazen kendimi Ginny'nin teneke çatısına yağan yağmur gibi hissediyorum. Bir kerede her yönden su fışkırtmayı istiyorum ona. Onu sırılsıklam etmek istiyorum. Ama sadece içinde Ginny'nin benim bütün arzularıma uyacağı nöral bir anastomoz oluşturmamak için kendimi durdurmak zorundayım. Psikoterapötik Açmaz: Önerdiğim şeyi yap, ama kendin için yap!

"Yoruma yönelik" ve "varoluşçu" tekniklerin yanı sıra Ginny'ye uyguladığım terapinin önemli üçüncü bir yüzü daha vardı. Ben buna "harekete geçirme" diyorum, ama başka isimler de verilebilir: davranış değiştirme, davranışsal manipülasyon, duyarsızlaştırma, şartlanmayı giderme, vs. İşimin bu kısmını tarif etmek hoşuma gitmiyor, bundan çok az gurur duyuyorum, Ginny ve beni küçültüyor. Ginny değerini kaybediyor, bir nesne haline geliyor, davranışını değiştirmem gereken bir nesne. Ama Ginny'de oluşan her türlü değişikliğin kesinlikle bu teknikler yoluyla gerçekleştiğini iddia edecekler vardır. Ve bir araya toplayacakları iddialar zorlayıcı olacaktır.

Bu yüzden bu işi halletmeliyiz. Davranış terapisi, öğrenme teorisini temel alan bir yaklaşımdır. İçgüdüyü temel alan psikanalizden bile daha mekaniktir; içgörüye, kendini tanımaya, bilince, anlama – kısaçası insanlığımızın özünü oluşturan çoğu şeye aldırmaz. İnsanı kişiliksizleştirmek için açık bir komplo değildir; bunun nedeni, sadece, bir davranışçının iddia edeceği şekliyle açıklarsak, bu süreçlerin değişiklikle bir ilgisi yoktur. Canlıların daha aşağıdaki türlerinde olduğu gibi insanlarda da belirli açık ve ölçülebilir süreçlere göre öğrenme gerçekleşebilir – bu öğrenme, edimsel şartlama (belirli davranışların ödüllendirilmesi, iptali ya da cezalandırılması); model alma (değer verilen bazı kişilerin taklit edilmesi); klasik şartlama ilkeleriyle (eleştirel bir uyarıcı ve ilgisiz birisine zamansal ve mekânsal yaklaşma); dünyasal ve pasif ve kabul edici tutumun tersine aktif deneme ve hata yapma tutumu yoluyla gerçekleşir. Psikopatoloji, uyumsuz ve katı olan bir davranışın öğrenilmesidir. Eski davranışların değiştirilip yerine yenilerinin öğrenilmesi süreci olan psikoterapi, öğrenme teorisinin katı ilkelerine göre ilerler.

Açıklayabilmek için bu tekniklerin uygulamasına kısaca bir göz atalım. Bir hastanın sınırları belli, tek bir problemi olduğunu düşünün: yılanlardan mantıksız bir şekilde korkmak gibi. Ve bahçıvan olduğu için bu semptomun engelleyici olduğunu ve terapi motivasyonunun yüksek olduğunu da düşünün. Davranışçı terapist, hastayı yavaş yavaş çok az anksiyete yaşayacağı bir ortamda korktuğu uyaranla karşı karşıya getirecektir. Derin kas rahatlatması güçlü anksiyetenin oluşumunu engellemektedir. Bu yüzden, sıklıkla hipnozla oluşturulan derin bir kas rahatlığı içindeyken hastadan bir yılan resmine baktığını hayal etmesi, sonra yüz metre ötede bir yılan gördüğünü düşünmesi, sonra biraz daha yakında hayal etmesi, sonra bir yılan resmine bakması ve birkaç saat sonra da son olarak bir yılana bakması ve belki de dokunması istenir. İlke basittir: daha önce tehlikeli olduğu düşünülen bir uyarana son derece güvenli şartlar altında maruz kalmak korku tepkisine engel olmaktadır. Eğer defalarca tekrarlanırsa uyaran –korku dizisi kaybolur ve yeni öğrenilen şey terapistin laboratuarının ya da ofisinin dışına, ev ortamına taşınır. Model alma da teşvik edilir; örneğin terapist hastanın yanında büyümüş otların içinde yürüyebilir ya da bir yılanı elleyebilir.

Temel bir örnek kullanarak işlemi çok basitleştirdim, ama amacımız için bu yeterli. Şimdi öğrenme teorisi tekniklerinin Ginny'yle çalışmama nasıl dahil olduğunu düşünelim. Kendini ifade etme konusunda mantıksız bir korkusu (ya da fobisi) vardı. Eğer haklarını savunursa ya da öfkesini ifade ederse veya sadece bir fikre karşı çıkarsa korkunç bir şey olacakmış gibi davranıyordu.

Bizim test laboratuarımız ilişkimizdi; korku tepkisini yok edecek güven, karşılıklı saygı ve yargısız bir kabulü içeren bir çevre oluşturmaya çalıştım. Sonra Ginny'yi korktuğu uyarana maruz bıraktım, bunun için Ginny'yi ağır adımlarla kendi haklarını bana karşı savunmaya teşvik ettim. Bu teşvikin şekli, her türlü yumuşak söz kullanma, rehberlik ve ikna etmeden, model oluşturma, talep etme ve ültimatom vermeye kadar değişiyordu. Bazen şakacı, neşeli amcayı, bazen ısrarcı Sokratik bir yapışkanı, bazen katı, talepkâr bir diktatörü, bazen de boks ringinde Ginny'yi destekleyen yardımcıyı oynuyordum. Yüzeye çıkmasını, bana soru sormasını, zamanında çalışmaya başlamamı istemesini, ona daha uygun bir saat talep etmesini, bana karşı çıkmasını, bana kızmasını, bana karşı duyduğu hayal kırıklığını söylemesini istiyordum. Söylemediği şeyleri ben söylüyordum: "Senin yerinde olsaydım ... hissederdim." Haklarını savunduğu zaman, ki bu çok yavaş ve zayıf bir şekilde oluyordu, bunu iyi karşılıyordum ("güçlendiriyordum"). Öğrenmenin aktarımı ya da genelleştirilmesi bir sonraki ödevdi. Karl'la küçük adımlar atmasını istiyordum. Onunla rol yaparken Karl'ı oynuyor, benzin parasından ev işlerine kadar uzanan konularda minik yüzleşme provaları yapıyorduk.

Bu güvenli hareketlerin her biri sadece benim kabulümle değil, fantazisini kurduğu korkunç olayların ortaya çıkmayışıyla da takviye ediliyordu. Şimdiye kadar olan bütün tehlikeli hareketler benim ofisimin güvenliği içinde yapılmıştı. Daha sonra dışadönük büyük adım geldi: Karl'la olan görüşmelerimiz. Şüphesiz, potansiyel olarak tehlikeliydi, ama yine de benim varlığım olmadan yapılacak bir yüzleşmeden daha az tehlikeliydi.

Elbette ki, Ginny'yi kendini savunmaktan korkmaya karşı duyarsızlaştırmadan daha fazla davranışçı olan değiştirmeler de vardı. Ginny birçok şekilde "kendisi" olamıyordu. Yalnızca oyun oynarken seviliyor ya da kabul ediliyordu, üzüntüsünü, ayrılma korkusunu, derin boşluk duygusunu, aşkını dile getiremiyordu. Bana her şeyi göstermesini istedim. Beni dene, dedim, seninle kalacağım, seni dinleyeceğim, seni bir bütün olarak kabul edeceğim.

Bu şekilde görülen terapi, dikkatle hazırlanmış bir elbise provası, görevi kendisini gereksiz göstermek, kendisini yok etmek olan işti. Ama şüphesiz daha fazlası vardı. Kaderini kabul etmeyi reddediyordu. Çerçeve çözülmüştü, aktörler rollerinde varolmaya başlamışlardı, yönetmen davranış mühendisi olarak kalmayı reddediyordu.

* * *

Ginny'ye uyguladığım terapinin arkasındaki teori, teknikler ve mantık konusunda bu kadar söz yeter. Bu işi mümkün olduğunca geciktirdim. Ya terapist, ben, dramadaki diğer aktör ne durumdaydı? Ofisimde ünvanımın, yorumlarımın, Freudyen sakalımın, delici bakışlarımın ve yardımsever duruşumun arkasına saklanıyorum; bu kitapta açıklamalarımın, kavramlarımın, rapor verme ve edebi çabalarımın ardına saklanıyorum. Ama bu kez çok ileri gittim. Eğer inziva bölgemden zarafetle çıkmazsam analitik-meslektaş eleştirmenlerimin çıkaracağı kesin.

Konu tabii ki karşıaktarım. Birlikte geçen hayatımız sırasında Ginny bana mantıksız bir şekilde bağlıydı, beni gerçekdışı bir şekilde değerlendirmesine dayanıyordu bu bağ. Peki ama ya benim onunla ilişkim? Benim kendi bilinçdışı veya çok az bilinçli ihtiyaçlarım Ginny'yi ve benim ona karşı olan davranışımı algılayışımı ne dereceye kadar belirliyordu?

Onun hasta ve benim de terapist olduğum tam olarak doğru değildi. Bunu ilk olarak Londra'da geçirdiğim izin yılında fark ettim. Zamanımla ilgili bir talep yoktu ve yalnızca grup terapiyle ilgili kitabım üzerinde çalışmak istiyordum. Görünüşe göre bu yeterli değildi; gittikçe depresif ve huzursuz bir hal alıyordum. Sonunda iki hastanın tedavisini üstlendim – bunu onlarınkinden çok kendi iyiliğim için yapıyordum. Kim hasta kim terapistti? Ben onlardan daha problemliydim ve sanırım birlikte çalışmamız sırasında ben onlardan daha çok fayda gördüm.

Onbeş yıldan uzun bir süredir şifa veriyorum; terapi benlik imajımın özü haline geldi; bana anlam, meşguliyet, gurur, ustalık sağlıyor. Böylece, Ginny ona yardım etmeme izin vererek bana yardım etti. Ama ben de ona çok yardım etmiş olmalıyım, hem de çok. Ben Pygmalion'dum, o da benim Galatea'm. Onu değiştirmek, başkalarının başarısız olduğu yerde başarılı olmak ve şaşırtıcı derecede kısa sürede başarılı olmak zorundaydım. (Bu kitap uzun gibi görünse de altmış saatlik terapi oldukça kısa bir terapi süresidir.) Mucize işçi. Evet, buna sahip çıkıyorum ve bu ihtiyaç terapi içinde sessiz kalmadı: Onu insafsız bir şekilde zorladım, birkaç saatliğine bile olsa rahatladığında bile hayal kırıklığımı ifade ettim. "İyileş," diye bağırdım ona, "annen ya da Karl'ın iyiliği için değil, kendin için iyileş." Ama, çok yumuşak bir şekilde şunu da söyledim, "benim için iyileş, şifa vermeme, kurtarıcı olmama, mucize işçi olmama yardım et." Beni duydu mu? Ben kendimi zor duydum.

Terapinin benim için belirgin başka bir anlamı daha vardı. Ben Ginny olmuş ve kendimi tedavi etmiştim. O benim her zaman olmayı istediğim yazardı. Onun cümlelerini okurken aldığım zevk saf estetik takdiri aşıyordu. Kendimi meydana çıkarmak için onu meydana çıkarmaya çabalıyordum. Terapi sırasında kaç kez yirmibeş yıl önce lisedeki İngilizce sınıfıma, kompozisyonlarımı sınıfa okuyan yaşlı ve yıpranmış Bayan Davis'e, beni utandıran şiir defterlerime, hiç varolamayan Thomas Wolfe'umsu romanıma geri dönmüştüm. Beni kendi kendime hiç cesaret edemeyeceğim bir yola, bir kavşağa geri götürmüştü. Bu yoldan onunla geçmeye çalıştım. "Keşke Ginny daha derin olsaydı?" dedim kendi kendime. "Neden taşlama ve parodiyle tatmin olmak zorunda? Bu yetenekle ben neler yapardım!" Beni duyuyor muydu?

Şifa veren-hasta, kurtarıcı, Pygmalion, mucize işçi, henüz gerçekleşmemiş muhteşem yazar. Evet, bunların hepsi. Ve dahası da var. Ginny bana karşı güçlü olumlu aktarım geliştirdi. Zekâma, gücüme aşırı değer verdi. Bana aşık oldu. Bu aktarımla çalışmayı, "bunu aşmayı," terapötik anlamda faydalı bir yolla çözmeyi denedim. Ama kendime karşı da çalışmam gerekiyordu. Zeki ve kudretli görünmeyi istiyorum. Bu çekici kadının bana aşık olması önemli. Ve böylece ofisimdeki birçok koltukta oturan birçok hastaydık biz. İçimdeki parçalara karşı mücadele ettim, diğer parçalarla olan çatışmada Ginny'nin parçalarıyla ittifak kurmaya çalıştım. Kendimi sürekli olarak izlemek zorunda kaldım. Kendime kaç kere sessizce sordum, "Bu benim için miydi, yoksa Ginny için mi?" Sık sık kendimi Ginny'nin bana karşı olan aşkını kışkırtmaktan başka bir işe yaramayacak olan baştan çıkarmalarla meşgulken yakalıyorum. Kendi dikkatli gözlerimi kaç kere kaçırdım?

Ginny için onun benim için olduğundan çok daha önemli hale geldim. Bu bütün hastalar için böyle, tersi nasıl olabilir ki? Bir hastanın yalnızca bir terapisti vardır, ama bir terapistin birçok hastası. Bu yüzden Ginny hafta içinde beni rüyasında gördü, benimle hayali sohbetler yaptı (tıpkı benim analistim yaşlı Olive Smith'le –Tanrı onun güçlü kalbini korusun– konuştuğum gibi) ya da onun yanı başında olup her hareketini izlediğimi hayal etti. Ama dahası var. Doğru, Ginny benim fantazi hayatıma nadiren girdi. Seanslar arasında onu düşünmedim, onu hiç rüyamda görmedim, ama onunla derinden ilgilendim. Sanırım duygularımın tamamen farkında olma izni vermedim kendime, bu yüzden kendimle ilgili bu şeyleri garip bir şekilde anlamış olmalıyım. Birçok ipucu vardı: Karl'a karşı kıskançlığım; Ginny seans kaçırdığında duyduğum hayal kırıklığı; birlikte olduğumuzda hissettiğim sıcak ve rahat duygular ("sıcak" ve "rahat" doğru sözcükler – tam olarak cinsel anlamlı değil, ama hiçbir şekilde hafif de değil). Bütün bunlar kendini gösteriyordu, bunları bekliyor ve tanıyordum; ama beklemediğim şey karım bu ilişkinin içine girdiğinde duygularımın patlamasıydı. Terapi sona erdikten sonra California'daki görüşmemizden daha önce söz etmiştim. Ginny gittiği zaman suratım asıktı, genel bir sinirlilik hali içindeydim ve karımın görüşmemiz hakkında konuşma davetini asık bir yüzle reddettim. Ginny ile yaptığım telefon konuşmaları genelde kısa ve kusursuz bir şekilde profesyonel olmasına rağmen karımın odadaki varlığından sürekli olarak rahatsız olmuştum. Karşıaktarımıma yardımcı olması için karımı ilişkimizin içine benim davet etmiş olmam bile olası. (Ama yine de emin değilim; karım genellikle çalışmalarımı düzeltmeme yardım eder.) Eğer birisi Ginny'yle yüceltilmiş bir ilişkinin tam ortasında bulunduğum sonucuna varırsa bütün bu tepkiler anlaşılır hale gelir.

Ginny'nin olumlu aktarımı terapiyi birçok yönden karmaşıklaştırdı. Daha önce Ginny'nin büyük oranda benimle olmak için terapide bulunduğunu söylemiştim. İyileşmesi bana veda etmesi demekti. "Böylece beni kaybetmeyecek kadar kötü, ama beni hayal kırıklığıyla uzaklaştırmayacak kadar da iyi kalarak bensizliğin büyük çorak ülkesinde belirsizlikle kalıyordu." Ya ben? Ginny'nin benden ayrılmasını önlemek için ne yaptım? Bu kitap Ginny'nin eski randevu defterimde adı yarı unutulmuş bir hasta ya da manyetik bir ses bandında kaybolmuş bir ses olarak kalmayacağını garanti altına aldı. Hem gerçek, hem de sembolik anlamda sona ermeyi yendik. İlişkimizin bu ortak çalışmayla mükemmel hale geldiğini söylemek çok fazla ileri gitmek mi olur?

O halde şifa veren-hasta, kurtarıcı, Pygmalion, doğmamış yazar listesine Lothario ve aşığı da ekleyelim, ama hâlâ göremediğim ya da görmediklerim de var. Karşıaktarım hep vardı, sanki Ginny'yi ardından görmeye çalıştığım bir peçe gibiydi bu. Bu peçeyi elimden geldiği kadarıyla çekiştirmeye, arasından bakmaya, işimize engel olmasına izin vermemeye çalıştım. Her zaman başarılı olmadığımı biliyorum, aynı şekilde mantıksız taraflarımı, ihtiyaçlarımı ve isteklerimi tamamen zaptetmenin de terapiyi ilerleteceğini de sanmıyorum. Karşıaktarım şaşırtıcı bir şekilde işimizin başarılı olmasını sağlayan enerji ve şefkati sağladı.

Terapi başarılı mıydı? Ginny önemli bir değişiklik yaşadı mı? Yoksa "aktarım iyileşmesi" mi görüyoruz, Ginny sadece nasıl farklı davranacağını, artık içselleştirdiği Dr. Yalom'u nasıl memnun ve teskin edeceğini mi öğrendi? Okuyucu bunu kendisi değerlendirmek zorunda kalacak. Ben çalışmamızla tatmin oldum ve Ginny'nin ilerleyişi konusunda iyimserim. Geriye kalan bazı çatışmalı alanlar var, ama ben bunlara ılımlı yaklaşıyorum; terapist olarak her şeyi benim yapmam gerektiği düşüncesinden uzun süre önce vazgeçtim. Önemli olan şu ki, Ginny artık çözüldü ve yeni deneyimlere karşı açık bir tavır takınabilir. Değişmeyi sürdürme yeteneğine inanıyorum ve bu görüşüm en objektif ölçümlerle destekleniyor.

Şu anda Karl'la olan ve her iki taraf için de yavaşlatıcı ilişkisi bitti; aktif bir şekilde yazıyor, ilk kez, sorumlu ve mücadeleci bir işte iyi bir şekilde çalışıyor (çocuk parkı işçisi ya da levha taşıyan trafik görevlisi arasında büyük fark var); sosyal bir halka oluşturdu ve yeni bir insanla daha tatmin edici bir ilişkiye girdi. Gece panikleri, ayrılmaya dair korkutucu rüyalar, migren, şaşkına çevirecek düzeydeki sıkılganlığı ve kendini küçümsemesi geçti.

Fakat bu gözlenebilir sonuçlar olmadan da tatmin olabilirdim. Bunu itiraf ederken ürküyorum, çünkü profesyonel kariyerimin büyük bir bölümünü psikoterapi sonuçlarının zahmetli, niceliksel incelemesine adadım. Kabul etmesi zor bir paradoks, reddetmek ise daha da zor. Psikoterapi "sanatının" benim için iki anlamı var: terapinin uygulanmasının, bilimsel ilkelerden çıkarılamayan sezgisel yetilerin kullanımını gerektirdiği "sanat" ve objektif analizi aşan kendi gerçeğini yerleştirdiği Keatsçı anlamında "sanat." Gerçek, Ginny ve benim yaşadığım güzelliktir. Birbirimizi tanıdık, birbirimize dokunduk ve kolayca elde edilemeyen mükemmel anları paylaştık.

1 Mart 1974

Ginny'nin Sonsözü

Karl ve ben sekiz aydır yeni bir eyalette birlikteyiz ve kişisel anlamda pek fazla bağlantımız yok. Dünyam gittikçe küçülüyor. Karl seyahatlere çıkıyor; meslektaşları var. Hayatını evin dışına çıkardı. Ara sıra benzer hassasiyetlerimiz, mizah duygumuz ve akşam yemekleri bizi yan yana getiriyor. Ama birlikte çok uzun zaman geçirdiğimizde bile cansız nesneler gibiyiz – otel lobisinde yan yana duran kanepe ve koltuk gibi. Karl'ın gününü anlatması ya da bana bir şey vermesi için sorgulanması gerekiyor. Hatta harika hatasını bile sakladı – gününün uzun hikâyeleri. Ve benim konuşmalarım hiçbir yerden çıkmak zorundaydı, çünkü gün içinde hiçbir yere gitmiyorum. Korkuyorum, Karl'ın kafamın içindeki klostrofobiyi ve gerginliği sezeceğinden eminim.

Gittikçe daralan sınırlarımı kabul ediyordum. Ama kendimi o kadar gereksiz hissediyordum ki –sanki hayatımın bir parçasını tekrar tekrar yaşıyorum– ötesine geçemiyordum. Erkeğimi zayıf bir biçimde de olsa seviyor, ama ilgisizliğimize feda ediyordum onu. Hâlâ bir işim yok, sadece serbest yazarlık var; disiplinim yalnızca mevsimsel (hava sıcak ve güzel olduğunda çocuksu bir varlığa dönüyordum). Günler çok çabuk eskidi ve sonra uzun ve korkunç olmaya başladı. Katılaşmış bir hayalci olarak minyatür bir hayat yaşıyor ve utanç duyuyordum, çünkü hayatımın çapı bir misket büyüklüğündeydi. Günler ve gecelerin saatleri bana karşı birikiyordu.

Hayattan tiksiniyordum. Önceleri, sabahları bir çiftlik çalışanı gibi hızla ve canlı bir şekilde uyanırdım, ama son dönemlerde kendi kanımı sağmak ve artık devam etmek zorunda kalmamak hayalini kuruyordum. Sürekli tırmanıyor gibi göründüğüm bu tepe bir duvar halini aldı. Yazma, terk etme, tek başına güçlü bir şekilde yaşama –yani her zamanki şeyler– fantazileriyle isyan ediyordum. Sessizlikten sürekli diyaloglar kuruyordum. Karl'a olan sevgimi kullanıyor ve geceleri o uyurken rüyalarıma sürüklüyordum. Tüm bu süre boyunca gerçek dünyadaki gerçek sesim yok oldu.

Karl ve ben flört etmeyi çok çabuk bırakmışa benziyorduk. Hiç beklenti yoktu. Saatin tik taklarını dinleyerek ya sıkılır ya da gitmeye hazırlanırsınız. Karl ve ben saatin içindeki parçalar gibiydik.

Her zaman böyle değildi. Dr. Yalom birbirimiz için cömertlik ve ümit verdi hep. California'dayken Karl bir iş programı ya da maaş çekinin prestiji olmadan hayatta kalmaya çalışıyordu. Sık sık kütüphaneye gidip yazmaya çalıştığını hatırlıyorum. Bir keresinde bir sayfa dolusu amaçla geri döndü ve (küçük bir zafer) bunları bana okudu. Bana hayatında bir yer vermesiyle ilgili hiçbir amaç yoktu ve sadece birkaç küçük ima vardı. (Bu birlikte geçen iki yıldan sonra böyle.) Bu durum beni incitti ve onunla bu konuda konuştum. Birkaç damla gözyaşıyla yıkasam da söylemek istediklerime ihanet etmedim. Onun hayatının bir parçası olmak istiyordum, sadece birkaç yıllık kira paylaşanı değil. Onunla günden güne değişen bir şey paylaşmak istiyordum, düşündüğü ve ilgilendiği bir şey. Sadece taşınırken hatırladığı bir eşya torbası değil.

O paylaşma anlarını –onu, yazılarını; beni, acımı– yaşadığımız için iyi günlerin önümüzde olduğunu söyledi ve sonra, bilirsiniz ya, ben de o günlerin önümüzde olduğunu düşündüm. Her neyse, kâğıt oynadığımız güzel bir gece vardı önümüzde, ve ben kazandım. 11:30 civarında ikinci akşam yemeğini yedik, sigara içtik, yoğurt yedik ve müzik dinledik. Uzun bir süre birbirimize dokunduk ve seviştik. Ve ben tepki verdim ve harika hissettim. Ama uzunca bir süre bilincin bu tarafında kaldım ve kendimi üzgün hissettim, ki bu sözcük hafif kalıyor. Tamamen rahatlayarak ya da unutarak kalıbı asla kıramadım. Ve acı bir şekilde düşündüm – "gülünç ben, hep bir şeylerin kenarındayım." Zihnim kesinlikle çok ağırdı ve bedenime izin vermiyordu. Karl'la yaşam ve seks sırasında aklımdan çıkmayan sonsuz yürüyüş bandından inemiyordum.

Günler daha da kötüleşti, daha ilgisiz hale geldi. Tek başıma benim yeteneklerimi gerektiren bir hedef ya da amaç için hiç zaman ayırmıyordum. Çöldeki bir kertenkele olmayı seçmiş, güneşe yaltaklanıyordum. Ama ben de insan sinirine ve zekâsına sahiptim. Başkalarını memnun etmek için düşündüklerimi söylemeyerek ve gitgide solarak yaşıyordum. Gece paniklerim arttı ve sabahları yok olmadı. Zihnim bedenimi paniğe sürüklüyordu. Gün ışığı duygularımı toparlayana kadar çaresiz bir şekilde yatıyordum, sonra berelenmiş bedenim ayrılabiliyordu. Bu paniklerin Karl ve benim aramdaki ümit eksikliğinden ve kısa süre sonra terk edileceğimi bilmekten kaynaklandığına eminim. (Böyle durumlarda Dr. Yalom'u gözümün önüne getirmeye çalıştıysam bu sadece onu da kendi melodramıma katmak içindi.)

Karl'ın yargılayıcı tarafı bile kayıtsızlığa dönüştü. Bana aldırmıyordu. Olaylara dayanan konularda Dr. Yalom sayesinde ona cevap verebiliyor, bu şekilde kendimi savunabiliyordum, ama duygu talep edemiyordum. Ona geleceğimizi soramıyordum. John Prine'ın dediği gibi, "Eğer cevabı biliyorsanız o soru gerçekten soru değildir."* Korkuyordum; Karl gerginliğimi hissetti. Ama bende gerginliğe neden olan şey gerçekti. Bir ilişkiye dahil olan tek kişi sizseniz bütün duyguları siz taşımalısınız. Karl'ın tarafında hiç sezgi yoktu. Aşk şarkıları uyduruyor, davetkâr bakışlar gönderiyordum. Bütün gece sokulmalar ve yakında özlemeler. Geceleri o bilinçsizken yakın olabiliyordum.

Sanırım Karl'ın kim olduğu konusunda izi kaybettim. Aslında evde takip etmeye değecek izler bırakmıyordu. Hepsi işe yönelikti. Vermek yoktu. Eğlence, konuşma, oyunlar ve gizli hassasiyet konusunda Karl da en az her-

---

* "Far from Me," © 1971, Cotillion Music & Sour Grapes Music. Kullanmak için izin alınmıştır.

kes kadar iyiydi. Ama sınırlarını korkunç derecede daraltmıştı: aslında birkaç yönü tamamen kesip attı. Ve ben, isteklerimin onu etkilemesine, hayatımızı aydınlatmasına izin vermeden ona uydum.

Acımasız bir üvey babası olan korunmasız bir çocuk gibiydim; durum çok gülünçtü. Ona yerimi vermek için ayağa kalkıyordum, ama o zaten bir sonraki durakta iniyordu.

Sonunda, umutsuz bir şekilde, kendi sessizliğimi ve birlikte hayatımıza karşı paylaşılan direncimize dayanamayarak, "Karl, biz geçinemiyoruz," dedim. Ve o da, "Biliyorum. Gitmek istiyorum. Tükendim," dedi. Ve ertesi geceye kadar gitmişti bile.

★ ★ ★

Karl gitti. Ama hayatımın paramparça olduğu bir gün değil bu, sadece uzun, haşin bir çığlığın nihayet geri dönen yankısı. Yemek yiyemiyorum ve önümde bekleyen uyku için de iddiaya girmezdim. Sadece ihtiyaç, bağımlılık ve aygıtları, Karl'a karşı duyduğum gerçek sevgi ve hislerden ayırdım. Radyo, TV, kitaplar, onunkiler; buna ek olarak sessizlik, açgözlülük, kahkaha ve araba sürmeler var. Karl'la ilgili ihtiyaçlar ve mide bulantısıyla karışmayan dürüst duygulara varmaya çalışıyorum. Ve kendi varlığımın mevcut olduğunu hissetmeye çalışıyorum.

Karl'ın varlığı hâlâ etrafımda – adı hâlâ tanıdık geliyor, çok uzakta değil, yıllar geçmedi. Hâlâ sözlerini tekrarlıyorum, arzularını ve şüphelerini biliyorum. Karl'ın sadece bir alışkanlık olmadığını biliyorum. Piyano bir alışkanlıktır. Ondan yedi yıl önce vazgeçtim – gözyaşı yok. Karl'ın ayrılışı bazen bir duygu, bazen bir gerçek. Çoğu zaman, herhangi belirli bir gerçekten doğmadan varolan bir üzüntü. Ama birkaç hafta sonra, acı dolu durumun mükemmel şekilde algılanması düzeyinde kalamayacağımı fark ettim. Karl geri dönmeyecekti; bütün varlığımla (ki bunun ne kadar bütün olduğunu biliyoruz) akılsızca bunu dilesem de bu olmayacaktı. Karl'ın benimle alay ettiği rüyalardan uyanıyorum; hayatımda kaybettiğim gibi rüyalarımda da kaybediyorum onu.

Bu üzüntü süreci artık dayanılmaz hale geldi. Eğer bu ürkeklik ve suçlamanın beni bu reddetme noktasında tutmasına izin verirsem, seçecek sadece ölüm arzusu ve ölüm cezası olduğunu biliyordum. Eskiden gülüşümün bulunduğu yer parçalanmış gibi. Yasımın çoğu kendime yönelik ve bunu hak ettim – yıllarca hareketsiz durup beklemenin geri tepmesi bu. Boş bir mazi, temiz bir hayat. Karl'ın gidişi hayatımın boşluğu ve sıkıntısıyla tamamen saf ve hassas olunamayacak kadar çok bağlantılıydı.

Arkadaşlarım ve şans eseri bulduğum bana yardım edip benimle gülen tanıdıklarım dışında kendimi hep gömülü olarak düşünmüşümdür. Bu yüzden kendimi hep birilerinin çarpacağı yere koymam gerekiyordu ve Karl'ın bir parçası onunla birlikte insanlarla tanışıyordu. Dikkatle bir yana atılmış sözler ve zeki fikirlerle yaşayabilirdim. Bu yerimi kaybedersem, akıntıdan sadece birkaç derece saparsam bir daha kimsenin beni hiç görmeyeceğini, bütün şansımı kaybedeceğimi hissediyordum.

Ve aslında şu ana dek hayatımı şansa bıraktım. Korkuyla titredim ve trans hallerimde büyüdüm. Ve eğer şu anda hayat bana uyacaksa dışarı çıkıp yaşamam gerekiyor, beklemem değil. Öyle görünüyor ki bütün yaptığım bir sonraki tesadüfü beklerken enerjimi görüşme kayıtlarına vermek oldu. (Tesadüf – arada bir kazanan, ama çoğunlukla kaybeden bir at için iyi bir isim.) Bütün ruhumu pas verdim, bir başkasının harekete geçip atış yapmasını izledim.

Dr. Yalom'un söyleyebileceği gibi, artık harekete geçmeli, dışadönük hayata devam etmeliyim. Darbelerin hızını kesmek, beni dünyaya ve dünyayı bana tanıtacak aracılar kullanmadığım bir hayat; en basit şeyi yaparken hayallere dalmadığım ve boştaki uçlarımın beni dövmek ve aşağılamak için kullanılmadığı sohbetlere giriştiğim bir hayat. Kimse beynime girip bazı düşünceleri ortaya seremez, ben hariç hiç kimse.

Düşünmek ve benim çok uzun süredir kendiliğinden yaptığım şey – yani endişe etmek arasındaki farkı anladım. Endişelenirken sadece kötü seçenekler üzerinde düşündüm. Düşünmek, ilerleyen, genişleyen bir şey. Ben bunu hiç yapmadım. Fantazi kurmak ise natürmort düşünmek, hayalleriniz konusunda hiçbir şey yapmayacağınızı biliyorsunuz. Ben teğetler konusunda bir dahi haline gelirken insanların hayatın pratik yönüyle uğraşmalarına izin vermeye alışıktım.

Hiçbir erkek ölüm bizi ayırana dek benim osmozumla yaşamayı seçmeyecektir. Ben kendimle yaşamalıyım, yoksa orada hiçbir şey olmayacak. Hayır, artık saldırgan bir şekilde ve herhangi bir sihirli ezgi ya da tesadüf olmadan hareket etmeliyim. Ben sadece sıradan biriyim.

★ ★ ★

Hayat zorlaştı; onu yumuşatacak bir aşk hayatım da yok. Ancak, en uzun pembe dizinin standartına göre bile yas süreci bitti. Ama bazen bunu atlatmamı sağlamaktan çok avunmaya yarayan aptalca şeyler söylediğim de oluyor. "Bir daha Karl'ı gözleri kapalı olarak hiç görmeyeceğim ve sabahları uyurken ona dokunmayacağım." Ama ağlamaya ve Karl'la birlikte geçirdiğim zamanın hatıralarına sokulmaya devam edersem zirvedeki tadı kaçmış şarkıları tekrar tekrar dinleyen bir ergen gibi olacağım.

Karl'ın bir daha geri gelmeyeceğini fark etmenin son aşamasını geçtim; ayrıca beynimin etrafını saran yumuşak bulutları da birkaç santim inceltim. Aşağıya doğru akması aylar alacak olan buzul-benzeri gözyaşları hâlâ orada, ama onları unuttum. Artık çok fazla ağlamıyorum. Bu gözyaşları için artan nostaljiye aldırmamaya çalışıyorum. Artık daha fazla sessizlik var ve çok az gözyaşı öfkeyle çevrili.

Acı, seni öğrendim ve seninle daha fazla değerli zamanımı harcamayacağım. Gözyaşları ve kabusların zaferi konusunda çığlıklar atıp söylendiğimi duymak Dr. Yalom için ne kadar sinir bozucu olurdu. Artık kendimi acı ve gözyaşları ile tanımlamaya çalışmayacağım. Beni insan yapmaları için onlara ihtiyacım yok. Bu döngüye bir daha girmek istemiyorum.

Üstelik, derinlerde bir yerde, umutsuz terk edilmişlik duygularının ötesinde bir adalet duygusu var. Gerçekte Karl ve benim birlikte olmamızı istemiyordum, dışarı çıkmak istiyor, bu istekle dolup taşıyor ve onun kararını bekliyordum, ama her zamanki gibi acıma ve korkudan oluşan sersemletici bir durağanlık hali beni içinde bulunduğum durumda tutuyordu.

★ ★ ★

Her gün biraz daha uzun
Aşk her şekilde biraz daha güçlü
Benim gerçek aşkımı özlüyor musun hiç?

Seninki gibi bir aşk benim yoluma mutlaka gelecektir.*

Gariptir ki Karl'ı kaybetmeme Dr. Yalom'la zamanımın bitmesinden daha kolay alıştım, oysa terapiye gerçekten teslim olmamıştım. Her hafta Dr. Yalom'un ofisine getirdiğim zayıf benliğime tamamen inanmıyordum. Çünkü dışarıda (gerçek dünyada) şöyle ya da böyle neşeli, dramatik ve mutlu olabileceğimi biliyordum ve birkaç tane uzun süreli harika arkadaşım vardı. Karl'la normal ve hemen hemen normal olan konuşmalar ve günler geçiriyordum. Ama Dr. Yalom'a dokunan parçamdan vazgeçmek istemiyordum, çünkü orada söylediğim çok az şeyin bile dışarıda yaptığım esprilerden, şakalardan daha derin yankıları ve tınlamaları var gibiydi. Çoğu kez ölüyü oynuyordum, ama ölesiye aptal ya da sadece ölü de olsam yine de hayatla ilgili bir neşem, iyimserliğim vardı ve her şeye yeniden başlıyordum. Hiçbir zaman çok fazla acıya izin vermedim.

Bazen ofisinde rol yapıyordum, terapi saatiyle uyum sağlamak için bile-

---

* "Every Day," Norman Petti ve Charles Hardin, © 1957, Peer International Corporation. Kullanmak için izin alınmıştır.

rek canlılığımı bastırıyordum. Numaradan kızgın olabilirdim, ama hiç öfkeli değildim. Ama kazı yapıp gerçek bir şeye çarpmak istiyordum, sadece takip edecek bir şey değil, bazı şeyleri başlatabilecek bir şey. Perdeyi kapatacak duygusal bir kaynak.

Raporlar da bazen bilerek kasvetli ve ciddi ya da dağınık ve havai oluyordu. Halihazırda içimde olandan başka bir ifade bilmiyor gibiydim; kendimi istediği iyileşme sözcüklerine uzanmaya zorlayamıyordum; sorularına aynı türde cevap verecek Klinik Ağzım yoktu. Dr. Yalom bana iyileşmeyle ilgili soru sorduğunda sessiz kalıyor ya da daha kötüsü sırıtıyordum. Çünkü, eski benliğime sığınmanın ne kadar kolay olduğunu biliyordum; yeni bir şey bulmak istedim, sinirsel dayanıklılık ve beni kaplayan yanılsamadan başka bir şey.

Kendimi savunmadım. Bir bakıma senaryonun başkaları tarafından yazılmasına izin verdim ve ben sonradan takip ettim. Bu arada birçok sufle duyuyor, ama sadece birkaç satır söylüyordum. Dr. Yalom'un en fazla tahmin edilebilen sorularından biri, "Bende, Karl'da ya da kendinde en çok neyi beğeniyorsun?" Bu soru neredeyse madalyonun diğer yüzü kadar uzaktı, "Ginny, bende karşı olduğun hiçbir şey yok mu?"

Beni gerçeğe çekmeye çalıştığını biliyordum ve sanırım gerçeği de biliyordum, ama üzerimde bir etkisi olmuyordu. İnsanlara objektif olarak bakmaya dayanamıyorum, ama onları metaforlarla ezmenin benim için bir sakıncası yok. Benim için uyum sağlayıp kabul etmek yargılamaktan daha kolay. İnsanları "anne," "baba," "psikiyatrist" gibi rolleriyle sınırlandırarak uzaklaştırmaktan nefret ediyorum – her insanın kendi gerekçesi vardır. Sanırım hepsini savunabilirim, hem de kendi hesabıma, çünkü onları eleştirmek, onlardan nefret etmek daha fazla acı veriyor.

★ ★ ★

Sanırım sizinle kişisel bir şey başardım Dr. Yalom. Siz bunu terapi kurdelesiyle bağlamaya çalıştınız ve açlıktan öldüğümü söylemiş olsam da, beni beslediğiniz şey konusunda biraz şüpheci ya da daha kötüsü alaycıydım (daha az enerji gerektiriyor).

Terapide her zaman tamamen uzlaşılmamış bir alanın, bir boşluğun olacağını düşünüyorum – hedeflerimiz farklıydı. Boş ya da madalyonun diğer yüzünde olmanın, yani canlı ve ilham almış olmanın nasıl bir şey olduğunu bilemezdiniz. Özgür olduğum zamanlar, hedefimin hep o sıcaklık, doğruluk ve bilinçaltı köşeler olmaması duygusunu aramak olması gerektiğini fark etmemi sağladı. Doğrudan sorularınıza cevaplar bazen benim cevaplarım gibi değildi. Sorular ve cevaplar hiyerarşisiyle ilgilenmiyordum. Tüm bu sürede gerçekten değişiklik değil, ama, sizinle olduğu gibi konuşabildiğim, bana sorular sorup beni anlayan, sizin sabrınıza sahip, ama benden ayrı olan bir erkekle konuşabilmeyi arıyordum.

Dr. Yalom siz beni hep desteklediniz, beni alçak dalgalardan kurtarıp akan şeylerin içine bırakmaya çalıştınız. Bazen büyülenmiş bir şekilde sizi izledim, ama sizin hayalinizden çıktığımda çok az akıntı vardı. Şimdi sizi tekrar etrafıma çekiyorum, tıpkı küçük dalgalar gibi ve alacakaranlığın dinginliğine ve kumun cazibesine kendimi kaptırmadan hareket ettiğim yanılsaması var. Aslında, raporlarımda ve konuşmalarımda size gönderdiğim benzetme ve metaforlar (hepsi beş milyar tane) ve ben farklı şeyleriz. Sizinle doğrudan konuşana dek onları maske olarak kullanıyorum.

★ ★ ★

Tam anlamıyla acı içinde kalmadım yerde. Belki tamamen nakavt olacak cesaretim yoktu. Sadece o anın fantazisini kurabiliyorum. (Eğer gerçekten terk edilirsem ne olacağı konusunda size söylediğim onca önsezi ve görüşten sonra belki bütün yapabileceğim ölmek olabilir.)

Bir ay boyunca mahrem, acı dolu bir hayat yaşadım. Ama bu sürenin sonunda içimdeki çabuk toparlanan taraf canlanmıştı. Sahip olduğum arkadaşlarımın hâlâ etrafımda olduklarını gördüm. Yok olan tek şey Karl'ın azalan varlığı ve mutsuzluktu.

Şu anda hiç kaygının olmadığı bir güne giden yolun yarısındayım. Bana yardım eden kişiler sayesinde araştırma ve yazarlık yaptığım bir iş buldum. Bir kurtuluş değil, ama para kazandırıyor, bu yüzden yapmam gereken, ama gücümün yetmediği şeylere ait vaatleri biriktirip durmaktan vazgeçebilirim. Paramı herhangi bir gelecek ya da amaç için kullanmadan harcadım hep. Sağlıklı insanlar uzanıp hayata daha sıkı tutunurlarken benim gibi geri çekilmiş insanlar hayatı daha az tutuyor.

Değişmek zorundayım – almam gereken mesafeyi hissedebiliyorum. Bütün hayatım boyunca bir varlık, bir ruh olamayacağımı fark ederken arkadaşlarım korkuyor. Benden daha çok şey istediklerini söylüyor arkadaşlarım. Bunlar Karl'ın bana verdiği mesajlardan bazıları, sadece bu kez alışverişte daha fazla sevgi ve verme var. Şüphesiz, tüm bu değişiklikler dişlerimi gıcırdatmama neden oluyor, çünkü mücadele beni dondurarak hareketsiz bırakıyor. Bildirimde bulunan cümleler ve marş müziğinden daha fazlasına ihtiyacım olduğunu biliyorum. Pratik olarak her görev insani bir düzeye çıkarılmalı. En iyi arkadaşlarım dünyamı seçmemi ve işlerle daha kronolojik olarak uğraşmamı ve seçimler yapmamı söylüyorlar. Ginny'sel olmayan bir hayatı dene.

Sadece acı çekmeyi bırakmakla kalmadım, ilk direncime rağmen bir erkekle tanıştım. Geçmişin ne kadar çabuk bittiğini görünce şaşırdım. Benimle ilgileniyor ve beni çekici buluyor. Ve ben de onu çekici buluyorum, aslında ellerimi onun üzerinden çekemiyorum. Kendimi gerçekten daha çok bir kadın ve daha az bir genç kız gibi hissediyorum artık. Beynim daha az hesaplama yapıyor ve seslere karşı eskiden onu beslediğim yankılar ve hayallere göre daha rahat. İçime bir sıcaklık ve sürekli enerji veren güvene sahibim. Endişe ve korkularım yok oldu. Belki de en azından daha yumuşak ve neşe kaçırıcı olmayan ironiye dönüşmüşlerdir. Her ne olursa olsun ironi benim yaşadığım iyi günlere oranla hafif kalıyor.

Yine de bir yığın problem var. Hayatımın belirli güvenliklere bağlı olduğunu hissediyorum – kendi yuvam, biraz param, sık sık görmek istediğim yeni arkadaşlarım ve bana bir gölge kadar yakın olan değerli bir kız arkadaşım olması gibi. Ve hâlâ düzensizim; mutfak masası bütün zemine, bütün odaya yayılıyor. Çoğu zaman, hem dolaplardan taşan eşyalar hem de yapılacak şeyler konusunda dağınık hissediyorum kendimi.

Belki işler kötüye gidecek. O zaman savaşabilirim. Problemlerden kaçarak ve sessizliğimle size sıkıntı vererek sadece küçüldüm. Hayatımda kişisel bir şey başarmak istiyorum, her zaman oyunların peşinden gitmeyeceğim. Zihnim, görevine sadık bir şekilde size tarif etmeye çalıştığım bir dizi serap yoluyla dünyayı incelemiş gibi durgun. Şimdi beynimi gerçeğe dayalı konular için kurcaladığımda, keşke, duygusunun yüzde yüz kanıt olduğu bir cümlede diretmek yerine, söylediklerimin hepsi kusursuz olmasa da daha fazla konuşmaya çalışmış olsaydım diyorum.

Ofisinizde zaman içinde gidip gelirken gözlerim birçok yere daldı. Şimdi kesinlikle hissediyorum ki, yüzünüzü ve böylece benimkini bulabilir ve açıkça konuşabilir ya da sessiz kalabilirdim. Siz bu sayfalardan anlaşılan sizsiniz. Dünün parçalanmışlığı yamalandı. Acım bitimsiz, ama mutluluğum da öyle.

Ofisinizde şakaları parmaklarımın arasındaki tespih taneleri gibi diziyordum. Arkadaşlığınız (her zaman doğal ve verici olan) beni mutlu ediyordu, fakat diğer insanlar gibi yaşamaktan korkuyordum. Bir terapistin ofisini istemedim gerçekte, bir yuva istedim; sizi de kış uykuma ve çaresiz dinginliğime doğru çekmeye çalıştım. Sadece baş sallama ya da hayal kuruyormuş gibi yapmama izin vermediniz. Sizin sanatınız başarılı olduğunda ikimize de hayat verdiniz.

Ben kıvrılıp kapandıkça siz beni açtınız.

1 Mart 1974